개경에서 한양까지 2

개경
에서
한양
까지
2

권력투쟁으로 본
조선 탄생기

이승한
지음

푸른역사

고려 왕실 세계

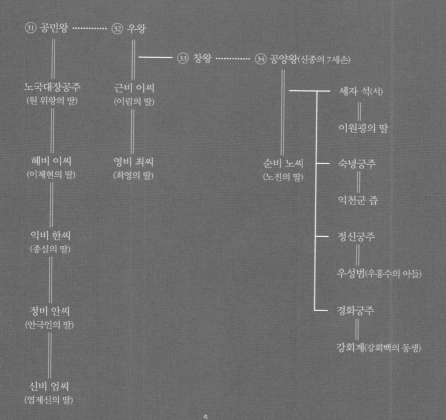

㉛ 공민왕 ············ ㉜ 우왕

공민왕
- 노국대장공주 (원 위왕의 딸)
- 혜비 이씨 (이제현의 딸)
- 익비 한씨 (종실의 딸)
- 정비 안씨 (안극인의 딸)
- 신비 염씨 (염제신의 딸)

우왕
- 근비 이씨 (이림의 딸)
- 영비 최씨 (최영의 딸)

우왕 — ㉝ 창왕 ············ ㉞ 공양왕(신종의 7세손)

공양왕 ‖ 순비 노씨 (노진의 딸)
- 세자 석(서) ‖ 이원굉의 딸
- 숙녕궁주 ‖ 익천군 즙
- 정신궁주 ‖ 우성범(우홍수의 아들)
- 경화궁주 ‖ 강회계(강회백의 동생)

차례

제4장
왕조 개창으로 가는 길

제5장

찬탈과 선양 사이에서

보론

왕조 개창, 그 후

제2장

이인임 정권, 명과 북원 사이에서

제3장

요동정벌과 위화도 회군

이성계 세력의 핵심 인물인 조준은 위화도 회군이 성공하고 바로 전제개혁을 들고 나왔다. 이는 누적된 토지 문제를 해결하기 위한 사전 혁파와 수조권의 국유화를 목표로 한 것이었다. 전제개혁은 최소한의 역사적 정당성을 확보한 왕조 개창의 발판으로서 이에 대한 찬반을 놓고 새로운 전선을 형성한다. 이후 왕조 개창을 향한 권력투쟁이 시작되는데 탄핵 대상은 주로 전제개혁을 반대하는 자들이었다. 이 과정에서 이성계 측에 저항하는 기득권 세력뿐만 아니라 이색을 비롯한 사대부들도 파면되고 유배된다. 하지만 권력투쟁의 승산이 쉽게 결판나지도 않았고 이성계 측에게 일방적으로 유리하지도 않았다. 공양왕의 반발과 이성계 측에 반대하는 세력이 만만치 않았기 때문이다.

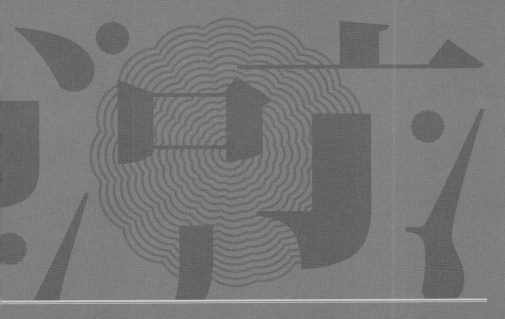

제4장

왕조 개창으로 가는 길

1. 왕조 개창의 시험대, 조준의 전제개혁

전제개혁의 역사적 배경

1388년(우왕 14, 창왕 즉위) 7월, 위화도 회군이 성공한 직후 조준이 상
서를 올려 전제개혁을 주장하였다. 회군이 성공하자마자 전제개혁을
들고나왔다는 것은 이성계 등과 미리 준비하지 않았을까 하는 생각이
든다. 전제개혁은 조준의 탁월한 능력을 보여주면서 조선왕조 개창 과
정에서 가장 중요한 문제였다.

조준이 주장한 전제개혁의 내용을 이해하려면 먼저 고려 전통의 토
지제도를 좀 알아볼 필요가 있다. 전시과田柴科라고 부르는 고려 시대
의 토지제도를 잠깐 살펴보자.

전시과제도는 한마디로 말하자면 모든 관인官人에게 토지를 분급해
주는 제도이다. 여기 관인에는 문무 양반뿐만 아니라 군인과 향리, 예
비 관인이라 할 수 있는 한인閑人까지 포함하고 있었다. 국가의 관직에

복무하거나 직역을 담당하는 모든 자에게 반대급부로써 그들의 지위에 따라 18등급으로 나누어 전지(경작지)와 시지柴地(비경작지)를 나누어주었던 제도이다. 이를 문무 양반에게 지급하면 양반전, 군인에게 지급하면 군인전, 향리에게 지급하면 향리전이라 불렀다.

그런데 토지를 분급받은 관리는 그 토지를 자신의 사유지로 소유하는 것이 아니라 그 토지에서 조세만 징수할 수 있었다. 이를 수조권收租權이라 한다. 그러니까 전시과에 의한 토지분급제도는 그 토지에 대한 소유권을 부여하는 것이 아니고 수조권만 분급하는 것이었다. 당연히 토지를 분급받은 관리가 죽거나 관직을 그만두면 그 수조권을 국가에 반납하는 것이다.

이렇게 전시과에 의해 분급된 토지는 공전公田이면서 동시에 사전私田의 성격을 함께 지니고 있었다. 개인의 소유권이 인정되지 않는다는 점에서 공전이었지만, 수조권이 개인에게 귀속한다는 점에서는 사전이었다. 그 토지가 공전인가 사전인가 하는 문제는 소유권과 수조권의 양 측면에서 결정되었던 것이다. 즉 소유권에 의거한 공전과 사전이 있었고, 수조권에 의거한 공전과 사전이 있었던 것이다.

소유권에 의거한 공전은 국가 소유의 국유지를 말하고, 사전은 백성들의 순수한 사유지인 민전民田을 말한다. 수조권에 의거한 공전은 국가에 조세를 납부하는 민전을 말하고, 사전은 전시과제도에 의해 관리에게 분급된 토지를 말한다. 예를 들어 백성의 사유지인 민전은 소유권으로 보면 사전이지만 수조권으로 보면 공전일 수 있다. 그 민전을 어떤 관리에게 전시과로 지급한다면, 지급하기 전에는 수조권에 입각해서 볼 때 공전이지만, 지급한 후에는 사전이라고 할 수 있다. 그 민전을 전시과로 지급하기 전에는 국가에 조세를 납부하지만, 어느 관리에게 전시과로 지급했다면 이제 조세를 국가에 납부하는 대신 그 관리에게 바치기 때문이다.

그래서 공전과 사전의 개념에서 중요한 것은 소유권이 아니라 수조권이었다. 역사 기록에 나타나는 공전과 사전이라는 용어는 특별한 설명이 없다면 항상 수조권에 입각한 공전과 사전을 의미했다. 조준이 전제개혁에서 핵심적으로 언급한 '사전'도 수조권에 입각한 사전, 즉 국가에서 관리들에게 지급한 수조지를 말하는 것이었다.

이러한 전시과제도가 무너지는 계기는 무인집권기에 시작되었는데, 가장 먼저 문란해진 것은 양반 관리에게 지급한 양반전이었다. 관리가 관직에서 물러나거나 죽게 되면 국가에 수조권을 반납해야 했으나 이게 원칙대로 지켜지지 않았기 때문이다. 게다가 그 자식이 관직을 계속 유지할 때는 수조권 세습이 가능한 경우가 많았다. 이런 경우 사유지로 진행되는 것을 막을 방도가 없는 제도적 한계를 전시과체제는 처음부터 안고 있었던 것이다.

양반전 다음으로 문란해진 것은 군인전이었다. 고려 시대 중앙군은 직업군인으로서의 성격이 있어 관료층의 말단으로 인식하여 토지를 지급하였는데 그게 군인전이다. 하지만 상비군체제가 와해되면서 군인전 지급이 원칙대로 이루어지지 못했다. 군인전 지급이 어려워지면서 상비군체제가 와해되었다고 볼 수도 있다. 군인전은 권세가들이 탈점하기 가장 손쉬운 대상이었기 때문이다.

여기에 몽골과의 전쟁 동안 강화도로 천도하여 섬 안에 갇히면서 내륙으로부터 조세 징수가 어려워지자 양반전이든 군인전이든 이제 별 의미를 갖지 못하게 되었다. 이 무렵에는 이미 전시과라는 고려 전통의 토지제도는 의미를 상실했다. 개경으로 환도한 이후 이를 보완하기 위해 임시방편의 토지분급제도를 시행하지만 근본적인 해결책은 못 되었다.

이후 원간섭기 동안에는 권세가들이 공·사전을 불문하고 권력을 이용하여 사유화하는 경향이 더욱 심해졌다. 권세가는 탈점이나 겸병이라는 수법을 동원하여 산천을 경계로 할 정도로 대토지를 소유했는데 이를 농장이라 불렀다. 물론 모두 불법이었지만 막을 방도가 없어 만연하고 있었다. 그래서 원간섭기는 토지 문제가 정치 사회적인 중요한 문제로 등장한 시기였다.

충목왕 때의 정치도감整治都監이나 공민왕 때의 전민변정도감田民辨整都監은 이러한 문제를 바로잡기 위해 설치한 특별기구였다. 하지만 문란해질 대로 문란해진 토지 문제는 이런 일회적인 노력으로 바로잡힐 성격의 문제가 아니었다. 이런 특별기구는 토지제도를 바로잡으려는 것이 아니라 불법적인 탈점을 일삼는 권세가를 징치하고 탈점된 토지를 원주인에게 돌려주는 정도의 조치였다. 이마저 권세가의 반발로 큰 실효를 거두지 못했지만.

여기에 이인임 정권이 들어서면서부터 권력의 핵심에 있는 자들은 드러내놓고 불법적인 토지 탈점을 일삼았다. 토지뿐만 아니라 상업을 비롯한 여러 분야에서 수단과 방법을 가리지 않고 이재와 치부를 앞장서서 자행하는데, 이런 모습은 통치질서가 무너져가는 왕조의 말기적 현상으로 볼 수도 있을 것이다.

조준의 전제개혁은 이와 같은 배경에서 나왔다. 이는 지난 시대의 기득권 세력을 공격하려는 정치적 의도도 작용했겠지만 역사적인 정당성은 분명 확보했다고 보인다. 조준의 전제개혁에 대한 구체적인 내용에 대해서는 앞으로 필요한 부분에서 그의 주장을 인용하면서 언급하겠다.

조민수를 찍어낸 전제개혁

조준이 전제개혁 상서를 올리자 간관으로 있던 이행李行과 전법판서 조인옥 등도 잇달아 사전개혁을 요청하는 상소문을 올렸다. 조준의 전제개혁을 지지하면서 힘을 실어주려는 것이었다. 상소문을 올린 조준이나 조인옥은 말할 필요도 없이 이성계와 긴밀한 관계를 맺고 있는 사람인데, 여기 처음 등장하는 이행도 과거급제를 통해 관직에 나온, 이와 비슷한 성향의 인물이다.

조준의 전제개혁이 나온 직후 조민수는 죽은 이인임을 예장禮葬하고 사람을 보내어 조문하였다. 이에 그치지 않고 이인임에 대한 추증까지 요청하였다. 이숭인·강회백·하윤 등이 이를 반대하였지만 결국 이인임에 대한 추증은 이루어졌다. 이숭인과 하윤은 요동정벌을 반대했다가 이인임의 인척이라는 이유로 최영에게 유배당한 후 풀려난 인물이고, 강회백은 이숭인·하윤과 함께 명의 복식 착용을 주장했던 인물이다.

조민수가 죽은 이인임을 예장하고 추증까지 시행했다는 것은 이인임에 대한 정치적 복권을 의미하고 아직 그의 추종자들이 건재하고 있다는 증거이다. 조민수가 이인임의 추증을 요청한 직후 앞서 국문을 받았던 최영은 다시 충주로 유배되고, 회군에 저항하다 전국 각지로 유배되었던 자들은 유배지에서 모두 주살되었다. 또한 회군에 저항했던 몇몇 사람을 추가로 수색하여 모두 유배 보냈다.

그런데 최영을 아직 죽이지 않은 이유가 뭘까? 회군에 이미 성공했으니 죽일 명분은 충분했고, 이성계에게는 그럴 힘도 있었을 텐데 말이다. 이는 명과의 관계를 고려한 것으로 보인다. 즉 주원장이 이성계의 위화도 회군과 이어진 우왕 폐위에 대해 앞으로 어떻게 나올지 알 수 없었기 때문이다. 최영은 주원장도 알고 있던 인물인데 그를 성급하게 처단한다면 쓸데없는 오해를 살 공산이 컸다. 최영은 이미 힘을 쓸 수 없는 상태였지만 그를 죽이는 것은 시간이 좀 필요했다고 할 수 있다.

조민수도 이성계에게는 좀 껄끄러운 인물이었다. 회군에 동참하고 우왕 폐위까지 동조했지만 창왕을 내세우고 이인임을 배려한 것으로 보면 그는 분명 이성계와 함께할 인물이 아니었기 때문이다. 그런데 최영을 다시 충주로 유배 보내고 회군에 저항한 자들을 주살한 직후, 조민수도 갑자기 창녕(경남)으로 귀양당하는 신세가 되고 만다. 1388년(창왕 즉위년) 7월 말이었다. 조민수로서는 예상치 못하게 갑자기 닥친 일로 여기에는 그럴 만한 배경이 있었다.

조민수는 이인임·임견미·염흥방과 같이 토지 탈점의 주범이었다. 당시 이인임·임견미·염흥방 등 권력의 1급 핵심 인물들은 말할 필요도 없었지만 조민수와 같은 2급 인물들도 마찬가지였다. 그런데 우왕과 결합한 최영이 임견미·염흥방 등과 그 족당들을 모조리 제거하고 이인임마저 유배 보내자, 조민수는 자신에게도 화가 미칠 것을 두려워하여 약탈한 토지와 노비를 모두 본래 주인에게 돌려주었다. 조민수가 이 때문에 살아남은 것 같지는 않지만 조민수에게는 그게 화를 피하려는 수단이었던 것이다.

그런데 조민수는 위화도 회군에 가담하고 이게 성공하면서 바로 수상에 올랐다. 게다가 창왕을 옹립하기까지 했으니 이제 두려울 게 없다고 생각했던 모양이다. 이렇게 되자 조민수는 앞서 본래 주인에게 돌려주었던 토지와 노비를 다시 빼앗는 짓을 자행했다. 이런 행태 역시 그가 이인임 일당과 성향이 같았던 기득권 세력이라는 것을 그대로 보여준다.

이성계 일파의 눈에는 그렇지 않아도 조민수가 눈엣가시였는데 이 기회에 제압할 필요가 있었다. 하지만 그는 현직 수상에다가 창왕을 옹립한 공이 있어 간단치 않았다. 그런데 마침 조민수가 조준의 전제개혁 상소를 비난하고 나섰다. 조준의 전제개혁 상소에서 주장한 다음과 같은 내용은 조민수를 비롯한 이인임 정권 추종자들의 치부를 건드렸을 것이다.

……근년에 불법으로 겸병하는 일이 더욱 심하여 잔악하고 흉악한 도당들이 주州와 군郡을 넘어 산과 내를 경계를 삼고서 모두 조상으로부터 물려받은 토지라 빙자하여 서로 훔치고 탈점하고 있다. 1묘畝의 주인이 5, 6명이 되고 1년에 조세 징수가 8, 9차에나 이른다.……(《고려사절요》 34. 신우 14년 7월).

당시 만연하고 있던 세력가의 토지 탈점과 겸병을 비난하는 내용이다. 1묘(토지 면적 단위)의 주인이 5, 6명이나 된다는 것은 하나의 토지에 대한 탈점이 여러 권세가에 의해 중복해서 일어났기 때문이다. 그러니 1년의 조세 징수가 8, 9차에 이른 것이다.

조민수는 이인임 정권이 몰락한 이후 그 잔여 세력을 대표하는 존재라고 할 수 있었다. 그래서 조준의 이런 상소에 대해 조민수는 자신을 표적으로 삼은 상소라고 여겨 반발했다. 이는 오히려 조준에게 좋은 공격의 기회를 주었고, 조준은 조민수를 탄핵해야 한다고 주장했다. 속된 말로 방귀 뀐 놈이 성낸다고, 조민수는 이를 반대했다가 탄핵 대상에 올랐던 것이다.

조준의 전제개혁 상소는 개혁 자체보다는 우선 조민수와 같은 기득권 세력을 공격할 구실을 만들었고 그런 쪽으로 먼저 힘을 발휘했다고 할 수 있다. 조민수를 탄핵해야 한다는 주장에 드러내놓고 반대한 자가 없었던 것을 보면 탄핵의 명분은 확실했던 것 같다. 조민수는 그렇게 탄핵을 받아 고향 창녕으로 귀양을 가야 했고 그의 측근 몇몇도 각각 유배에 처해졌다.

창왕은 유배를 떠나는 조민수에게 비서관 권근을 보내 술을 하사하며 죄보다는 공이 많지만 즉위 초라 어쩔 수 없었다고 미안함을 표시했다고 한다. 자신을 국왕으로 옹립한 공로에 대한 마음의 빚을 말하는 것이었다. 나중에 결국 창왕은 조민수를 방면하는 조치를 내리지만 이후 그는 별다른 힘을 쓰지 못했다. 조민수는 위화도 회군에 참여한 자로서 이성계 세력의 첫 피해자가 되었고, 조준은 이성계 핵심 측근으로 이 일을 수행했던 것이다.

이성계가 회군에 성공한 후, 조준을 관리 감찰과 탄핵을 담당하는 대사헌에 즉시 발탁했던 것은 조준의 그런 능력을 보고 자신에게 꼭 필요한 인물로 판단했기 때문이다. 조준은 이성계의 그런 기대에 한점 착오 없이 정확히 부응했으니 앞으로도 그의 활약을 주목할 필요가 있다.

이색을 수상으로, 개혁 시동

조민수를 귀양 보낸 직후인 1388년(창왕 즉위년) 8월, 이색이 수상인 문하시중에, 이성계가 아상인 수문하시중에 올랐다. 이성계의 관직은 이전과 변동이 없었지만 조민수 대신 이색을 수상으로 삼았다는 점이 중요하다. 이색은 저명한 유학자로서 이인임 정권 아래에서 우왕의 사부를 맡기도 했지만 큰 힘을 쓰지 못했고 소외받기도 했는데 결국 수상에 올랐던 것이다. 이때 이색의 나이 61세였다.

이색은 14세에 성균시(과거 예비시험)에 합격한 천재로, 1353년(공민왕 2)에는 이제현을 좌주(고시관)로 한 과거에 수석 급제했는데, 이때 동년(같은 해에 급제한 동기생)으로 박상충이 있었다. 이후 이색은 과거의 고시관과 부고시관을 각각 두 차례씩이나 맡아 자신이 좌주로서 급제시킨 제자만도 수십 명에 이른다. 이색이 맨 처음 부고시관으로 급제시킨 인물로 윤소종과 하윤이 있고 두 번째 부고시관 때는 권근이 있다. 첫 고시관으로 급제시킨 인물로는 앞서 상소를 올렸던 이행이 있으며, 두 번째 고시관 때는 유명한 길재吉再도 그의 급제생이었다. 이들이 모두 이색의 제자 격인 문생들이다.

유학자로서 이색의 영향력은 이런 쟁쟁한 문생들을 거느린 것에만 있지 않았다. 공민왕이 유학 진흥을 위해 성균관을 대폭 중영하면서 이색을 그 장관인 대사성에 발탁했던 것이 더 중요한 기반이었다. 이때 이색은 성균관의 교육 과정을 새로이 편성하여 학생을 대폭 증원했는데, 그때 교수로 천거하여 참여했던 인물이 김구용·정몽주·박상충·박의중·이숭인 등이었다. 모두 앞에서 여러 차례 거론했던 인물들로 이들을 '이색 스쿨'이라 할 수 있으며 정주程朱의 성리학이 이로부터 흥기하였다고 한다. 이들은 하나같이 친명사대의 노선을 주장했고 또한 이를 위해 대명외교에도 활약했던 인물들이다.

그래서 이색이 문하시중에 올랐다는 것은 그 의미가 컸다. 그는 유종儒宗이라 불릴 정도로 유학자의 우두머리로서 위상을 지니고 있었다. 이는 문신이나 사대부들이 이색을 따르면서 대체로 그의 영향력 아래에 있었다는 뜻이다. 이색이 수상에 오른 것은 그를 따르는 이들 사대부들의 여망을 반영한 것이고, 사대부 측에서는 자신들의 정치적 입지를 넓히는 계기가 되었을 것이다. 또한 이는 위화도 회군을 성공시킨 이성계에게도 일단 보탬이 되었을 것으로 본다.

이성계에게 보탬이 되는 조치는 계속 이어졌다. 국왕에 대한 교육을 담당하는 서연書筵을 열고 강화하면서 이색이 영서연사領書筵事로서 서연을 총괄하였다. 그리고 문하평리 정몽주로 지서연사知書筵事를 삼고, 좌대언 권근·부대언 유염柳琰·성균관 대사성 정도전 외 3인으로 서연시독書筵侍讀을 맡게 하였다. 여기 유염은 창왕의 이모부이자 이림의 사위였다. 정몽주와 정도전 두 사람이 서연에 참여한 것은 이성계에게 큰 힘이 되었을 것이다.

서연을 주관한다는 것은 국왕의 일과를 관리하는 것으로 대단히 중요했다. 조금 과장되게 표현하면 사부로서 개인 교습을 통해 어린 창왕의 생각을 조종하는 것이나 다름없는 것이다. 국왕에 대한 교습을 통해 왕명 출납이나 국왕이 처결해야 하는 정치적 사안에 대해 조언이나 자문 역할을 자연스레 할 수 있기 때문이다. 여기에 나이 어린 유주일수록 사부에 대한 의존도가 높았을 테니까 말할 필요가 없다. 이성계와 가까운 인물들이 사부로서 포진했다는 것은 창왕의 신변을 장악하기 위한 것으로 이성계의 영향력 확대를 보여주는 것이었다.

또한 사헌부의 관리와 중방重房과 사관史官으로 하여금 한 명씩 날을 바꾸어 국왕을 입시하도록 했다. 이 또한 평범치 않은 조치였다. 역시 창왕의 신변을 관리하기 위한 수단으로 보이는데, 여기에 사헌부와 사관이 들어간 것은 이해가 되지만 중방이 들어간 것은 뜻밖이다. 중방은 무관의 최고회의기구인데 말이다. 혹시 이성계의 측근에서 활동한 무장들을 입시에 참여시킬 목적이었는지도 모르겠다.

서연의 강화에 뒤이어, 앞서 조인옥과 함께 사전개혁 상소를 올렸던 이행이 또 상소를 올렸다. 간단한 상소였는데 첨설직을 남발하지 말라는 것이었다. 첨설직 문제는 공민왕 시대부터 시작되었지만, 이게 남발되어 심각한 정치 사회적 문제를 야기한 것은 이인임 정권의 인사권을 통한 부정 때문이었다. 군공도 없는 자들에게 뇌물을 받으면서 자파 성향의 사람들을 심어주기 위해 관직을 새로이 만들고 정원 외로 임명했던 것이 첨설직이었다.

이행의 상소는 이를 근절하라는 것으로 역시 시대적 요구를 반영한 매우 정당한 개혁 상소였다. 이게 비록 정파적 이익을 위한 상소라고 쳐도 앞서 조준의 전제개혁 상소처럼 여기에 반대하거나 저항할 명분이 없었다. 이를 반대한다면 이는 곧 악이요 척결 대상임을 자인하는 꼴이었기 때문이다. 사헌부에서는 분경奔競, 즉 벼슬 청탁을 금지하는 조치를 내려 이행의 상소에 부응했다.

지방 행정에 대해서도 손을 봤다. 각도를 순행하는 안렴사를 도관찰출척사都觀察黜陟使로 바꾸어 각 지방으로 보냈다. 이는 조준의 전제개혁 상소에서 요청한 것을 그대로 반영한 것이었다. 다음은 그와 관련된 조준의 전제개혁 상소 일부분이다.

……양부(중서문하성과 중추원)에서 청렴하고 위엄 있고 밝은 재간이 있는 자를 가려 도안렴출척대사都按廉黜陟大使로 삼아서 주와 군을 순찰하여 전야가 개간되고, 호구가 증가하며, 송사가 적어지고, 부역이 고르며, 학교가 일어나는 것을 기준으로 출척하라.……(《고려사절요》 34. 신우 14년 7월).

조준은 전제개혁 상서의 마지막 부분에서 안렴사를 대체하는 '도안렴출척대사'에 대해 지방 수령의 임무와 함께 자세히 설명하였다. 도관찰출척사는 조준이 주장한 것과 그 명칭이 약간 달라졌지만 조준의 주장을 그대로 수용한 것이었다. 도관찰출척사는 조선 시대에 들어와 상주하는 관찰사觀察使가 되는데, 안렴사의 권한과 기능을 대폭 강화한 것이었다. 이에 새로이 도관찰출척사에 임명받은 자는 모두 대간의 추천을 받아 각 지방에 파견되었는데, 양광도에 파견된 성석린을 비롯하여 전국 5도에 새로운 인물들로 선발했다.

그런데 이때 새로 파견된 도관찰출척사는 부사와 판관을 거느리고 각 지방의 토지를 다시 측량하는 사업도 시작하는데, 토지 문제를 바로잡기 위한 사전 작업이었다. 즉 조준의 전제개혁을 실행하기 위한 기초 작업이었던 것이다. 이들에게는 국왕의 교서와 부월斧鉞을 주어 파견했다. 양전 사업의 결기를 느끼게 하는데, 전쟁에 나가는 장수에게나 수여하는 부월을 도관찰출척사에게 주었다는 것은 문란해진 토지 문제를 바로잡는 일이 쉬운 일이 아니었음을 보여준다.

또한 옛날의 전선법銓選法을 회복하기도 했다. 전선법은 관리를 선발하는 인사 행정으로 지금으로 말하자면 인사 고과와 같은 제도이다. 고려 전통의 제도에서 문관 인사는 이부에서 무관 인사는 병부에서 맡아 매년 연말 그 공과를 기록한 것을 반영하여 인사 발령을 냈다. 이를 도목정都目政이라 불렀는데 이게 무너지기 시작한 것은 무인집권 시대였지만, 원간섭기 동안에도 정방의 치폐 속에서 인사 행정이 오락가락하다가 이인임 정권하에서 완전히 유명무실해진 것이었다. 이런 인사 행정 절차를 원상회복하겠다는 것이었다.

이상의 개혁 조치는 모두 1388년(창왕 즉위년) 8월에 이루어진 것으로 이색이 수상이 된 이후였다. 하지만 이게 꼭 이색의 주도로만 이루어진 것 같지는 않다. 이색도 공민왕 시대에 비슷한 개혁을 주장한 적이 있어 무관하지는 않겠지만 그 주역은 이성계와 가까운 사대부들이었다고 보인다. 그 가운데 문하평리로 있던 정몽주나 성균관의 대사성으로 있던 정도전보다는 사헌부의 대사헌을 맡고 있던 조준이 핵심적인 역할을 했다고 보인다.

이러한 개혁 조치는 시작에 불과했다. 이후 이성계와 가까운 사대부들은 너나 할 것 없이 개혁을 위한 상소를 연이어 올리는데 그 중심에는 항상 조준이 있었다.

조준의 시무책

위화도 회군이 성공한 후 상소의 깃발을 맨 먼저 든 사람은 조준으로 앞서 얘기했던 전제개혁 상소가 그것이다. 이어서 전국 각도에 도관찰출척사를 파견한 직후인 1388년(창왕 즉위년) 8월, 조준은 또 상소를 올렸다. 앞서 전제개혁 상소를 올린 지 한 달도 지나지 않은 때였다.

조준의 앞 상소가 전제개혁에 초점을 맞췄다면 이번 상소는 훨씬 더 장문으로 다루는 내용도 다양하여 국정 전반의 모든 문제를 망라하다시피 언급하고 있었다. 조준이 국정 전반의 문제를 이렇게 세세히 꿰뚫고 있었다는 사실이 놀라울 정도이다. 이성계가 그의 비범한 재능을 알아보고 대사헌에 발탁했다는 점이 조금도 과장이 아니었다는 것을 보여주고 있었다.

이번 상소의 내용은 수십 개 항목으로 나눌 수 있는데 다양한 내용 때문인지 상소가 아닌 시무책時務策이라고 부르고 있었다. 이 시무책을 비슷한 주제별로 묶어 일부 몇 가지만 소개해보겠다.

① 중앙 관제는 6부를 중심으로 개편하고, 양부에 참여하는 재상 수를 줄여 도당을 축소해야 하며, 도당에서 처리하는 공문은 녹사錄事의 서명이 아닌 도당의 인장을 찍게 하라. ② 지방 수령은 그 권한과 직급을 높이고 대간과 6조에서 능력과 공적이 있는 자를 천거하여 임명하라. ③ 역참의 마필을 담당하는 공역서供驛署를 군부사軍簿司에 소속시켜 도당의 허가를 받아 마필을 징발할 수 있게 하고, 승여乘輿를 담당하는 상승尙乘은 사복시司僕寺에 소속시켜 환관에게 맡기지 말라. ④ 도감은 일이 끝나면 혁파하는 것이 전례이니, 궁궐 조성을 위한 조성도감造

成都監을 혁파하여 선공시繕工寺에 합치고, 화약을 다루는 화통도감火㷁都監을 혁파하여 군기시軍器寺에 합치며, 도총도감都摠都監을 혁파하여 개성부에 합쳐라. 변정도감辨正都監은 그대로 두되 노비와 인구를 변별하여 호적을 만들어 징발하라. ⑤ 이인임은 관작을 삭탈하여 시호를 거두고, 경복흥은 교서를 내려 조상하고 제사하며, 이자송은 시호를 내려주고 그 가솔을 구휼하라.

조준이 올린 시무책에서 겨우 앞 부분의 반 정도만 열거한 것이다. 이밖에도 조준이 거론한 문제는 매우 다양했다. 간단히 주제만 나열해 보면 이런 것이다. ⑥ 궁궐의 재정 문제, ⑦ 군역과 호구 문제, ⑧ 토지 측량 문제, ⑨ 어염漁鹽과 목축 문제, ⑩ 왜구 방어와 수군 양성 문제, ⑪ 각 지방의 장수와 군사권 문제, ⑫ 권세가와 연결된 상업 문제, ⑬ 수척·화척·재인 문제 등이었는데 읽는 사람이 머리가 아플 정도로 복잡다단했다. 이는 모두 하나같이 제도에 대한 개혁과 시정의 폐단을 지적하여 고치도록 요구한 것이다.

①에서 도당에 참여하는 재상 수를 줄이자는 것은 도당의 권한을 약화시키려는 의도로 보인다. 도당은 이인임 정권에서 이인임의 권력을 뒷받침하는 중요한 기능을 했는데, 그 숫자를 줄이자는 것은 이인임 정권의 추종자들이 아직 도당에 건재하고 있었기 때문이다. 이는 도당에서 이성계와 그를 따르는 사대부의 영향력을 키우려는 의도였다.

②항 이하의 설명은 생략하겠다. 조준의 이 시무책은 도당에 하달되어 논의에 들어갔다. 이후 그에 상응한 조치들이 내려지는데 시무책 건의대로 시정이 이루어진 것도 있고 그렇지 않은 것도 있었다. 이에 대해서는 차츰 필요한 부분에서 언급할 것이다.

그런데 조준의 시무책에서 가장 눈에 띄는 대목은 ⑤의 이인임·경복흥·이자송에 대한 언급이었다. 시무책 중에서 제도와 무관한 유일한 것이었다. 이인임은 죄가 차고 악이 쌓인 인물이니 징계가 마땅하고, 경복흥과 이자송은 억울하게 죽었으니 잘못이라는 것이었다. 경복흥은 이인임 정권에서 탄핵을 받아 유배당한 후 자연사했고, 이자송은 최영에게 죽임을 당했었다. 앞서 조민수에 의해 이루어졌던 이인임의 추증을 무효화시키고 경복흥과 이자송에 대해서는 복권을 주장한 것이다.

조준이 시무책에 어울리지 않는 이런 민감한 정치 문제를 거론한 것은 그럴 만한 이유가 있었다. 이 시무책을 올리기 며칠 전에 창왕의 생일을 핑계로 조민수를 비롯한 몇몇 이인임 정권의 인물이 방면된 일이 있었다. 조민수는 조준의 전제개혁을 비판하다가 탄핵을 받아 유배당했는데 한 달도 못 되어 방면되었던 것이다. 조준이 시무책에서 이인임의 시호를 거두라고 주장한 것은 바로 그 일을 조민수가 추진했고, 그 조민수를 탄핵하여 유배 보냈지만 다시 방면되었기 때문이다. 즉 조민수를 겨냥한 것이다. 그래서 ⑤항은 지난 이인임 정권을 확실하게 부정하는 것으로 그 잔여 세력이나 추종자에 대한 경고였다고 보인다.

조준이 시무책을 올린 직후 홍영통을 영문하부사로 삼고 왕안덕을 6도통찰사로 삼았다. 홍영통은 이인임 정권에서 내재추에 참여한 적이 있었고 잠시 수상을 맡은 적도 있었다. 왕안덕은 위화도 회군에 마지못해 참여하긴 했지만 이인임의 뜻을 좇아 맨 처음 우왕의 옹립을 주장했던 인물이다. 홍영통이나 왕안덕 모두 이인임 정권에 정확히 부응했던 인물들로 이들은 여전히 건재하고 있었던 것이다.

그런데 이 무렵 이성계에게는 도총중외제군사都摠中外諸軍事라는 이름도 생소한 직책이 맡겨졌다. 명칭으로 보아 중앙과 지방의 모든 군사를 총괄하는 이성계를 위한 총사령관 직책이 아닌가 한다. 회군에 성공한 이성계가 전국의 군사력을 장악해가는 과정으로 보인다. 그 직후 왕안덕을 6도통찰사로 삼았던 것인데 이는 이성계의 군사권을 견제하려는 시도였을 것이다. 조민수에 대한 방면 조치나 홍영통·왕안덕 등의 부상은 이인임 정권을 추종한 세력이 아직도 건재하고 있었다는 뜻이다.

지방에 파견하는 현령과 감무(조선 시대의 현감)에 대한 개혁 조치도 나왔다. 이들 수령은 사인士人, 즉 무관이 아닌 문관에서 선발토록하고 그 품계도 7, 8품에서 5, 6품으로 상향했다. 이인임 정권 시절 권력의 핵심 인물들이 사적인 인연으로 수준 낮은 무인을 수령으로 파견하여 백성에 대한 탐학을 자행한 폐단을 시정하려는 것이었다. 이 역시 위 조준의 시무책 ②에서 언급한 것을 반영한 조치였다.

사대부들의 상소를 통한 정치는 이것으로 끝이 아니었다. 바야흐로 상소에 의한 정치 만개의 시대였다. 이런 상소를 통한 권력투쟁은 이성계가 왕위에 오를 때까지 끊임없이 계속되었다. 한 가지 주목할 점은, 그런 상황에서도 이성계는 정치 전면에 별로 나서지 않았다는 점이다. 위화도 회군으로 그에게 모든 시선이 집중되었고, 이제 권력의 중심에도 들어섰지만 그는 조용했다. 이인임 정권을 반면교사로 삼았던 것일까.

전제개혁은 사전 혁파, 수조권의 국유화

조준은 전제개혁에서 토지 탈점과 겸병을 통해 권세가들이 불법적으로 차지했던 토지에 대해 이런 주장을 폈다. 다시 전제개혁 상소의 일부분이다.

> ……태조(왕건)께서 지극히 공정하게 토지를 나누어주던 법을 준수하고 사사로이 주고받아 겸병하는 폐단을 고쳐야 한다. 관리도 아니고 군인도 아니고 국가의 직역을 맡은 자가 아니면 토지를 주지 말 것이며, 토지를 받은 자가 죽은 이후에는 사사로이 주고받지 못하도록 엄격한 한계를 세워야 한다. 그래야 백성들이 새로운 생활을 시작하고 국가의 재용을 충당할 수 있다.……(《고려사절요》 34. 신우 14년 7월).

태조 왕건의 법을 준수해야 한다는 것은 전시과 본래의 토지 분급의 취지를 지키자는 것이다. 관리도 아니고 군인도 아니고 국가의 직역을 맡은 자가 아니면 토지를 주지 말라는 것은 불법으로 토지를 차지한 자들이 많았다는 뜻이다. 토지를 받은 자가 죽은 후에 사사로이 주고받지 못하도록 한다는 것은 세습을 막기 위한 것으로 공전이 사전화되는 것을 막아야 한다는 뜻이다.

조준의 주장은 권세가들이 불법적으로 차지한 토지에 대해 국가에서 조세를 징수하여 국용에 충당하자는 것이었다. 이는 불법적인 사전을 혁파하여 공전으로 만들자는 것으로 간단히 말하면 불법적인 사전을 모두 없애겠다는 것이었다. 그래서 조준의 전제개혁은 사전개혁이라고도 불렀고 사전 혁파가 그 목표였다.

전제개혁이 불법적인 사전을 혁파하는 것이었다면, 그럼 합법적인 사전에 대해서는 조준이 어떤 판단을 내리고 있었을까? 다음의 주장에서 조준의 의도가 더욱 분명하게 드러난다.

······지금 양전하는 때를 맞아 액수를 정하여 토지를 나누어주기 전에 3년 동안만 임시로 국가에서 거두어들이면 국용의 비용을 충당하고 관리들의 녹봉을 지급할 수 있다.······《고려사절요》 34. 신우 14년 7월).

덧붙일 필요 없이 조준의 주장은 분명했다. 모든 토지를 공전으로 전환하자는 것인데, 이게 항구적인 조치가 아니라 3년 기한이었다. 중요한 점은 일단 국가의 모든 토지를 한시적이지만 공전으로 전환한다는 뜻이다. 여기서 놓칠 수 없는 사실은 공전으로 전환되는 사전에는 불법적인 것은 말할 필요도 없지만 합법적인 사전도 포함된다는 점이다. 즉 불법, 합법 가리지 않고 3년 동안 국가의 모든 토지를 공전으로 전환하자는 것이다.

이런 조치는 수조권에 입각한 일종의 국유화라고 보인다. 모든 토지에 대해 먼저 국유화 조치를 생각한 이유는, 그렇게 해야만 새로운 토지분급제도를 정확히 실행할 수 있었기 때문이다. 불법, 합법을 가려내기도 간단치 않았을 것이니 합법적인 토지만 국유화에서 제외하기도 곤란했을 것이다. 전시과체제가 와해된 지도 1세기 가까이 지났으니 말이다.

조준의 전제개혁 상서가 올라오자 도당에서는 그에 대한 대책을 논의한다. 그 논의가 구체적으로 어떻게 진행되었는지 드러나지 않지만 추측은 해볼 수 있다. 앞에서 도관찰출척사를 전국 각도에 파견하여 토지를 측량케 했다는 사실을 언급했었는데, 이는 도당에서 논의한 결과였고 조준의 전제개혁을 시행하기 위한 사전 작업이었다.

그런데 조준의 전제개혁 상소가 나온 지 한 달쯤 지난 그해 1388년 (창왕 즉위년) 8월 말에 창왕의 전교가 내려진다. '사전의 조세를 모두 국가에서 거두어들인다면 조정의 관리들이 살기에 곤란을 겪을 것이니 반만 거두어 국가의 용도에 충당하라.' 여기의 사전은 불법, 합법을 구분하지 않은 모든 사전을 말한다. 그 가운데 반만 거두어 국용에 충당하라는 것은 반만 공전으로 전환하라는 뜻이었다. 다시 말해서, 불법이든 합법이든 관리들이 각자 이미 수조권을 행사하던 자신의 전체 사전 중에서 반은 예전대로 개인이 수조권을 행사하고 나머지 반만 국가에서 수조권을 행사하라는 것이었다.

창왕의 이런 전교는 조준의 전제개혁을 반대하는 자들이 개입하여 도출한 도당의 결정이었다. 앞서 살펴보았던 조준의 주장은 불법, 합법 가리지 않고 국가의 모든 토지를 3년 동안 공전으로 전환하자는 것이었는데, 창왕의 전교는 이를 그대로 시행하지 않겠다는 뜻이었다. 이는 사전 혁파라는 전제개혁의 본래 의미에 부합할 수 없는 것으로 조준의 전제개혁 취지와는 거리가 멀었다.

사전의 반만 공전화한다는 것은 수조권의 국유화를 막기 위한 저항이었고 절반의 실패였다. 개혁에서 절반의 성공이나 실패는 완전한 실패나 다름없다. 왜냐하면 기득권을 인정한다는 점에서는 변함없기 때문이다. 또한 그런 사실보다 더 중요한 점은 기득권을 조금이라도 인정하고서는 새로운 토지분급제도의 틀을 마련하기 어렵기 때문이다.

이런 반발 기류 때문이었는지 1388년(창왕 즉위년) 9월, 우상시(정3품) 허응許應이 상소를 올렸다. 허응은 공민왕 때 이색을 좌주로 과거에 급제한 인물이다. 그는 상소에서 권세가들이 전제개혁을 불편하게 여기는 행태를 비판하며, 사전의 반만 국용에 충당하라는 창왕의 전교를 거두어줄 것을 요청했다. 즉 조준의 전제개혁 상소를 원안대로 실행하자는 것이었다. 이는 전제개혁을 반대하는 기득권 세력들을 겨냥한 것인데, 전제개혁을 놓고 정치 세력 간에 첨예한 갈등이 시작된 것이다.

빗발치는 상소, 최영 죽다

그런 와중에 중요한 개혁 조치가 하나 내려진다. 인사권을 행사하던 정방을 완전 폐지한 것이다. 공민왕의 개혁 조치 때 폐지했던 것을 이인임 정권에서 무장들이 인사권을 장악하기 위해 다시 부활한 것인데 이를 마침내 폐지한 것이다. 정방을 폐지하고 그 기능을 상서사尚瑞司로 옮겼다. 1388년(창왕 즉위년) 9월의 조치로 이는 역사적 의미가 컸다. 정방을 폐지하고 그 기능을 대신한 상서사는 조선 초까지 유지되었다.

그런데 1388년(창왕 즉위년) 10월, 조준은 자신을 따르는 자들과 함께 또다시 시무책을 올렸다. 그 내용은 법제의 판정板定 문제, 종묘의 제사 문제, 당악과 향악의 문제, 지방관의 근무 문제, 경주인京主人과 기인其人 문제 등이었다. 국정의 세세한 사항으로 앞서 올린 시무책에서 누락된 분야를 보충한 것으로 보인다. 조준은 상소나 시무책을 통해 국정을 계속 주도하고 있었던 것이다.

조준의 두 번째 시무책이 나온 직후 그는 지문하부사(종2품)로 승진하면서 재상급에 오르고 계속 대사헌을 겸직하게 되었다. 이성계의 전적인 신임을 받는 그에게 재상 승진은 크게 중요하지 않겠지만 도당에 참여할 수 있는 재상이 되었다는 점에서 의미가 있었다. 권력투쟁의 칼날을 숨기고 있는 개혁 국면에서 대사헌 조준의 역할은 갈수록 커져가고 있었던 것이다.

이어서 정방을 대체한 상서사의 장관 이하 소속 관리를 임명하여 새 인사 행정기구를 완성했다. 그 장관인 판상서사사判尙瑞司事에는 이색·이성계·문달한·안종원 등 4인이 임명되고, 실무를 담당할 관리로 이행을 상서윤尙瑞尹, 이지李至를 상서소윤尙瑞少尹으로 삼았다. 주목되는 점은 인사권을 행사할 여기 상서사의 장관과 그 소속 관리 6명의 구성이다.

이색과 이성계는 현직 수상과 아상으로 참여했을 테고 이행과 이지는 대간으로서 참여했을 것 같은데, 관심 가는 인물은 함께 장관에 오른 문달한과 안종원이다. 문달한은 이인임 정권에 철저히 봉사했을 뿐만 아니라 임견미·염흥방과도 가까운 인물이었고, 게다가 조준과는 이인임 정권에서 악연이 있었다. 안종원도 문달한만큼은 아니지만 이인임 정권에 봉사한 전력이 있었다.

그런데 문달한은 상서사의 장관에 임명된 직후 사헌부의 탄핵을 받아 합포(마산)로 유배당하고 만다. 사헌부의 탄핵을 받은 것으로 보아 그 배후에는 조준의 힘이 작용했을 것이 분명한데, 이유는 문달한이 외척 세력을 빙자하여 방자히 탐학을 부렸다는 것이었다. 문달한은 우왕의 장인인 이림의 매부이니 지금의 창왕에게는 모후(근비)의 고모부가 된다. 그러니 외척이라 할 만했다.

하지만 합포로 유배당한 문달한은 곧바로 가까운 철원으로 옮겨졌다. 여기에는 도당의 요청이 있었기 때문이다. 이는 도당 내에 그와 가까운 세력이 건재하고 있다는 뜻이다. 나중에 그는 다시 복직하는데 탄핵에서도 일단 살아남은 것이다. 이는 이인임 정권을 추종했던 세력이 건재하고 있다는 것을 다시 보여주며, 또한 이들과 이성계 세력의 권력 투쟁이 계속되고 있었다는 뜻이다.

1388년(창왕 즉위년) 11월에는 충주에 유배된 최영을 압송하여 순군옥에 가두었다. 조인옥과 대간에서 그를 죽일 것을 주장했기 때문이다. 대간에서는, 최영이 비록 공이 있으나 요동정벌을 주장하여 상국에 죄를 지었으니 공이 그 죄를 가릴 수 없다고 했다. 하지만 최영을 바로 죽이지 못하는데 그를 죽일 만한 여건이 아직 못 되었던 같다. 아마 여론의 향배를 살피면서 적당한 때를 기다렸다고 보인다.

1388년(창왕 즉위년) 12월에는 조인옥이 또 상소를 올렸다. 승려를 비판하면서 그들의 탐욕과 부정을 고발하는 내용으로 출가자를 제한하자는 것이었다. 여기에 사원이 권세가와 결탁하고 있다는 점을 들어 은근히 기득권 세력을 공격하는 데 활용하고 있다. 이성계 일파의 상소는 직접적이든 간접적이든 그런 식으로 모두 기득권 세력을 겨냥하고 있었다.

조인옥이 상소를 올린 직후 윤소종은 또 다른 상소를 올렸다. 윤소종 상소는 이인임의 죄를 낱낱이 밝히는 것이었다. 이인임이 저지른 죄악을 공민왕 대부터 우왕 대까지 하나하나 거론하면서 자세히 논죄하였다. 그러면서 그는 이미 죽었지만 그 관棺을 베야 하고, 그의 집은 연못을 팔 것이며, 재산을 적몰하고, 자손은 멀리 유배 보내 금고를 내려야한다는 것이었다. 이는 앞서 조준이 시무책 ⑤에서 주장한 내용을 실행하라는 요구였다. 하지만 이인임에게는 자손에 대한 금고만 추가로 내려졌는데 윤소종에게는 양에 차지 않는 것이었다.

윤소종이 이미 죽은 이인임에 대해 이런 극렬한 논죄를 펼친 이유가 뭘까? 살아남은 이인임의 족당 세력은 이런 윤소종을 죽이려고 했다니까, 이인임에 대한 논죄 상소는 바로 이들을 향한 것이었다는 점을 알 수 있다. 그가 올린 상소의 표적은 죽은 이인임이 아니라 살아남은 그 추종자들이었던 것이다. 윤소종의 논죄 상소를 보고 가장 위축되었던 인물은 아마 유배에서 풀려난 조민수가 아니었을까. 조준과 더불어 이제 조인옥과 윤소종 등도 함께 상소를 통해 정국을 주도하고 있었던 것이다.

윤소종의 이인임 논죄 상소가 올라간 직후, 대간들이 최영을 죽여야 한다는 상소를 또 올린다. 최영은 공로도 많았지만 요동정벌을 마음대로 감행했으니 대의로써 처결하여 천자(명 태조 주원장)에게 사죄해야 한다는 것이었다. 앞서 최영을 죽여야 한다는 조인옥의 상소와 같은 논리로 이를 재차 강조한 것이었다. 마침내 때가 되었다고 판단했는지 결국 최영을 처형하고 만다. 1388년(창왕 즉위년) 12월의 일로 최영의 나이 73세였다.

후에 윤소종은 최영의 죄에 대해 '공은 한 나라를 덮을 만하지만 죄는 천하에 가득하다'고 했다. 이인임을 낱낱이 논죄한 것에 비하면 두루뭉술한 표현으로 애매하다. 왜구 격퇴 등 무장으로서 최영의 공로와 그의 청렴강직한 성품을 높이 사지만 죽일 수밖에 없다는 논리였을 것이다. 윤소종의 이 말은 잠언처럼 유명해져서 당시 여러 사람의 입에 오르내렸다고 한다. 윤소종은 정치적 언어 감각이 뛰어난 인물이었던 것 같다.

최영이 죽던 날 도성 사람들이 저자를 닫고 거리의 아이들과 부녀자들까지 모두 눈물을 흘렸다고 하니 당시 사람들로부터 추앙과 존경을 받았다고 보인다. 하지만 역사 기록에 남은 그에 대한 인물평 중에서 혹평도 있다. 성품이 우직하고 학술이 없어서 모든 일을 자기 뜻대로 결단했다고 한다. 아마 이는 요동정벌을 두고 내린 평가였으리라.

주원장과 이성계 그리고 이색

전제개혁을 놓고 갈등이 시작되는 속에서 1388년(창왕 즉위년) 10월, 신년을 축하하기 위한 하정사로 문하시중 이색과 첨서밀직사사 이숭인을 남경에 파견했다. 이때는 최영이 처형되기 전이었고 위화도 회군이 성공한 후로는 두 번째 공식 사절이었다.

현직 수상이 명의 사신으로 파견된 경우는 명과의 교섭 이후 이게 처음인데 이색이 자청했다고 한다. 그런데 이색은 무슨 의심을 했는지 이성계에게 그의 아들과 함께 가기를 요구하여 이방원을 서장관으로 동반시켰다. 이게 좀 흥미로운 부분이다. 이성계에게 요구해서 그의 아들과 동반했다는 것은 이성계가 이미 권력의 정상에 있었다는 뜻이 아닐까? 그렇지 않다면 왜 이성계에게 그 점을 요구하며, 하필 이성계의 아들을 동반시킬 필요가 있었겠는가.

이색은 혹시 이성계가 색다른 일을 꾸밀 것이라고 의심했는지 모른다. 가령, 자신이 부재중에 창왕을 폐위하고 색다른 기도를 할지도 모른다는 의심 말이다. 그게 아니라면 이색은 조준의 전제개혁을 의심했을 가능성이 많다. 전제개혁은 이미 착수에 들어갔는데, 도관찰출척대사를 전국에 파견하여 양전 사업을 추진하고 있었고, 이색이 명으로 들어간 직후인 그해 10월에는 급전도감給田都監이 설치된 것에서 알 수 있다. 아무튼 이색이 이성계를 특별히 경계하고 있었던 것은 분명하다. 그래서 이방원을 동반시킨 것은 이성계로서도 나쁠 게 없었다. 이색이 명에 들어가 어떤 언행을 할지 염려했을 테니까.

이색과 이들 하정사는 주원장에 대한 좀 색다른 요청도 가지고 갔다. 명에서 관리를 파견하여 고려를 감시해줄 것과, 고려 자제들이 명의 국학에 입학할 수 있도록 허용해달라는 것이었다. 후자는 이인임 정권 시기에도 한 적이 있었으니 이상할 게 없지만 전자는 매우 특별한 요청이었다. 이는 전제개혁에 대한 이색의 견제였다고 보는데, 어쩌면 이성계도 고려의 국정에 대한 주원장의 의심을 풀어보려는 속셈에서 반대하지 않았을 것이다.

그런데 한 달 후인 11월에는 밀직사 강회백과 밀직부사 이방우(이성계의 첫째 아들)를 다시 명에 파견하여 조견朝見, 즉 창왕의 친조를 요청했다. 이 역시 주원장의 의심을 해소하려는 적극적인 대처로 보인다. 주원장이 만약 이성계를 의심했다면 우왕을 세우고 배후에서 권력을 장악했던 이인임 정권을 향한 불신의 연장이었을 것이다. 즉, 이인임처럼 이성계도 혹시 창왕을 허수아비로 만들고 명에 부정적인 영향을 미치지 않을까 하는 의혹일 것이다. 정권을 장악한 이성계의 처지에서는 신속히 이를 해소할 필요가 있었다. 그의 두 아들이 연거푸 사신으로 동반했다는 것은 그 중대성을 보여주는 것이었다.

이듬해인 1389년(창왕 1) 2월에는 동지밀직사사 윤사덕尹師德을 남경에 보내 최영을 처형했음을 보고한다. 윤사덕은 요동정벌 당시 이성계의 우군 휘하 장수였으니 이성계와 통하는 사람이었을 것이다. 최영의 처형 사실을 주원장에게 보고한 것은 요동정벌을 죄악으로 규정하고 위화도 회군의 정당성을 인정받으려는 것이라 할 수 있다. 이 역시 이성계에 대한 불신을 해소하려는 목적과 같은 맥락으로 볼 수 있다.

앞서 명으로 들어간 강회백은 그해 3월에, 이색은 4월에 환국하였다. 이색의 환국이 늦은 것은 돌아오는 과정에서 발해에서 해난 사고를 당한 때문이었다. 강회백은 환국하면서 우왕의 폐위를 질책하고 친조를 거부한다는 주원장의 뜻을 보고하였다. 그 주원장의 뜻을 그대로 인용해보겠다. '고려는 산이 막히고 바다를 등져 풍속이 다르니 비록 중국과 서로 통교하고 있었으나 이합離合이 무상하였다. 이제 신하가 그 아비를 내쫓고 그 아들을 왕으로 세워 조회하기를 청하는데 이는 인륜이 무너지고 군도君道가 전혀 없는 것이다. 신하의 반역이 분명히 드러난 것이니 사신들을 돌아가게 하고 동자童子(창왕을 가리킴)도 반드시 와서 조회할 필요가 없다. 왕을 세우는 것도 너희들에게 있고 폐하는 것도 역시 너희들에게 있으니 우리와는 관계없는 일이다.'

이렇게 냉소적일 수 있을까? 괜히 다급함만 드러낸 이성계가 머쓱할 일이었다. 이를 부정적으로 보면 우왕 폐위를 질타하면서 이성계를 비난하는 것으로 볼 수 있지만, 긍정적으로 해석하자면 우왕 폐위와 창왕 옹립을 상관하지 않겠다는 뜻으로 볼 수도 있다. 이성계에 대해 전혀 언급하지 않은 것도 이성계의 처지에서는 긍정적으로 볼 수 있는 면이다. 위화도 회군을 통해 이성계가 권력을 장악했다는 것쯤은 주원장도 충분히 인식했을 텐데 말이다.

주원장이 창왕을 '동자', 즉 어린아이라고 표현한 것도 재밌다. 그래서 이런 추론도 해볼 수 있다. 이성계는 창왕의 친조를 요청하면서 아홉 살짜리 어린 국왕의 친조를 주원장이 설마 받아들일까 하는 판단을 하고 그러지 않았을까? 즉 고려 나름의 성의는 성의대로 보이고 친조하려는 생각은 아예 없었다고 할 수 있다. 이런 가식적인 친조 요청마저 없다면 주원장은 이성계에게 직접 입조하라고 요구했을 수도 있기 때문이다. 수상인 이색을 사신으로 파견한 것도 혹시 모를 이성계 자신에 대한 입조 요구를 미리 회피하려는 계산이 작용했다고 보인다. 이인임이 집권할 때 주원장은 이인임의 본인 입조 요구를 한 적도 있었으니 그럴 개연성은 충분했다.

강회백을 환국시킨 후 주원장은 요동도지휘사에 명령하여 고려 국왕이 요동에 이르면 돌아가게 하고, 사신은 저지하지 말라는 지시를 내린다. 국왕 친조는 거부하되 사신 왕래는 허용하라는 뜻이었다. 이를 보면 주원장은 이성계의 집권을 놓고 고려에 대한 외교 정책을 바꿀 생각이 없었다고 추측할 수 있다. 회군 당시 이성계가 표방했던 친명사대를 감안했을 것이다. 그리고 강회백보다 나중에 환국한 이색은 그의 명망을 알고 있던 주원장의 큰 환대를 받고 돌아왔다. 하지만 이색도 친조를 거부한다는 주원장의 뜻을 다시 보고하였고, 명에서는 공녀를 요구한다는 엉뚱한 요구까지 덧붙여왔다.

그런데 환국한 후 이색은 주원장에 대해 재미있는 인물평을 남겼다. 이런 내용이다. '황제는 주견主見이 없는 인물이었다. 황제가 반드시 물어볼 것이라고 미리 생각해두었던 것은 묻지 않고, 황제가 물어본 것은 내가 생각했던 것과는 전혀 다른 것이었다.'

이색의 주원장에 대한 이 코멘트에서 여러 가지를 유추해볼 수 있는데 대단히 흥미로운 부분이 있다. 주원장을 주견이 없는 인물로 본 것도 재미있지만 그 이유를 설명하는 뒷부분에 호기심이 간다. 이색이 미리 생각해두었던 것은 무엇이었을까? 이는 이색이 명으로 들어간 목적과 관련 있을 것이다. 주원장이 이성계와 관련된 여러 가지 궁금한 점을 물어올 경우 이색은 어떻게 대답해야 할지 미리 생각해두었던 것이다.

그럼 이색은 이성계와 관련된 어떤 질문을 예상했을까? 혹시 이성계가 왕위에 오르려는 것 아니냐는 질문을 예상하지 않았을까? 위화도 회군을 성공시키고 이성계가 정권을 잡았으니 주원장으로서는 충분히 그런 의혹을 품을 만했다. 또한 이색은 이성계 일파의 전제개혁에 대해서도 주원장에게 자신의 생각을 개진할 기회를 기대했는지 모른다. 그런데 주원장은 이색이 미리 생각해둔 그런 점에 대해 전혀 묻지 않았던 것이다. 이색이 그에 대한 어떤 답변을 생각해두었는지는 모르겠지만.

그럼 다시, 주원장은 왜 이색이 미리 예상해둔 그런 문제를 질문하지 않았을까? 주원장은 이성계의 위화도 회군과 정권 장악을 놓고 자신에게 나쁘지 않다고 판단했기 때문이 아니었을까? 그렇다면 당연히 우왕 폐위도 크게 문제삼을 필요가 없었을 것이다. 앞의 주원장의 성지에서 '왕을 세우는 것도 너희들에게 있고 폐위하는 것도 역시 너희들에게 있으니 우리와는 관계없는 일이다'라는 것은 그런 속셈을 주원장다운 말투로 드러낸 것이었다. 회군 자체가 친명사대에 근거한 것이었고, 이성계 스스로도 친명사대를 분명하게 선언했으니 주원장은 일단 안심했다고 할 수 있다.

그래서 주원장은 이성계의 정권 장악에 대해 진짜 의혹을 가지고 짚어야 할 부분을 묻지 않고 엉뚱한 것만 물었던 것이다. 이색은 주원장의 그 점이 어설프게 보였던 모양이다. 그러니 주견이 없는 인물로 보였으리라.

전제개혁을 반대한 이색, 어정쩡한 정몽주

1389년(창왕 1) 4월, 도당에서 다시 전제개혁을 논의하는데 이때 이성
계가 나선다. 물론 이성계는 조준의 전제개혁을 적극 후원하는 입장이
었지만 지금까지는 이 문제에 개입하지 않다가 이제 나선 것이다. 아마
기득권 세력의 벽이 높다고 판단하여 조준의 개혁안에 힘을 실어주려
는 생각이었을 것이다.

그런데 이성계가 나선 이 도당 논의에서 이색은 반대한다는 입장을
분명히 천명했다. 이색이 명의 사신으로 들어갔다가 돌아온 직후였다.
이색의 반대는 물론 사전을 공전으로 전환하는 조치를 반대하는 것이
었다. 그의 반대는 간단한 일이 아니었다. 그의 판단은 현직 수상이라
는 위상으로서도 중요했지만 그보다는 유종, 즉 유학자의 우두머리라
는 무게감을 무시할 수 없다는 점에서 더욱 중요했다.

그래서 이색이 전제개혁을 반대한 이유가 매우 궁금한데, 이색의 주
장은 옛법을 경솔하게 고칠 수 없다는 것이었다. 이는 좀 궁색한 변명
으로 보인다. 왜냐하면 조준의 전제개혁은 옛법을 고치자는 쪽이 아니
라 오히려 옛법의 원칙으로 돌아가자는 쪽에 가깝기 때문이다. 조준이
전제개혁 상소에서 "태조(왕건)께서 지극히 공정하게 토지를 나누어주
던 법을 준수하고"라고 언급한 것은 바로 그것을 의미했다.

그럼 이색이 전제개혁을 반대한 진짜 속마음은 무엇이었을까? 혹시

이색도 다른 권세가들처럼 불법적으로 많은 토지를 점유하고 있었는지도 모르겠다. 그렇다면 이색 역시 기득권 세력으로 치부할 수 있을 것이다. 그게 아니라면 이색의 반대는 이성계에 대한 경계심 때문이라고 할 수 있다. 이성계를 향한 이색의 경계심은 앞서 명의 사신으로 파견될 때 이미 드러났다.

그런데 도당회의에서 이색 한 사람의 반대로 그치지 않고, 이림·우현보·변안열 등도 이색에 동조하며 전제개혁에 반대하였다. 이들은 이인임 정권의 추종자들인데 반대한 이유는 생각해볼 것도 없이 그들이 토지 탈점의 주범이었기 때문이다. 아직도 이런 인물들이 도당 안에 건재한 것을 보면 도당은 이성계 세력에게 여전히 만만치 않은 상대였다는 것을 알 수 있다.

전제개혁에 대한 반대 논의가 일어나자 예문관 대제학 정도전과 성균관 대사성 윤소종이 전제개혁을 찬성하고 나섰다. 이들의 찬성은 조준의 주장에 힘을 실어주기 위한 것으로 당연해 보인다. 도당의 논의에서 전제개혁 논의가 다시 찬성으로 흐르자 이번에는 권근과 유백유柳伯濡가 이색의 주장에 동조하면서 다시 반대하였다. 권근은 앞에서 여러 차례 거론한 인물인데 그의 성향은 좀 불확실했다. 이인임 정권 초기 북원의 사신을 맞는 것에 반대했다는 점을 생각하면 이인임 정권에 봉사한 것 같지 않지만 그 이후의 행적을 보면 정권에 합류한 흔적도 보이기 때문이다. 권근과 유백유는 공민왕 때 이색을 좌주로 함께 과거에 급제한 인물인데 이들이 전제개혁을 반대한 이유는 이색의 주장을 따른 것으로 보인다.

그런데 도당의 전제개혁 논의에서 당시 찬성사로 있던 정몽주는 찬반의 입장을 분명하게 드러내지 않았다. 그는 이미 재상급에 올라 유학자 중에서 이색에 버금가는 인물이었는데 전제개혁에서 애매모호한 태도를 취한 것이다. 이런 태도는 반대한 것이나 다름없다고 보는데, 이성계와의 관계를 고려하여 차마 반대 의사를 분명히 밝히지 못했다고 생각하기 때문이다.

도당의 전제개혁 논의는 그렇게 찬반으로 양분되었다. 개혁의 칼자루는 찬성한 자들이 쥐고 있었지만 그래도 강제로 밀어붙이기 어렵다고 판단했는지 도당의 구성원 전체의 찬반 의견을 물었다. 그 결과 53명의 구성원 중에서 찬성한 자가 8, 9할이었다고 한다.

숫자로는 찬성이 압도적이었지만 문제는 현직 수상으로서 반대한 이색과, 이인임 정권의 추종자 이림·우현보·변안열 등이었다. 이들은 정치적 성향이 이색과 전혀 달랐지만 기득권 세력의 중심으로서 그들의 정치적 비중도 가볍지 않았다. 여기에 정몽주의 어정쩡한 입장 역시 무시할 수 없었다. 결국 이성계의 개입으로 조준의 전제개혁을 추진하는 쪽으로 정해졌다.

그래서 이런 생각이 든다. 조준의 전제개혁은 위화도 회군이 성공한 후 당시 정치 세력들의 성향을 가늠하는 시험대 같다는 생각이다. 이는 이인임 정권에서 외교노선이 그 인물의 정치적 성향을 가늠했던 것과 궤를 같이하는 현상이다. 여기에 친명사대를 주장했던 신진사대부 사이에서도 전제개혁을 놓고 찬반으로 엇갈린 현상을 주목할 필요가 있다. 특히 이색의 문생(제자)들 사이에서 극명하게 찬반으로 나뉜 것은 대단히 흥미로운 문제이다.

이색의 제자들 사이에서 전제개혁을 놓고 이런 엇갈린 반응을 보인 것은 성리학에 대한 이해의 차이 때문은 아니라고 본다. 당시 도입 초기의 성리학에 대해 학자마다 해석의 차이는 분명 있었겠지만 그게 정치노선을 달리하는 근거는 아니었다는 생각이다. 이런 차이는 바로 이어지는 새 왕조 개창에 대한 찬반으로도 직결되는데, 이 문제 역시 성리학에 대한 견해 차이에서 비롯된 것은 아니라고 본다. 오히려 그 반대로 전제개혁이나 왕조 개창에 대한 노선 차이가 성리학에 대한 견해의 차이로 이어졌다고 보는 것이 온당하지 않을까?

어쨌든, 조준의 전제개혁은 동류의 사대부집단을 찬반 양쪽으로 갈라 세우는 결과를 가져왔다는 점이 중요하다. 신진사대부 가운데 반대론자들은 이인임 정권의 추종자들과 반대하는 이유야 달랐겠지만 같은 길을 걷게 되었다는 사실이 매우 흥미롭고, 전제개혁은 이들을 같은 정치적 입장에 서게 만들었던 것이니 격세지감이 든다.

바야흐로 전제개혁은 지금까지와는 전혀 다른 권력투쟁의 새로운 전선을 만들고 있었다. 사대부 사이의 이런 대립 전선은 이성계가 왕위에 오르는 문제를 놓고서도 계속 이어진다.

반대론자에 대한 비난과 탄압

전제개혁 논의가 결정된 직후인 1389년(창왕 1) 그해 7월 문하시중 이색이 갑자기 사퇴를 요청했다. 사퇴를 요청하면서 이색은 이림이 자신의 문하시중을 대신하게 하고 판문하부사로 물러났다. 이림은 우왕의 장인이니 창왕에게는 외조부였다. 이색이 그런 그를 수상으로 끌어들인 것도 눈길을 끈다. 이색 자신과는 정치적 성향이 전혀 어울리지 않을 것 같아서 하는 말이다.

이색이 수상직을 사퇴한 것은 아무래도 전제개혁 논의 때문이 아닌가한다. 자신의 전제개혁 반대 의지를 끝까지 관철시킬 수도 없고, 그렇다고 전제개혁을 따를 수도 없는 불편한 심기를 반영한 것으로 보인다. 하지만 그는 여전히 판문하부사로서 영향력을 행사할 위치에 있었다.

전제개혁을 반대한 이색이 수상에서 물러난 것에 한숨 돌렸는지, 그해 8월 조준은 다시 전제개혁에 대한 상소를 올렸다. 이는 앞서의 전제개혁 상소와 별개로 두 번째 전제개혁 상소라고 할 수 있는데, 우선 전제개혁 반대론자들을 비난하는 부분부터 살펴보자.

……사전을 개혁하여 공전으로 회복하는 손익은 분명한데도 권세가들은 오히려 폐습을 이어받아 말하기를, '본조의 기존 법을 하루아침에 갑자기 개혁할 수 없으니 이를 개혁하면 선비와 군자의 생계가 날로 곤란해져서 상공업에 마음을 둘 것이다'라고 한다. 이들은 떠다니는 말로 서로 선동하여 여러 사람을 현혹시키면서 사전을 일으켜 부귀영화를 보전하려고 한다.……(《고려사절요》 34. 신창 1년 8월).

조준은 좀 더 강하게 전제개혁 반대론자들을 압박하고 있다. 인용문의 밑줄 친 부분은 이색이 앞서 도당에서 전제개혁을 반대하면서 내세웠던 주장, '옛법을 경솔하게 고칠 수 없다'는 말을 상기시킨다. 그래서 조준의 이 비난은 이색을 겨냥해서 한 말이라고 보인다. 떠다니는 말로 서로 선동하여 여러 사람을 현혹시킨다는 것도 이색을 두고 한 비난이었을 것이다. 앞서 도당의 찬반 논의에서 이색은 실제 그런 행동을 한 적이 있었기 때문이다.

전제개혁에 대한 이색의 반대는 조준을 비롯한 이성계의 세력에게 큰 부담이었던 것 같다. 그가 수상에서 물러나긴 했지만 아직도 유종으로서 위상을 지니고 사대부들에게 충분히 영향력을 행사할 수 있었기 때문이다. 조준의 상소는 그런 이색을 직접 겨냥하면서, 아울러 이림·우현보·변안열 등 반대론자들과 함께 싸잡아서 비난했다고 볼 수 있다.

조준이 두 번째 전제개혁 상소를 올린 직후, 간관들이 집단으로 나서서 사전은 다시 허용할 수 없다는 상소를 올리려고 서명을 받았다. 사전을 다시 허용할 수 없다는 것은 앞서 창왕의 전교에서 밝힌, 사전의 반만 국용으로 전환하고 반은 예전대로 관리들에게 지급하라는 조치를 두고 한 말이었다. 조준의 전제개혁을 다시 지원하려는 것이었다.

그런데 간관 중의 한 사람이었던 문익점文益漸이 이 서명을 회피해버린다. 문익점은 정몽주와 같은 해(공민왕 9)에 과거에 급제한 인물이다. 이에 조준은 문익점을 탄핵하여 파면해버렸다. 이유는 직언을 해야 하는 간관으로서 본분을 잃었다는 것인데 온당한 이유는 아니라고 보인다. 간관들이 서명을 받아 합동으로 전제개혁을 지지했던 것은 조준의 사주가 작용했다고 짐작할 수 있다.

아무리 자신의 전제개혁을 반대한다고 조준이 간관을 파면하다니 이건 좀 아니다 싶다. 간관을 파면한다는 것은 공민왕 때의 신돈 정권이나 이인임 정권에서도 저지르기 힘든 일이었다. 대사헌이라는 직위를 이용하여 관리들의 저승사자 같은 행동을 했으니 칼만 안 들었지 공포정치나 다름없는 것이었다. 그렇게 조준의 힘은 갈수록 커지고 있었다.

물론 그 배후에서 이성계가 받쳐주고 있었으니 가능했다. 조준은 치밀하면서도 대단히 끈질기고 집요한 인물로 생각되는데 이성계가 인물하나는 잘 골랐지 싶다.

전제개혁은 왕조 개창의 시험대

조준의 두 번째 전제개혁 상소를 마저 살펴보자. 여기에 전제개혁의 핵심 내용이 들어있다.

> ……마땅히 경기의 토지로 왕실을 보위하는 사대부의 전지로 삼아 그것으로 생계를 유지하게 하고, 나머지는 모두 개혁, 제거하여 공상供上 제사祭祀의 용도에 충당하여 녹봉과 군수軍需 비용을 넉넉히 해야 한다. 그리하여 겸병하는 폐단을 막고 토지를 둘러싼 쟁송을 근절하는 영원한 법을 제정해야 한다(《고려사절요》 34. 신창 1년 8월).

핵심 내용은 경기의 토지로만 사대부에게 분급하자는 주장이다. 사대부에게 분급하는 경기의 이런 토지는 수조권에 입각한 사전을 말한다. 즉 소유권을 인정하는 사유지가 아니라는 뜻이니, 당연히 그 사대부가 죽거나 관직을 그만두면 그 수조권을 국가에 반납하는 것이었다. 그런 사전을 경기 지방에만 두자는 것이었다. 따라서 경기를 제외한 모든 지방의 토지는 마땅히 국가에 조세를 납부하는 공전이 된다.

앞서도 언급했지만 이는 수조권에 입각한 토지의 국유화를 선언한 것과 다름없다. 사대부에게 수조권을 지급하는 경기 지방은 여기서 예외인 것 같지만, 죽거나 관직을 그만두면 다시 반납하기 때문에 역시 수조권의 국유화에서 제외되는 것이 아니다. 다만 소유권에 입각한 국유화로 보기는 어려운데, 그것은 조상 대대로 물려받은 개개인 소유의 민전은 인정했다고 보이기 때문이다. 조준의 이러한 전제개혁을 다듬어 완성한 것이 과전법科田法이다.

그런데 한 가지 의문인 것은, 토지 분급 대상으로 조준은 왜 사대부를 거론했을까? 즉, 경기의 토지를 분급해줄 대상으로 '문무관리'라고 표현하지 않고 왜 '사대부'라고 언급했을까 하는 점이다. 사대부라면 문관만을 말하는 것 같은데 그럼 무관은 새로운 토지 분급에서 제외하겠다는 뜻일까? 그건 아니라고 본다. 만약 새로운 토지제도가 그런 방향으로 추진된다면 무관들이 손을 놓고 방관하지 않을 것이 너무나 분명하기 때문이다.

조준이 토지 분급 대상으로 사대부를 언급한 것은 이들을 중요한 우선 분급 대상으로 삼았기 때문이다. 이는 조준의 전제개혁이 자신과 같은 사대부들의 경제기반을 우선 마련하겠다는 점을 목표로 설정했다는 뜻이다. 이를 노골적으로 표현하자면, 권세가나 기득권자의 탈점한 토지를 몰수하여 사대부의 경제기반으로 삼겠다는 것이나 다름없었다.

조준의 전제개혁은 그 첫 번째 상소가 나온 직후 이미 착수에 들어갔다. 상소가 올라오자 바로 도관찰출척사에 의해 양전 사업을 시작했고 이어서 급전도감을 설치했던 것에서 알 수 있다. 그러니까 조준의 전제개혁에 대한 찬반 논쟁은 이미 전제개혁 사업을 착수하여 진행하고 있던 도중에 벌어지고 있었던 것이다.

마침내 1389년(창왕 1) 9월에는 급전도감에서 과전科田을 분급받을 자를 가려서 근거를 마련해야 한다고 요청하고 있다. 여기 과전은 문무 관리에게 새롭게 지급해줄 수조권에 입각한 토지를 말한다. 이는 과전 수급자에 대한 명부 작성을 말하는 것으로 과전법 실행을 위한 본격적인 작업으로 보인다. 조준의 전제개혁에 대한 반대가 만만치 않았지만 계속 밀어붙이고 있었던 것이다.

그런데 간과할 수 없는 점은, 조준의 전제개혁을 반대한 이색이나 권근 등은 자신들도 토지 탈점 문제를 해결해야 한다고 이미 주장한 바 있었다는 사실이다. 이색은 공민왕 초에, 권근은 우왕 대에 그런 내용의 상소를 올렸다. 토지 문제를 해결하기 위한 이들의 상소와 조준이 올린 전제개혁 상소의 차이점은 새로운 토지분급제도를 마련하느냐 마느냐의 차이였다. 즉 드러난 토지 문제의 폐단을 시정하는 데 그치느냐, 제도의 개혁까지 나아가느냐의 문제였다.

하지만 이런 차이는 크게 중요하지 않다고 생각한다. 더 중요한 차이는 조준의 전제개혁은 정권을 장악한 측에서 내세운 주장이고, 이색이나 권근 등의 안은 정권과 거리가 먼 일개 사대부의 주장이었다는 사실이다. 이색이나 권근이 그런 처지에서 내세운 주장이니 근본적인 제도 개혁까지 언급하지 못한 것이다. 이색이나 권근도 정권을 장악한 입장에 섰다면 얼마든지 조준과 같은 전제개혁을 주장할 수 있었다는 뜻이다. 다시 말해서 이색 등의 반대는 전제개혁의 내용에 대한 반대라기보다는 순전히 정치적인 이유라는 얘기다.

그런가 하면, 전제개혁을 주장한 조준이나 이를 반대한 이색은 모두 고려의 옛법을 존중해야 한다고 주장하였다. 조준의 전제개혁은 그의 주장대로 고려의 옛법을 존중하는 것이기도 했고, 이색의 주장대로 옛법을 하루아침에 고치는 것이기도 했다. 모든 사전을 공전으로 전환한다는 것은 옛법을 하루아침에 고치는 측면이 있었지만, 토지분급제도인 고려 전시과의 본래 취지로 돌아간다는 점에서는 옛법을 준수하는 것이었다. 전제개혁은 찬반 양쪽 모두 자신들의 주장을 관철하기 위한 명분으로 옛법을 내세웠을 뿐이다. 여기서 옛법은 대강 고려 전통의 통치질서라고 봐도 상관없을 것이다.

전제개혁을 주장한 조준 측에서는 고려왕조의 통치질서를 부정하는 식으로 비춰지지 않기 위하여 옛법을 준수하는 것이라고 주장했다. 반면에 전제개혁을 반대하는 쪽에서는 이를 저지하기 위해 고려왕조의 통치질서를 부정한다는 식으로 강조했던 것이다. 하지만 진짜 중요한 사실은 어느 쪽의 주장이 옳은지 사실 여부를 떠나서, 전제개혁은 이미 고려왕조의 통치질서를 부정할 것인가, 지켜낼 것인가의 문제로 비화하고 있었다는 점이다.

그래서 위화도 회군이 성공한 직후 정국의 최대 쟁점으로 등장한 전제개혁은 왕조 개창의 시험대 같은 것이었다. 전제개혁이 성공하면 고려왕조의 통치질서를 부정하면서 새로운 왕조 개창으로 이어지는 것이고 실패하면 고려왕조에 그대로 머물 수밖에 없었다. 그 이면에는 필연적으로 이성계의 야망이 어른거리고 있었던 것이다. 이에 따라 이성계가 왕위에 오르는 꿈도 조금씩 익어가고 있었다고 보면 지나친 억측은 아닐 것이다.

권문세가 출신의 조준

조준의 전제개혁은 새 왕조 개창 과정에서 그 시험대였을 뿐만 아니라 가장 뜨거운 논쟁을 불러일으킨 중대한 의제였다. 그래서 이 문제를 제기한 조준에 대해 좀 더 깊게 살펴볼 필요가 있다. 전제개혁은 거의 온전히 그의 구상이고 작품으로 보이기 때문이다.

《고려사》조준 열전에 의하면 전제개혁은 이성계·정도전과 함께 논의했다고 하는데, 이는 전제개혁을 성공시키기 위한 수단으로 그들과 개혁안을 함께 공유한 것을 말한 것으로 보인다. 이성계가 위화도 회군 이전부터 조준을 주시했고 특별히 신뢰했던 것은 그때 이미 조준의 전제개혁 방안에 공감한 결과였을 것이다. 그런 조준은 어떤 인물이고 어떻게 전제개혁을 구상하게 되었을까?

조준은 원간섭기 때 가장 화려하게 등장한 평양 조씨 가문 출신이다. 조준의 증조부 조인규는 상원(평남) 지역의 평민이었는데 몽골어를 잘하여 충렬·충선왕 때 가장 뛰어난 외교관으로 활약했고 충선왕 때는 수상에까지 오른 입지전적인 인물이었다. 여기에 둘째 딸을 충선왕에게 출가시켜 왕비(조비)를 배출함으로써 원간섭기 때 평양 조씨 가문을 일거에 제1급 명문으로 만들었다. 평민 출신인 조인규가 당대에 이룩한 이런 수직적인 신분 상승은 그 시대에도 주목을 받았다.

조인규는 5남 4녀를 두었는데, 출가한 넷째 아들을 제외하고 네 아들이 모두 재상 반열에 오른다. 그 가운데 조준의 조부가 되는 둘째 조연趙璉은 충숙왕 때 찬성사에 오르고 원에서도 관직을 받으면서 심왕 옹립 책동으로 충숙왕이 원으로 소환되었을 때 국왕 대행까지 맡았다. 심왕 옹립 책동은 충숙왕과 심왕 왕고 사이에 벌어진 고려 왕위 쟁탈전을 말하는데 이때 조연은 충숙왕보다 심왕 편에 섰다. 심왕 옹립 책동은 실패로 끝나고 여기에 가담한 세력들은 나중에 화를 입지만, 다행히 조연은 이 사건이 결말나기 전에 죽어 큰 피해를 입지 않았다.

이때 조인규의 셋째 아들, 즉 조준의 작은할아버지 조연수趙延壽는 심왕 옹립 책동에 깊숙이 개입하여 심왕을 옹립하는 중심에 선다. 이 사건으로 조연수는 하옥되어 재산까지 적몰당하고 유배에 처해졌으며, 다섯째 아들 조위趙瑋도 이 사건에 연루되었다는 혐의를 받았다. 당시 심왕 옹립 책동에 가담했던 자들은 대부분 원에서 활동기반을 가졌던 자들이었는데 조인규의 아들들도 이에 가담한 것이다. 여기에 조인규의 첫째 아들 조서趙瑞가 그 딸을 심왕 왕고의 동생 왕훈王塤에게 출가시킨 것을 보면 가문 전체가 심왕 편에 심하게 기울어졌다고 볼 수 있다.

조인규의 4녀 중, 첫째 딸은 노영수盧穎秀와 결혼하여 노책盧頙을 낳는데, 노책은 대표적인 부원배 세력으로 공민왕 때 기철과 함께 제거당했다. 조인규의 외손 중에 노책과 같은 전형적인 부원배가 나왔다는 것은 우연이 아니고 조인규 가문의 친원적인 성향을 그대로 보여주는 것이다. 둘째 딸은 충선왕에게 출가했다가 조비 무고 사건으로 폐위된 후 원의 고관에게 재가한 것으로 나온다. 셋째는 무관인 백효주白孝珠와 결혼하는데 그 자식들은 크게 주목할 인물이 없다. 넷째는 염세충廉世忠과 결혼하는데, 그 자식 중 하나인 염제신廉悌臣은 원에서 성장한 후 공민왕 때 여러 차례 수상에 올랐으며, 염제신의 아들이 바로 염흥방이었다.

조인규의 아들들이 재원在元 활동을 기반으로 심왕 옹립 책동에 가담한 사건은 이후 그 자식들이 현달하는 데 상당한 장애가 되었던 것 같다. 조인규의 손자 세대, 즉 조준의 아버지 세대에 오면 크게 현달한 인물이 거의 보이지 않기 때문이다. 그 가운데 주목되는 인물이 하나 있으니 바로 조일신이다. 조일신은 장기간 원에서 공민왕을 모신 연저수종공신으로서, 공민왕 즉위 직후 난을 일으켰다가 공민왕에게 제거되었다. 조일신은 조인규의 다섯째 아들인 조위의 아들이니 조준에게는 당숙이 된다.

조준의 조부 조연에게는 4남 2녀가 있었는데 아들이나 사위 중에서 크게 현달한 인물이나 주목할 인물은 없다. 조연의 둘째 아들 조덕유趙德裕가 6남을 두었으며 그 가운데 넷째 아들이 바로 조준이다. 조준의 아버지 조덕유는 판도판서(정3품)에까지 올랐지만 정치적 비중은 없었다. 다만 조덕유의 성품이 청백하여 권력에 굴하지 않고 영리를 싫어하여 친인척을 공사에 끌어들이지 않았다고 한다. 조준은 이런 부친의 성향을 물려받았는지 모르겠다. 조준의 여섯 형제도 별다른 행적이 없는데, 그중 둘째인 조인趙璘은 응양군 상장군으로서 신돈을 제거하려다 유배되어 1368년(공민왕 17) 신돈에 의해 유배지에서 곤장을 맞고 죽임을 당한다. 응양군 상장군은 무반 서열 1위로 상당히 정치적 비중이 큰 자리인데 조인은 사건의 화를 입고 제거된 것이다. 이 사건은 조준의 삶에 어떻게든 영향을 미쳤을 것이다.

그렇게, 조준의 평양 조씨 가문은 증조부 조인규로부터 조부 세대까지는 원과의 관계를 통해 명문으로 급성장하여 영화를 누렸지만 그 이후 점차 쇠락했던 전형적인 권문세가라고 판단할 수 있다. 쇠락의 이유는 심왕 옹립 책동에 가담한 것이 계기였다고 보이지만, 어쩌면 조준의 가문뿐만 아니라 몽골 제국이 쇠퇴하면서 공민왕 대부터 일반적으로 나타나는 보편적인 현상일 수도 있다.

조준이 쇠락한 권문세가 출신이라는 사실은 그가 전제개혁을 구상하고 새 왕조 개창에 뛰어든 배경으로 작용했을지도 모르겠다. 하지만 출신 가문이 조준 개인의 성향을 이해하는 데 보탬이 될 수는 있겠지만 가문을 그의 개혁적 성향과 직접 연결시키기에는 불확실하다. 그래서 출신 가문보다는 조준의 개인적인 성장 과정을 따로 살펴볼 필요가 있다.

조준, 새로운 활로를 찾아서

조준은 쇠락한 권문세가 출신으로서 새로운 활로를 모색하려고 했다. 그 길은 예전의 증조부나 조부 세대의 삶이나 방식으로는 해결할 수 없었다. 공민왕이 즉위한 후 몽골 제국이 쇠퇴하고 친명사대로 전환하면서 동아시아의 정세가 크게 바뀌었고 이에 국내 정치 판도도 그런 영향 속에 놓였기 때문이다.

왕조체제에서 가장 확실하고 안전하게 입신하는 길은 과거를 통한 입사였다. 게다가 조준의 6형제 중에는 과거 급제자가 한 명도 없어, 이를 어머니 오씨가 한탄했다고 하니까 조준에게 과거급제는 가문의 옛 영화와 개인의 활로를 찾는 유일한 수단이었다고 보인다. 또한 신돈에게 죽임을 당한 둘째 형 조인의 사건도 과거시험으로 활로를 찾는 계기가 되었을 것이다.

조준이 늦게나마 과거 공부에 매진하여 급제한 것은 1374년(공민왕 23)이었다. 과거급제 이전에 조준은 자신의 가문을 알아보는 공민왕의 눈에 띄어 이미 하급 무관 직을 맡고 있었다. 그러니까 관직에 들어온 이후에 과거급제를 한 것이다. 하지만 조준의 과거급제는 너무 늦은 것이었다. 나이가 비슷한 이숭인(1362)·윤소종(1365)·하윤(1365) 등의 과거급제 연대를 참고하면 10년이나 늦은 것이었다. 이때 조준의 나이 29세였다.

늦은 나이에 급제한 조준에게 통례문부사(정6품)가 주어졌다. 통례문通禮門은 국왕의 조회 의례를 관장하는 곳인데 부사는 그 중하위직으로 이때가 우왕의 즉위 초였다. 통례문부사로 재직 중에 조준은 안찰사로 발탁되어 강원도 지역을 순찰하는 기회를 갖게 되었다. 안찰사는 상설직이 아니라 필요시에 중하급 관리 중에서 임명하는 것이었다. 강원도 안찰사로서 조준은 백성들의 삶을 잘 살펴 은혜와 위엄을 세웠다고 하니 안찰사 임무를 잘 수행한 것으로 보인다.

그런데 안찰사 임무 수행 중에 조준은 정선(강원도)에 이르러 자신의 각오를 밝히는 특별한 말을 남겼다. 과거의 오욕을 씻어낼 것이니 기다리라는 말을 백성들에게 던진 것이다. 이게 무슨 뜻인지 좀 모호하지만, 가문의 옛 영화나 쇠락한 지금의 가문을 마음에 두고 되찾겠다는 의지가 아니었나 싶다. 사람들이 그 말을 듣고 조준에게 큰 뜻이 있음을 알았다고 하니 늦은 나이에 과거급제하고서 새로운 포부를 드러냈다는 것은 분명해 보인다.

강원도 안찰사 임무를 마치고 돌아온 조준에게 사헌부 장령(종5품)이 주어졌다. 이 직책은 관품은 낮지만 관리 감찰을 담당하는 사헌부의 관직으로 대간에도 해당한다. 이는 안찰사로서 그의 임무 수행을 높게 평가한 결과로 보인다. 하지만 사헌부의 중견 관리가 된 조준은 이인임 정권에 비판적인 태도를 취한다. 조준이 단순히 출세만 좇았다면 그런 태도를 보이기 어려웠을 것이니, 이는 이인임 정권을 부정적으로 보았다는 뜻이고 이런 태도는 일관되게 유지된다.

이인임 정권이 한창 지속되는 가운데 조준은 전법판서(정3품)를 맡은 적이 있었다. 이 무렵 왜구의 침략에 대한 이인임 정권의 대처방식에는 문제가 많았는데 그중 가장 문제된 것이 출전한 군사들의 기강이 형편없었고 장수들이 적을 대면하고도 전투를 기피한다는 점이었다. 이를 통제하고 감독하는 직책이 체찰사였는데 전법판서에 있던 조준이 이런 체찰사로 발탁된 것이다.

조준을 체찰사로 발탁한 자가 바로 최영이었다. 조준의 강직한 성품을 높이 산 것으로 보인다. 체찰사로 나간 조준은 어느 장수가 전투를 기피했다고 하여 목을 베는 일도 있었다. 이후 모든 장수와 군사가 적극 싸워 왜구를 물리쳤다고 하니까 체찰사로서 엄정하게 대처하고 왜구 퇴치에도 기여를 했던 것 같다. 또한 왜구 피해를 입은 지역이나 백성들을 보살펴야 한다는 건의를 하면서 중견 관리로서 능력을 인정받고 정치권의 주목을 받기도 했다.

체찰사를 마친 조준은 밀직제학(정3품)으로 발탁된다. 밀직제학은 국왕의 비서관인데 여기에는 조준의 성향이나 능력을 인정한 우왕의 특별한 배려가 있었을 것으로 보인다. 이는 그다음 일의 진행 과정을 보면 알 수 있다. 우왕은 조준을 다시 체찰사로 발탁하여 지방에 파견된 장수들을 통제 감독하는 일을 맡기려고 하였다. 이때가 1383년(우왕 9) 8월경이었다. 하지만 여기서 조준은 이인임 정권에 가담한 무장들의 방해로 체찰사를 맡지 못하고 그 자리를 문달한이 차지하는데 이에 대한 자세한 내막은 앞에서 이야기했었다.

우왕은 이 무렵 성년이 되면서 친정의 의도를 갖고 자신의 의지를 드러내고 있었다. 조준이 그런 우왕의 눈에 들어온 것인데 이인임 정권에서는 반대로 배척하는 인물이 된 것이다. 하지만 이인임 정권의 억압 속에서 우왕의 기행과 일탈행위도 갈수록 심해지고 있었다. 이에 조준은 4년 동안이나 두문불출하며 경서를 읽었다고 한다. 이인임 정권에 비판적인 그에게 달리 길이 없었던 것이다.

조준이 전제개혁을 비롯한 국정에 대한 여러 개혁 구상을 가다듬은 것은 이때라고 보인다. 가문의 옛 영화를 가슴에 간직하면서 자신의 활로를 찾고 있던 조준이, 이인임 정권에는 도저히 복무할 수 없었고 우왕에게도 기대할 게 없었으니 방법은 미래를 기약하는 수밖에 없었다. 최영이 임견미 등을 제거하고 조준을 불렀지만 응하지 않았다는 것으로 보아 이인임 정권에서는 기대를 접은 게 분명했다. 조준이 윤소종·조인옥·정지 등과 가까이 지내며 이성계 측에 합류했던 시기는 위화도 회군 직전의 바로 이 무렵이었다. 이즈음 조준과 이성계의 만남이 이루어지면서 이성계의 눈에 조준이 새롭게 들어왔고, 회군 직후 이성계는 제일 먼저 조준을 대사헌으로 발탁했던 것이다.

조준은 과거에 급제했지만 성리학에 심취한 학자는 아니었던 것으로 보인다. 행정 수완이 뛰어나고 정책 입안 능력도 탁월하지만 뛰어난 문장가는 아니었다. 그는 흔한 문집 하나도 남기지 않았다. 이런 성향이나 쇠락한 권문세가 출신이라는 점에서 볼 때 조준은 전형적인 신진사대부로 규정하기는 어렵다. 하지만 그가 왕조 말기에 던진 전제개혁 상소는 새 왕조 개창 과정에서 가장 큰 힘을 발휘했던 것이다.

2. 상소를 통한 권력투쟁

창왕의 입조 문제

1389년(창왕 1) 6월, 문하평리 윤승순尹承順과 첨서밀직사사 권근이 명의 사신으로 파견된다. 윤승순은 무장 출신으로 공민왕 때 신돈 정권에서 유배당했고 이인임 정권에서도 최영에 의해 유배당했던 이력이 있었다. 권근은 전제개혁에서 이색을 좇아 반대 입장에 섰던 인물이다. 이들이 사신으로 들어간 목적은 주원장에게 창왕의 입조를 다시 요청하려는 것이었다.

권근은 그해 8월 남경에 도착하여 주원장을 대면하고 9월 환국하는데, 입조 요청은 또 거부당했다. 이에 대해서는 조금 뒤에 다시 언급할 것이다.

그런데 그해 9월, 창왕의 입조를 실행하기 위해 준비에 들어간다. 이에 따라 홍영통·이색·심덕부·설장수·이종학李種學 등으로 입조를 위한 종행관從行官까지 구성했다. 창왕의 입조를 요청하기 위해 명으로 향했던 권근은 아직 환국하지 않은 때였다. 그러니까 주원장의 반응도 기다리지 않고 창왕을 명에 입조시키려는 시도를 한 것이다. 하지만 창왕의 모후(근비)가 국왕의 어린 나이를 민망하게 여겨 도당에 요청해서 그만두게 되었다.

이때 이색은 날씨가 추워지기 전에 빨리 출발해야 한다고 하면서 창왕의 입조를 재촉했다. 이종학은 이색의 아들인데 부자가 함께 종행관으로 참여한 것을 보면 창왕의 입조는 이색의 주도로 이루어진 것이라고 볼 수 있다. 앞서, 이성계는 주원장이 자신에 대한 입조를 요구하지 못하도록 창왕의 입조를 요청했을 것이라는 추측을 했었다. 하지만 창왕의 입조를 이성계가 아닌 이색이 주도한 것이었다면 다른 측면에서 다시 살펴볼 필요가 있다.

이색이 창왕의 입조를 추진했다면 무엇을 노리고 그랬을까? 이 문제를 살피기 전에 국왕의 입조가 어떤 정치적 의미를 지니는지 알아볼 필요가 있다. 국왕의 입조는 원간섭기 때 굳어진 관행으로 이 시기 국왕들은 한 해가 멀다 하고 원 조정으로 들어갔다. 그 이전 시대나 그 이후에는 찾아볼 수 없었던 일로, 우리 역사상 매우 특이한 현상이었다.

고려 국왕의 입조에는 원 황제의 요구에 따른 경우도 있었고 고려 국왕이 자청해서 입조하기도 했다. 황제의 요구로 입조한 경우에는 주로 문책성 입조가 많았고, 자청해서 입조한 경우에는 고려 내정의 문제를 해결하려는 수단으로 입조한 경우가 많았다. 특히 폐위와 즉위를 반복하는 중조重祚의 과정에서 국왕의 입조는 중요한 과정이자 관문이었다. 게다가 고려 국왕으로서 기반이 약한 경우 입조에 더욱 매달렸는데, 원

황제의 권위를 빌려 고려 국왕으로서 위상이나 정당성을 확보하려는 목적이었다. 그게 큰 효과를 발휘할 때도 있었고 반대로 역효과가 날 때도 있었지만 그런 관행은 원간섭기 내내 사라지지 않았다.

지금 창왕의 입조 문제에도 이를 참고할 필요가 있다. 이색은 아마 창왕의 입조가 실현된다면 명의 황제 주원장의 권위를 빌려 국왕으로서 위상이나 정당성을 확보하는 데 큰 도움이 되리라고 생각했던 것 같다. 이는 거꾸로 생각하면 창왕은 국왕으로서 입지가 허약했거나 위협받고 있었다는 뜻이다.

창왕의 입지가 허약했다는 것은 우왕을 폐위시키고 창왕을 세울 당시로 돌아가 살펴보면 쉽게 드러난다. 위화도 회군 당시 윤소종·조인옥·조준 등 이성계 측에서는 왕씨를 국왕으로 세워야 한다고 주장했다. 그 이전에 남은이나 조인옥 등은 이성계를 왕으로 세울 생각까지도 했었다. 조민수도 이성계와 함께 왕씨를 새로운 국왕으로 세우자고 합의도 했었다. 하지만 조민수에 의해 창왕이 새로운 국왕으로 세워졌던 것이다.

그렇게 세워진 창왕이 국왕으로서 입지나 위상이 확고할 수 없다. 우왕과 마찬가지로 왕씨가 아니라는 의혹이 꼬리표처럼 붙어 있으니 나이 어린 유주라는 것은 그다음 문제였다. 창왕의 허약한 위상은 이성계 일파가 국정을 장악하는 데 결코 나쁘지 않았을 것이다. 여기에 이성계 일파는 사전 혁파를 내세우며 전제개혁을 밀어붙이고 반대 세력을 압박하고 있었다. 이는 정권 장악 그 이상의 목표를 향한 것으로 지난 이인임 정권과는 그 차원이 달랐다. 이색은 이런 이성계 세력의 수상한 국정 장악에 의혹과 위기감을 느꼈던 것이다.

이색이 창왕의 입조를 추진했던 것은 이를 통해 이성계를 견제하려는 의도였다고 할 수 있다. 입조를 통해 창왕에 대한 주원장의 확실한 왕위 계승 승인과 신임을 받는다면 왕위 정통성도 확고하게 굳힐 수 있었을 것이다. 이렇게 함으로써 이성계 세력이 꾸미고 있는 색다른 꿈도 저지할 수 있다고 판단했던 것이다.

그럼 이성계는 이러한 이색의 의도를 몰랐을까? 창왕의 입조 움직임을 막지 않은 것을 보면 몰랐다고 생각되기도 하지만, 그건 아닌 것 같다. 창왕의 입조를 막지 않은 것은 이색의 의도를 몰라서가 아니라 이성계 나름의 계산이 작용했기 때문으로 보인다. 그것은 주원장이 창왕의 입조를 수용할 리도 없고 왕위를 승인하지도 않을 것이라는 판단이 내려졌기 때문이다. 이성계의 이런 판단에는 위화도 회군 당시 친명사대를 선언한 자신에게 주원장이 등을 돌리지 않을 것이라는 기대가 깔려 있었다고 보인다. 어쨌든 창왕의 입조가 성사되지 못해 이색의 의도는 무산되었고 이성계에게는 불리하지 않았다.

이런 상황에서 이성계 측에서는 전제개혁을 확실하게 밀어붙일 수 있는 세력을 확대하고 있었다. 1389년(창왕 1) 9월의 인사를 통해서 이를 확인할 수 있다. 장하張夏와 성석린을 문하평리로, 조운흘趙云仡·김사형金士衡·최유경崔有慶 3인을 동지밀직사사로 임명한 것이다.

이 다섯 명은 중요한 공통점이 있었다. 조준이 전제개혁 상소를 올린 직후 전국 5도에 파견되었던 도관찰출척사였다. 이들은 전제개혁을 위한 사전 준비단계로 막중한 양전 사업을 추진했던 최초의 관찰사였다. 즉 전제개혁의 전도사라고 할 수 있는 것이다. 그 양전 사업을 마치고 중앙으로 복귀한 것인데 모두 재상의 반열에 오르고 있다. 그렇다면 이들이 도당에도 참여할 것이니 전제개혁을 더욱 강력하게 추진할 수 있었을 것이다.

주원장의 이상한 메시지

한편, 창왕의 입조를 요청하기 위해 명으로 들어갔던 권근은 1389년(창왕 1) 9월 환국하였다. 이때 권근은 주원장의 성지를 받아 적은 자문을 도당에 전달하였다. 여기에는 고려 정국에 대한 주원장의 판단이 들어 있었는데 인용해보겠다.

> 고려의 국내에 변고가 많아서 배신陪臣(고려의 신하)은 충신과 역적이 뒤섞여 하는 일이 모두 좋은 계책이 아니다. 왕위는 왕씨가 시해당하여 후사가 끊어진 이후 비록 왕씨라고 가장하여 이성異姓으로 왕을 삼았으나 이는 삼한이 대대로 지켜왔던 좋은 법이 아니다.……이전에 예부에서 동자(창왕)는 입조할 필요가 없다고 이미 통첩하였다. 어질고 지혜로운 배신이 보필하여 군신 간의 의리를 정하고 백성을 편안히 할 계책을 세운다면 비록 수십 년을 조회하지 않더라도 무엇을 걱정할 것이며, 해마다 와서 조회하더라도 또한 무엇을 싫어하겠는가《고려사절요》34. 신창 1년 9월).

이 글에 의하면 주원장은 공민왕 이후의 우왕이나 지금의 창왕을 왕씨가 아니라는 이유로 못마땅하게 생각한다는 것을 알 수 있다. 하지만

'어질고 지혜로운 배신이 보필하여 군신 간의 의리를 정하고' 운운한 것은 이성계를 염두에 둔 것으로 주목할 만한 것이었다. 그러니 창왕에 대한 승인은 고사하고 입조할 필요가 없다고 다시 강조한 것이다. 이런 주원장의 판단은 이색이나 권근 등에게는 실망스런 일이었지만 이성계에게는 대단히 고무적인 일이었다.

그런데 주원장은 지난 이인임 정권에서 우여곡절 끝에 우왕에 대한 책명을 내리고 왕위 계승을 허락했었다. 우왕이 왕씨가 아니라는 의혹이 해소되지 않았고 이인임 정권에 대한 불신도 사라지지 않았지만 왕위 계승을 승인한 것이었다. 그러면 지금의 창왕에 대해서는 왜 그렇게 하지 않았을까? 왕씨가 아니라는 이유로 그랬다는 것은 충분한 해명이 못 된다.

주원장의 속마음은 미묘하고 아리송했다. 위 인용문의 생략 부분에 그런 뜻이 담겨 있는데 이는 중요한 내용이니 그 부분만 따로 인용해보겠다.

옛날에도 임금을 시해한 난적이 있었지만 임금의 죄악이 극심하기 때문에 그랬던 것이다. 임금을 시해한 자를 난신적자亂臣賊子라고 부르지만 이 또한 정사를 잘 도모하여 인정을 펴면서 천의天意를 돌이키고 백성들을 편안하게 한 자도 있었다. 지금 고려의 배신들은 음모와 간사함이 겹쳐서 지금까지 편안하지 못하였으니 설혹 역逆으로써 나라를 얻었을지라도 역으로 나라를 지키는 것이 가능한 일인가. 만약 역을 당연한 일이라고 한다면 역신이 잇달아 일어날 것이고, 먼저 역을 감행한 자가 이를 가르친 격이니 누구를 원망할 것인가(《고려사절요》34. 신창 1년 9월).

주원장은 갑자기 임금을 시해하는 난신적자를 거론하고 있다. 그러면서 난신적자를 옹호하는 것 같은 생각을 드러내고 있다. 주원장 자신도 도적에서 출발했으니 스스로 난신적자라고 여겨서 그랬을까. 하지만 인용문의 뒷부분에서는 반역을 경고하는 뜻도 전하고 있다. 난신적자를 옹호한 것이나 반역을 경고한 것은 모두 이성계를 향한 메시지였을 것 같은데, 앞뒤 논리가 잘 맞지 않아 주원장의 뜻이 애매모호하다.

궁금한 것은 이런 대단히 민감한 내용의 주원장 메시지가 왜 나왔을까 하는 점이다. 이를 해명하려면 명의 사신으로 들어간 자가 권근이라는 사실을 주목할 필요가 있다. 추론을 하자면, 권근은 사신으로 들어가 주원장에게 이성계에 대한 의혹을 심어주지 않았을까 하는 생각이다. 즉, 이성계가 반역하여 스스로 왕이 될지도 모른다는 식으로 말이다.

권근이 사신으로 들어가 이전에 거부당한 창왕의 입조를 다시 요청한 것이나, 그가 환국하기도 전에 이색이 창왕의 입조를 추진했던 것은 그런 이성계를 견제하기 위한 것이 분명하기 때문이다. 그러니까 주원장이 고려에 전달한 이 메시지는 이성계 세력을 반대하는 이색이나 권근 등이 품고 있던 의혹에 대한 답변이라고 볼 수 있는 것이다.

여기에 권근은 환국하면서 의심받을 행동을 저질렀다. 이 주원장의 성지를 적은 자문을 도당에 전달하기 전에 문하시중 이림의 사저에 들러 함께 열어보았던 것이다. 얼마나 그 내용이 궁금했으면 황제의 성지를 사적으로 열어봤을까? 게다가 다른 사람도 아닌 전제개혁을 반대한 이림과 함께 말이다. 권근이 사신으로 들어간 목적이나 창왕의 입조 요청이 무엇을 노리고 있었는지 다시 확인시켜준다. 권근은 나중에 이 자문을 함부로 열어보았다는 죄로 탄핵을 받는다.

주원장의 성지는 이색이나 권근 등 전제개혁 반대자들에게 불만스러운 내용이었다. 이성계에 대한 강력한 경고가 따라왔어야 마땅한 일인데 오히려 난신적자를 옹호하면서 이성계의 정권 장악에 호응하는 듯한 느낌을 주기 때문이다. 그래서 주원장의 이 메시지가 이성계 측에서 조작했을 것이라는 설도 있다. 하지만 이성계에게도 대만족은 아니었다고 보인다. 반역을 경고하는 뜻도 담겨 있기 때문이다.

난신적자든 반역이든 이를 도모할 생각을 한 이성계 쪽이나 이를 저지하려는 이색 쪽이나 양쪽 모두 주원장의 판단에 신경을 곤두세우며 기대고 있었다. 그렇지만 주원장이 우왕을 옹립했던 이인임 정권을 괴롭혔던 점과 비교하면 지금의 주원장 태도는 이성계 쪽에 훨씬 유리한 것이었다고 할 수 있다.

탄핵당한 이숭인과 권근

1389년(창왕 1) 10월 사의대부(정4품) 오사충吳思忠이 동료 간관들과 함께 예문관 대제학(정3품)으로 있던 이숭인을 탄핵하는 상소를 올린다. 오사충은 공민왕 때 과거를 통해 관직에 나온 인물로, 전제개혁에서 사전을 회복하려는 것에 반대하는 대간의 집단서명에도 참여했었다. 이숭인은 문장이 뛰어나고 재주가 많다 하여 이색이 아끼는 인물이었고, 이색이 명의 사신으로 들어갈 때 동행했던 것 등을 보면 그 역시 전제개혁에서 이색과 같은 입장이었다고 보인다.

이숭인에 대한 탄핵 사유는 서너 가지였는데, ① 이인임·임견미에 붙어 아부했다는 것, ② 어머니의 상중에도 관직에 나와 일을 보고 고기를 먹었다는 것, ③ 이색과 함께 사신으로 들어가 상행위를 했다는 것 등이었다. 모두 과장되었거나 사소한 문제였지만 ①의 경우에는 정치적으로 문제를 삼을 수 있었다. 이숭인은 이인임 정권 초기 북원의 사신을 맞는 것에 반대하다가 김구용·정도전 등과 함께 유배를 당했던 적이 있었다. 이를 보면 이숭인이 이인임 정권에 아부했다고 보기 힘들지만, 그 이후의 행적은 이인임의 인척이라는 이유 때문이었는지 모르겠지만 이인임 정권에 정면으로 비판적인 입장은 아니었던 것 같다.

그래서 이숭인이 탄핵받은 보다 중요한 이유는 그가 전제개혁을 반대한 이색 측에 가담한 때문으로 보인다. 게다가 그는 이성계 세력의 중심에 있던 윤소종과 사이가 좋지 않았다. 윤소종은 이색이 이숭인만 아끼는 것을 시기하여 조준에게 참소하여 죽이려고 했다니까 둘 사이를 짐작할 수 있을 것이다. 이숭인은 이성계 측에 가담할 이유가 조금도 없었던 것이다. 그래서 이숭인이 전제개혁을 반대했다는 것은 틀림없어 보이는데 이게 탄핵의 결정적인 이유였을 것이다.

이숭인은 결국 고향 경산부(경북)로 귀양당하고 만다. 여기서 그치지 않고 이숭인과 함께 명의 사신으로 들어갔던 박돈지朴惇之란 자도 상품을 매매했다고 하여 유배당했다. 중요한 것은 이 대목이다. 박돈지가 이숭인과 친밀하다는 이유도 있었지만 모두 이색의 사행에 함께 동반했던 인물이라는 점이다. 그래서 이숭인에 대한 탄핵은 이색까지 겨냥했다고 볼 수 있다.

이숭인이 귀양당하자 즉시 권근이 이숭인을 구원하기 위한 상소를 올린다. 그 내용은 오사충의 탄핵 내용을 구구절절 반박하는 것이었다.

권근이 자신의 문장력을 자랑하려고 그랬는지 아주 장문의 상세한 상소였다. 그 반박 내용이 타당한 면도 있었는데, 권근은 자신의 상소를 도당과 사헌부에 내려 이숭인을 헐뜯는 자들을 추궁하라고 상소를 끝맺고 있다.

그런데 권근의 반박 내용 가운데는 조준을 비난하는 내용이 있었다. 즉, 지금 관직에 있는 자 중에도 부모의 3년상 중에 헌사(사헌부)에 앉아 형벌을 마음대로 자행하고 사람을 죽이면서도 부끄럽게 여기지 않는 자가 있다는 것이었다. 이숭인만을 탓할 일이 아니라는 뜻이었다. 직접 거명하지 안 했을 뿐이지 이는 조준을 가리키는 것이 너무나 분명했다. 당연히 조준은 권근에게 깊은 앙심을 품게 되었다.

이렇게 이숭인에 대한 탄핵과 그에 대한 반박 상소가 올라오자 이색이 갑자기 사직을 요청한다. 이유는 자신이 명의 사신으로 들어갈 때 이숭인이 부사로 동행했는데 그가 탄핵을 받았으니 편안히 있을 수 없다는 것이었다. 이색 자신이 아끼던 이숭인의 탄핵에 대해 노골적으로 불만을 드러낸 것이었다.

재미있는 것은, 이숭인을 옹호하는 권근의 반박 상소가 올라오자 오사충이 다시 권근을 탄핵했다는 점이다. 이에 권근은 우봉현(경기)으로 축출되었다. 이숭인과 권근의 탄핵에는 오사충이 나섰지만 그 배후에 조준이나 윤소종이 있었고, 또 그 배후에는 이성계가 버티고 있었다. 모두 1389년(창왕 1) 10월에 있었던 일로서 물고 물리는 권력투쟁의 막이 오르고 있었다. 그것도 같은 신진사대부 사이에서 말이다.

김저 사건

이숭인과 권근이 탄핵 축출된 직후 폐위된 우왕과 가까운 자들이 이성계를 제거하려던 사건이 터진다. 1389년(창왕 1) 11월의 일로 주모자의 이름을 따서 이를 김저金佇 사건이라고 부른다. 사건은 그해 11월 11일, 김저와 정득후鄭得厚란 자가 몰래 황려(경기 여주)로 가서 우왕을 만나면서 시작된다.

우왕은 폐위되어 처음에 강화도로 쫓겨났는데 그해 1388년 추석에는 우왕에게 옷과 음식을 바쳤고, 9월에는 왕안덕을 보내어 잔치를 베풀어주기도 했다. 이때 우왕을 강화도에서 여주로 옮기고 국가의 조세로써 부양하라는 조치가 내려졌다. 이런 조치는 모두 도당의 결정이었다. 이때 이색도 우왕을 여주로 찾아가 만난 적이 있었다. 이는 폐위된 우왕이 아직 정치적으로 살아있다는 뜻이었다. 이성계를 반대하는 세력이 우왕을 이용해 여차하면 다시 운신할 수 있는 여지를 보이고 있었던 것이다.

김저는 무장 출신으로 최영의 생질이었으며, 정득후는 하급 관리 출신으로 역시 최영을 따르던 자였다. 두 사람은 우왕을 찾아갈 당시 관직이 없었던 것으로 보아 최영이 제거되면서 그 영향으로 관직에서 축출되었던 것 같다. 찾아온 두 사람에게 우왕은 그 자리에서 이성계를 제거하겠다는 뜻을 밝힌다. 그리고 우왕은 칼을 주면서 곽충보에게 이를 전해주고 이번 팔관일(11월 15일)에 함께 일을 도모하라고 하였다.

곽충보는 이전에 우왕의 총애를 받았던 자인데, 위화도 회군 당시 이성계의 명을 받고 포위된 도성 안으로 들어가 최영을 인도하여 나온 인물이다. 아마 이성계는 저항 없이 최영을 끌어내기 위해 평소 우왕과 가까운 곽충보에게 그 일을 맡겼던 것 같다. 하지만 곽충보가 여전히 우왕의 총애를 믿으며 우왕의 지시를 따를지는 장담할 수 없었다.

김저와 정득후는 우왕의 지시를 곽충보에게 전했다. 하지만 곽충보는 승낙한 척 하면서 이 사실을 바로 이성계에게 알리고 만다. 곽충보는 위화도 회군이 성공하면서 그 무렵에 이미 이성계 측에 가담했다고 보인다. 이런 사실을 모르고 그날 밤 김저와 정득후는 이성계의 사저를 사전 답사하러 갔다가 이성계의 문객들에게 붙잡히고 말았다. 그때 정득후는 스스로 목을 찔러 자결해버린다.

11월 13일, 김저를 순군옥에 가두고 문초하여 관련자들을 자백받았다. 김저는 변안열·이림·우현보·우인열·왕안덕·우홍수 등과 공모하여 폐위된 우왕을 복위하는 일에 내응하기로 했다고 실토한다. 변안열·이림·우현보는 도당회의에서 전제개혁을 반대한 자들이었고, 우인열은 우현보와 사촌지간으로 최영과 가까운 사이였으며, 우홍수는 우현보의 아들로 위화도 회군 당시 회군에 저항하는 최영 측에 섰던 인물이다. 왕안덕은 회군에 소극적으로 가담했던 인물이다.

11월 14일, 우왕의 거처를 여주에서 멀리 강릉으로 다시 옮겼다. 그리고 아홉 명의 대신이 모여 중요한 논의를 하는데, 그 아홉 명은 이성계·심덕부·정몽주·설장수·성석린·조준·정도전·박위朴葳·지용기池湧奇 등이었다. 여기서 처음 등장하는 지용기는 전라도 지역의 왜구 격퇴에 공을 세워 전라도 원수와 도순문사를 맡았었고, 박위는 수군을 이끌고 대마도를 쳐서 그 공로를 인정받기도 했었는데, 양자 모두 상당히 신망을 받던 무장으로서 위화도 회군에도 참여했던 인물이다.

이들 아홉 명은 흥국사에서 삼엄한 군사 호위를 받으며 새로운 왕을 세우기로 논의한다. 그 근거는 폐가입진廢假立眞, 즉 왕씨가 아닌 가왕假王을 폐위시키고 왕씨 성의 진왕眞王을 세워야 한다는 것이었다. 이는 지금 왕인 창왕도 왕씨가 아니니 폐위시키자는 것이었다. 그러면서 앞서 주원장의 성지에서 언급한 내용을 들어 이게 주원장의 뜻이라고 했다.

새로운 왕으로는 신종神宗의 7대 손인 정창군 왕요定昌君 王瑤로 의견이 모아졌는데 그가 왕씨의 왕족과 현재 가장 가까운 혈연이라는 것이었다. 그러자 조준이 여기에 반대하며, 왕요는 부귀한 집에서 태어나고 자라 자신의 재산만 다스릴 줄 알지 나라를 다스릴 줄 모른다고 하였다. 성석린도 여기에 동조하면서, 임금을 세우는 것은 어진 이를 선택하면 될 일이지 혈족의 친소관계를 논할 필요가 없다는 것이었다. 의견이 엇갈리자 심덕부·성석린·조준 등이 종실 서너 명의 이름을 적어 이성계에게 보이고 탐주探籌, 즉 제비를 뽑았다. 그 결과 정창군이 뽑혔다.

11월 15일, 이성계를 비롯한 아홉 명의 대신은 종친과 문무백관을 거느리고 정비(공민왕의 비 안씨) 궁으로 가서 교지를 받들어 창왕을 강화로 추방하고 정창군 왕요를 새 국왕으로 세웠다. 교지의 내용에서 우왕을 세운 이인임의 잘못과 창왕을 세운 조민수의 잘못을 거론하며 악으로써 악을 계승했다고 비판했다. 아울러 명 태조 주원장이 왕씨가 아닌 자를 왕으로 세운 잘못을 책망했다는 언급도 하고 있다.

이날 정창군 왕요가 즉위하니 이 이가 고려의 마지막 공양왕으로 이때 45세였다. 이성계를 비롯한 이들 아홉 명은 나중에 9공신으로 책봉되는데 공양왕 옹립에 대한 공로였다. 하지만 이들 9공신이 끝까지 이성계와 뜻을 함께하지 않는데 공양왕을 옹립한 의도가 각자 달랐던지, 아니면 자신들의 의지와 다른 결정이었다는 뜻이다.

이어서 우왕과 창왕을 서인으로 강등하고, 이림과 그 아들 이귀생李貴生, 이림의 사위 최염과 유염, 이림의 외손녀 사위 노귀산, 이림의 조카 이근李懃 등을 먼 지방으로 축출하였다. 이림은 우왕의 장인이고 창왕의 외조부이니 나머지 모두 우왕과 창왕의 외척으로서 창왕의 폐위에 따른 당연한 조치로 볼 수 있다.

이상이 김저 사건이 일어난 닷새 동안의 일인데 미심쩍은 점이 있어 다시 짚어볼 부분이 있다.

폐가입진, 왕위에 오르는 길목

우선, 김저 사건과 전혀 무관한 창왕의 폐위를 왜 들고나왔는지 의문이다. 김저 사건과 그때 재위 중인 창왕은 아무런 관계가 없었고 오히려 창왕은 피해자에 가까웠다. 만약 김저 사건이 성공하여 이성계가 제거되었다면 우왕이 다시 왕위에 오르고 창왕은 폐위되었을 것이 분명하기 때문이다. 그런데 이성계는 김저 사건이 일어나자마자 제일 먼저 창왕을 폐위시켜 김저 사건과 전혀 맥락이 닿지 않는 조치를 취한 것이다.

또한, 김저가 내응하기로 했다고 실토한 변안열 등 6인에 대한 조치가 가장 우선일 것인데 그렇지 않은 점도 이상하다. 김저가 연루자로 실토한 6인 중에서는 이림만 축출되었는데, 이는 그가 김저 사건에 연루되어서가 아니라 창왕의 폐위에 따른 자연스런 조치였다. 여기서 김저가 실토했다는 변안열 등 6인의 연루자가 조작되었을 개연성이 짙어 보인다.

　그리고 가장 중요한 문제는, 왜 이제 와서 폐가입진을 내세워 창왕을 폐위시키고 공양왕을 세웠는가 하는 점이다. 위화도 회군이 성공한 직후 그때도 왕씨 국왕을 세워야 한다는 논의가 분명 있었고, 조민수가 여기에 합의도 했으며, 이성계에게는 그럴 힘도 충분히 있었다. 하지만 우왕의 아들인 창왕이 세워졌다. 조민수가 갑자기 선수를 쳐서 창왕을 세운 것으로 나타나는데, 이성계는 그때 왜 폐가입진을 밀어붙이지 못하고 창왕의 즉위를 방관했을까?

　이성계는 회군 직후에 자신이 왕위에 오르는 꿈을 꾸고 있었을 가능성이 많다. 남은이나 조인옥 등 그의 측근에서는 이미 그런 생각을 품고 있었으니까 말이다. 그러려면 우왕을 폐위시켜야 하는데 마땅한 구실이 없어 왕씨 국왕을 세워야 한다는 명분을 내세운 것이다. 조민수도 그 논리에 반대할 이유가 없어 일단 동의했을 것이다.

　하지만 그 당시 이성계가 왕위에 오른다는 것은 이성계 자신이나 그의 최측근에서나 생각이나 할 법하지 누구도 상상할 수 없었다. 그래서 이성계는 아직 때가 아닌 것으로 판단하여 창왕을 세우는 것을 방관했을 것이다. 그러니까 이성계 측에서는 그때 창왕을 임시방편으로 일단 세웠던 것이고 언젠가는 폐위시키겠다는 생각을 했다고 볼 수 있다. 이번 김저 사건을 계기로 사건과 무관한 창왕을 바로 폐위시킨 것은 그 점을 보여주고 있는 것이다.

　창왕을 폐위시키고 삼엄한 군사 호위까지 동원한 흥국사 회동에서 새로운 국왕은 정창군 쪽으로 의견이 모아졌는데, 그때 조준이나 성석린이 정창군을 반대했다는 점도 눈길을 끈다. 혹시 반대한 이유가 이성계를 새로운 왕으로 염두에 둔 때문이 아니었을까? 새 국왕으로 혈족이 중요한 게 아니라 어진 이를 선택하자는 성석린의 말은 그런 심증을 더욱 갖게 한다.

게다가 제비뽑기로 정창군을 선택한 것도 우습고, 그 선택권을 이성계에게 위탁한 것도 심상치 않다. 새 국왕을 그런 식으로 가볍게 선택해도 괜찮다고 생각했을지 모른다. 그래서 정창군을 선택한 것도 이성계 측에서는 임시방편적인 국왕으로 치부했다는 생각이 든다. 우왕을 폐위시키고 이성계는 자신이 왕위에 오르고 싶었지만 여의치 않았고, 다시 창왕을 폐위시키고 또 한 번 그런 뜻을 품었지만 역시 이루지 못하고 정창군을 세웠던 것이다.

요컨대, 위화도 회군 당시부터 이성계 측에서 주장한 왕씨의 국왕을 세워야 한다는 논리, 즉 폐가입진은 달리 말하면 이성계를 왕으로 세우기 위한 모색 과정이었다고 본다. 우왕과 창왕이 신돈의 아들인가 공민왕의 아들인가 하는 문제는 사실 여부를 정확히 판가름하기 쉽지 않지만, 이성계 측에서 이 문제를 자신들의 야망을 실현하려는 수단으로 정치 쟁점화한 것이다.

이성계는 위화도 회군 직후에 분명히 왕위에 오를 꿈을 꾸고 있었다고 볼 수 있다. 하지만 창왕이 즉위함으로써 그 꿈은 어설프게 끝나고 말았다. 창왕을 세운 조민수는 어쩌면 그때 이미 이성계 측의 그런 야망을 감지하고 있었는지도 모른다. 회군이 성공한 직후 제일 먼저 축출된 자가 조민수라는 사실은 그 점과 무관치 않을 것이다.

그 후 김저 사건을 빌미로 이성계 측에서는 창왕을 폐위시키고 다시 한번 그 꿈을 시도해봤지만 여의치 않았다. 이성계가 왕위에 오르기에는 아직도 때가 아니었다고 할 수 있다. 창왕을 폐위시키고 공양왕 추대에 참여했던 9공신 중에도 이성계의 그런 야망을 용납하지는 않는 자가 나타나는데, 이성계 측에서는 이들에 대해 다시 사건을 만들어 탄압했다. 이에 대해서는 후술할 것이다.

김저 사건은 없는 사건을 만들어 완전 날조한 것은 아니라고 보인다. 사건 자체는 발생했지만 이를 이성계 일파가 창왕을 폐위시키는 데 활용했던 것이다.

이색, 탄핵 파면

그런데 공양왕이 즉위한 직후 이색이 입궐하여 즉위 하례를 올린다. 이색은 이숭인의 탄핵에 불만을 품고 장단(경기)에 물러나 있던 중이었다. 이색의 이런 태도는 이성계 일파가 즉위시킨 공양왕의 왕위 계승을 인정하고 존중한다는 뜻이니 쉽게 이해가 안 된다. 창왕을 폐위시킨 이성계 일파에게 동조하는 것처럼 보일 수도 있기 때문이다. 또한 이색의 행동은 창왕의 폐위를 정당하게 여기는 것처럼 보일 수도 있어 의문을 품을 수 있는 것이다.

이색의 이런 처신은 고려 왕실과 국왕을 존중하겠다는 의지의 표현이었다. 즉, 이성계 측에서 왕씨가 아니라는 이유로 폐위를 반복하며 고려 왕실을 흔드는 것을 견제하려는 것이었다. 이성계에게 국왕이 왕씨인가 아닌가는 고려 왕실에 흠집을 내려는 중요한 문제 제기였지만 이색에게는 중요한 문제가 아니었던 것이다. 이색은 이성계 측의 이런 의도를 이미 간파하고 있었으니 그의 존재는 이성계에게 조민수 다음으로 두 번째 걸림돌이었다고 할 수 있다.

이색의 하례를 받은 공양왕은 매우 반가워하면서 자신을 도와줄 것을 간절히 요청한다. 공양왕의 이런 언행은 이성계의 야망을 의식한 것이 분명했다. 공양왕은 자신의 처지를 잘 알고 있었으며, 이성계가 자신을 국왕으로 세운 정치적 의도를 모르지 않았다는 얘기다. 이어서 공양왕은 이색을 다시 판문하부사로 삼으면서 새로운 인사를 단행했다.

이색: 판문하부사   변안열: 영삼사사
심덕부: 문하시중   이성계: 수문하시중
왕안덕: 판삼사사   정몽주: 문하찬성사
지용기: 문하찬성사   조인벽: 판의덕부사
설장수: 정당문학   성석린: 문하평리
조준: 지문하부사 겸 대사헌 박위: 판의덕부사
정도전: 삼사우사

이성계와 함께 공양왕을 추대했던 9공신이 이번 인사의 중심에 있다. 주목되는 부분은 이성계가 여전히 수상이 아닌 아상에 자리하고 있다는 점이다. 이미 실권을 장악한 그가 성급하게 수상을 탐할 필요는 없었을 것이다. 아니면 이성계가 수상을 차지하여 전면에 나서기에는 조심스런 면이 있었는지도 모르겠다. 또한 김저 사건의 연루자였던 변안열·왕안덕 등이 고위 관직에 오른 것은 그게 조작되었다는 사실을 다시 확인시켜준다. 무엇보다도 이색이 아직 건재하고 있다는 사실은 이성계 측에게 반갑지 않았을 것이 분명한데 어쩌면 이성계 마음대로 할 수 없는 여러 제약이 아직 있었는지도 모른다.

그런데 순군옥에 갇혀 있던 김저가 옥 안에서 의문의 죽음을 당하고 만다. 바로 이어서 정지 등 27명을 김저의 모의에 가담했다는 이유로 지방으로 축출하였다. 27명의 공통점은 모두 무장 출신이라는 점과 대부분 왕도 경비를 맡는 순군부 소속이었다는 점이다. 그래서 이들은 요동정벌에도 참전하지 않았고 당연히 위화도 회군과도 거리가 먼 무장들이었다.

다만 여기에 정지가 들어간 점은 좀 이상하다. 그는 위화도 회군에도 참여했고 왕씨의 왕을 세워야 한다는 것에 동조하여 조준·윤소종·조인옥 등과도 가까웠던 인물이기 때문이다. 정지는 해도원수로서 왜구 격퇴에 공로가 많은 촉망받던 무장으로 이성계 측의 견제를 받았다고 볼 수 있다. 그게 아니라면 정지는 이성계가 왕위에 오를 뜻을 품고 있었던 것에 반발한 탓이 아닌가 하는데, 아무튼 좀 이상하다.

그해 11월 말에는 조반을 명에 보내 공양왕의 즉위를 알렸다. 창왕은 왕씨가 아니어서 왕씨의 종친인 공양왕을 새 왕으로 세웠으니 친조를 승낙해달라는 것이었다. 이때 조반은 《종지도본宗支圖本》을 가지고 들어가는데, 아마 이는 고려 왕실의 계보도로서 공양왕이 왕씨라는 사실을 입증하려는 것으로 보인다. 조반은 이듬해 5월 환국하는데, 그가 환국하면서 또 하나의 사건이 폭로되어 정국을 휘몰아친다. 이 부분은 뒤에 언급할 것이다.

그러다가 1389년(공양왕 1) 12월, 마침내 이색을 탄핵하는 상소가 올라왔다. 상소는 앞서 이숭인과 권근에 대한 탄핵 상소를 올렸던 오사충이 그 중심에 있었다. 탄핵 사유는 이색이 우왕을 세우는 과정에서 이인임에게 도움을 줬고, 창왕을 세우는 데도 조민수와 함께 앞장섰다는 것이었다. 또한 우왕의 장인인 이림과 더불어 폐위된 우왕을 다시 맞이하려 했다는 것이었다. 이는 김저 사건에 새롭게 이색을 연루시킨 것이었다.

하지만 이는 앞뒤가 전혀 맞지 않는 논리였다. 이색이 조민수와 함께 창왕을 세우는 데 앞장섰다는 것도 과장되었을 가능성이 크지만, 창왕을 세웠던 이색이 폐위된 우왕을 다시 세우려 했다는 것은 모순이기 때문이다. 이색을 탄핵하려니 그 사유가 궁색하여 한눈에 봐도 꿰어 맞춘 흔적이 역력했다. 연달아 폐위시킨 우왕과 창왕을 무리하게 이색과 연결시키려다보니 논리적 허점이 드러난 것이다.

이밖에 탄핵 사유로, 이인임을 비판하지 않았다거나 전제개혁을 반대했다는 점, 그리고 유학자로서 부처에 아첨하여 풍속을 어지럽혔다는 점 등을 거론하기도 했다. 전제개혁 반대는 그나마 사실에 부합한 탄핵 사유였다고 볼 수 있다. 하지만 이색에 대한 이런 모든 탄핵 사유는 그 타당성이나 사실 여부를 떠나 곁가지였다. 진짜 이유는 이색이 사전 혁파를 반대하면서 이성계의 야망을 이미 간파하고 있었기 때문이다.

탄핵 상소의 말미에는 이인임의 관을 베고 그 집을 헐어 연못을 파라는, 앞서 윤소종의 이인임 논죄 상소를 다시 언급하고 있다. 아울러 이미 죽은 김속명과 이자송의 무덤에 치제致祭하고 그 자손을 등용하여 위로하라는 주장도 하고 있다. 김속명은 맨 앞 장에서 언급했는데 우왕의 어미를 분별할 수 없다는 말을 하여 축출되었던 인물이다. 이는 우왕의 왕위 계승을 부정하면서 이인임 정권을 비판하기 위한 것이었다. 김속명이 남겼던 그 말은 이제 이성계 일파의 의도에 부합하니 불러들여 복권을 주장한 것이다.

탄핵 상소의 결과 이색은 그 아들 이종학과 함께 파면당했다. 아들 이종학까지 파면한 이유는 그가 주원장도 승인한 우왕을 이성계가 폐위시켰다고 비난했다는 이유였다. 이때 조민수를 서인으로 강등하였다. 조민수는 우왕 폐위 직후 신속하게 창왕을 세운 자인데, 그도 이색처럼 이성계의 야망을 알아채고 그랬을 가능성이 크다. 이색이나 조민수가 이후 어떤 대응을 할지 모르겠지만 이성계로서는 가장 큰 장애물을 일단 치운 것으로 보인다.

이색 부자가 탄핵 파면당한 직후 권근을 다시 탄핵하는 상소가 사헌부에서 올라왔다. 권근은 이미 탄핵을 받아 우봉현(경기)으로 축출되었지만 주원장의 성지를 사적으로 열어보았다는 죄를 추가하여 탄핵 상소를 또 올린 것이다. 권근은 우봉현에서 다시 영해(경북)로 멀리 유배되었다. 이숭인에 이어 권근까지 먼 지방으로 축출되었으니 이색은 이제 그 손발까지 모두 잘린 꼴이 되고 말았다.

우왕·창왕 부자, 죽임을 당하다

이색 부자가 탄핵당한 직후 대간의 관리들이 번갈아가며 또 상소를 올린다. 상소의 내용은 중국 역사를 인용하여 우왕과 창왕을 죽여야 한다고 압박하는 것이었다. 아울러 이숭인·하윤·권근·문달한과 이색 부자의 죄를 다시 거론하여 처벌해야 한다고 주장했다. 또한 죽은 이인임에 대한 형벌도 다시 주장했다.

이색 부자는 앞서 탄핵으로 파면당했고, 이숭인과 권근은 유배 중이 었는데 다시 징계를 주장한 것이다. 재기를 막기 위한 일종의 정치적 확인사살로 보인다. 이때 징계 대상으로 새로 추가된 하윤과 문달한은 이인임 정권에 봉사했다는 이유였다. 이는 사실에 부합한 면이 있었는 데 문달한의 경우 위화도 회군 후에 인사 행정기구인 상서사에 참여한 적이 있었다. 또한 하윤은 이숭인과 함께 이색과 가까운 인물이라는 이 유가 더 중요하게 작용했던 것 같다.

상소 결과, 이인임의 집을 헐어 못을 팠고, 이숭인·하윤과 파면당한 이색 부자도 이때 유배에 처해졌다. 문달한은 직첩을 거두었다는 것으 로 보아 파면되었던 것 같다. 아울러 권근을 김해로 다시 옮기고 조민 수를 삼척으로 축출하였다.

그런데 이번 상소에서는 환관에 대한 언급도 있었다. 환관들을 10여 명만 남기고 모두 추방할 것을 주장한 것이다. 이는 새로 즉위한 공양 왕에 대한 힘 빼기로 보인다. 우왕이나 창왕과 달리 공양왕은 유주가 아니었다. 따라서 공양왕 측근의 환관들이 국왕의 측근 세력으로 부상 할 가능성이 충분히 있었는데 이를 미연에 방지하려는 것으로 보인다. 하지만 이 주장은 받아들여지지 않았다.

우왕과 창왕을 죽여야 한다는 주장도 받아들여지지 않았는데, 바로 이어서 이에 대한 상소가 다시 올라온다. 상소를 올린 자는 윤소종의 동생 윤회종尹會宗으로 그 역시 과거에 급제하여 관직에 나온 인물이 다. 윤회종의 상소를 받은 공양왕은 이 문제를 스스로 결정하지 못하고 여러 재상들에게 자문을 구했다. 하지만 재상들은 가타부타 말이 없었다. 이성계의 눈치만 보는 것이었다.

이에 이성계가 나서서 죽일 필요가 없다고 주장한다. 하지만 공양왕은 우왕과 창왕을 죽이는 쪽으로 결론을 내리는데, 우왕은 죄 없는 사람을 많이 죽였으니 죽임을 당하는 것이 마땅하다는 것이었다. 이성계가 반대했음에도 그런 결론을 내린 것은 공양왕의 처지에서는 그게 유리하기 때문이었을 것이다. 아니면 이성계의 속마음을 너무 깊게 살핀 결과인지도 모르겠다. 이성계는 자신의 관대함을 보이면서도 우왕 부자를 제거할 수 있었으니 다시 반대할 필요가 없었을 것이다. 결국 우왕은 강릉에서, 창왕은 강화도의 유배지에서 죽임을 당했다. 1389년(공양왕 1) 12월의 일로, 권력투쟁을 위한 상소가 휘몰아치고 있던 와중이었다.

그런데 우왕과 창왕이 죽임을 당한 직후 오사충이 다시 상소를 올려 환관 문제를 또 거론하였다. 환관이 이성계 일파에게 상당히 민감한 문제였다는 것을 알 수 있다. 공양왕은 즉위하면서 내시부內侍府를 설치하고 3품직을 부여하였는데, 오사충이 이 문제를 정면으로 거론하여 환관의 득세는 조정을 어지럽히니 그 내시부를 폐지하라는 주장이었다. 하지만 공양왕은 이 상소도 거부하였다. 유주가 아니라서 그랬는지 이성계 일파에게 공양왕은 녹록치 않았다.

그렇지만 공양왕이 마냥 이성계 일파와 맞설 수는 없었다. 실권이 누구에게 있는지 모를 리 없기 때문이다. 이에 공양왕은 자신을 추대했던 이성계를 비롯한 9명을 벽상공신으로 책정한다는 교지를 내린다. 이어서 후속 조치로 9공신에게 녹권錄券을 내리고 이성계에게는 분충정난

광복섭리좌명공신 화령군개국충의백奮忠定難匡復燮理佐命功臣 和寧郡開國忠義伯이라는 긴 공신호를 주었다. 태조 왕건이 책봉했던 개국공신에 맞먹는 조치로 한마디로 말해서 나라를 새로이 출범시킨 개국공신이라는 뜻이다.

아울러 이성계에게 식읍食邑 1천 호, 식실봉食實封 3백 호, 전 2백 결, 노비 20구를 주었다. 식읍이나 식실봉은 서양 중세의 영주에게 주어진 봉토와 비슷한 것인데, 고려시대 식읍은 대부분 실질적인 의미가 없는 형식적인 것이었다. 하지만 이성계가 이때 받은 식읍은 실질적인 의미를 갖는 것으로 보고 있다. 이성계에게 주어진 공신호나 식읍은 이성계가 왕위에 오르는 디딤돌 같은 역할을 했을 것이다.

공양왕 길들이기

9명을 벽상공신으로 책봉한다는 공양왕의 교지가 내려진 직후 대사헌 조준이 또 상소를 올린다. 상소는 군자와 소인의 길을 비교하며 국왕으로서 근면하고 학문에 힘쓸 것을 주장하면서, 아울러 국정의 세세한 개혁 사항까지 나열한 장문의 내용이었다.

상소에서 언급한 개혁 내용을 큰 주제만 열거해보면, 군제의 통폐합 문제, 환관 문제, 학교와 풍속 교화 문제, 주자가례 문제, 조세와 요역 문제, 군정軍政과 군령軍令 문제, 역참 문제, 의창·상평창 문제, 소 도살 문제, 공납 문제, 형벌 문제, 이식利殖 문제, 향리 문제 등 수십 가지로 매우 다양하고 복잡했다. 지금 읽어보아도 머리가 아플 정도다.

조준은 창왕 때에도 국정개혁에 대한 상세하고 긴 시무책을 올린 적이 있었다. 공양왕이 즉위한 직후에 조준이 또 이런 시무책을 올린 데에는 색다른 이유가 있을 법하다. 다시 말해서 잘못된 폐단을 고치고 국정을 개혁하려는 뜻으로만 상소를 올리지는 않았을 것이란 얘기다. 조준은 왜 그런 복잡하고 세세한 내용의 골치 아픈 상소를 연거푸 올렸을까?

우선, 국정을 주도하기 위한 수단이었다고 본다. 탄핵 상소가 이성계의 야망에 방해되는 세력을 제압하는 수단이었다면 국정에 대한 시무책은 정국의 주도권을 놓치지 않겠다는 의지였다고 할 수 있다. 어차피 실권은 이미 이성계 측에서 장악하고 있었지만 힘으로만 밀어붙이기에는 반발도 예상해야 했기 때문이다. 더불어 국왕과 관료집단을 힘이 아닌 정책으로 이끄는 효과도 노렸을 것이다.

또한, 장문의 시무책은 공양왕을 길들이기 위한 방법으로도 활용되지 않았을까 하는 생각이 든다. 이런 시무책을 받은 공양왕은 실행하는 것은 고사하고 상세한 내용을 읽고 파악하는 데만도 상당한 노력이 소모되었을 것 같다. 공양왕의 처지에서는 장문의 시무책을 읽다가 '차라리 조준 네가 알아서 다 처리하라'는 생각이 들 것 같았다. 이성계 일파 때문에 속된 말로 "왕 노릇 못해먹겠다"는 말이 저절로 튀어나오도록 공양왕을 질리게 만드는 내용이었던 것이다. 그래서 조준이 올린 장문의 시무책은 공양왕을 그런 식으로 길들이는 데 한몫하지 않았을까 생각한다.

공양왕은 처음부터 왕위에 오르는 것을 내키지 않아 했다. 내키지 않은 정도가 아니라 눈물을 흘리며 두려움을 드러낼 정도였다. 이는 그의 개인적 성향 탓도 있겠지만 그보다는 자신이 어떤 처지에서 왕위에 올랐는지 너무나 잘 인식하고 있었기 때문이다. 이성계 일파에게 공양왕의 이런 자아인식은 결코 나쁘지 않았을 것이다. 그럴수록 자신들의 목적 달성은 가까워질 수 있으니 말이다.

3차 전제개혁 상소

1389년(공양왕 1) 12월, 다시 전제개혁 상소가 사헌부에서 올라온다. 전국에 파견되었던 도관찰출척사에 의한 양전 사업이 완료됨으로써 이를 근거로 사전 혁파를 주장한 것인데 이게 세 번째의 전제개혁 상소였다. 사헌부에서 올린 것으로 보아 역시 조준이 주도한 것으로 보인다. 원문의 일부를 인용해보겠다.

　　……이에 서울과 지방에서 전지의 경계가 확실해져서 서로 엉클어지지 않게 되었고, 겸병의 문을 막고 쟁송하는 길을 막았으니 진실로 성인의 제도입니다. 그러나 경기에서 전지를 받았는데도 수량이 차지 않는 자에게는 지방의 토지를 주고자 하는 것은 전하께서 다시 겸병의 문을 열어주는 것입니다.……(《고려사절요》34. 공양왕 1년 12월).

　　핵심 내용은, 경기의 전지를 분급받은 관리가 수량이 차지 않는 경우 지방의 전지를 분급하는 것에 반대한다는 것이다. 경기 외 지방의 토지에 대해서는 사전을 절대 허용하지 말라는 주장이었다. 조준은 앞서의 전제개혁 상소에서도 경기 지방의 토지만으로 관리들에게 과전을 지급하자는 주장을 이미 했었다. 하지만 이게 여러 가지 이유로 방해받고 있었던 것 같다. 조준은 경기 외의 지방에 사전을 허용해서는 안 되는 이유를 이렇게 밝히고 있었다.

······지금 6도 관찰사가 보고한 전지의 수량은 50만 결도 되지 않는데, 공상供上은 풍족하게 하지 않을 수 없으므로 10만 결을 우창右倉에 귀속시키고 3만 결을 네 곳의 사고史庫에 귀속시켰습니다. 녹봉을 후하게 주지 않을 수 없으니 1만 결을 좌창左倉에 속하게 하였으며 조사朝士를 우대하지 않을 수 없으므로 경기의 10만 결을 나누어주니 그 나머지는 다만 17만 결뿐입니다.······(《고려사절요》 34. 공양왕 1년 12월).

양전 사업의 결과 전국의 경작지는 대략 50만 결 정도였다. 여기서 징수하는 세입(조세)을 각 분야의 세출에 배분해 제시한 것이다. 공상, 즉 공공 경비를 맡는 우창에 10만 결, 네 곳의 사고에 각각 3만 결씩 12만 결, 관리의 녹봉을 맡는 좌창에 1만 결, 그리고 조사朝士, 즉 문무관리의 과전으로 10만 결, 도합 33만 결이었다. 그래서 나머지가 17만 결이라는 것이다.

이 17만 결로 군수軍需와 각 지방 군졸의 보수, 수재나 한재 때의 진휼 등 기타 비용을 충당하는 것이었다. 이 17만 결은 모두 경기 외 지방의 토지인데 여기에 사전을 다시 허용하면 안 된다는 것이 조준의 주장이었다. 그러면 국용이 부족해지고 권세가에 의한 겸병과 탈점이 다시 열린다는 것이었다. 조준은 양전 사업의 결과로 나타난 전국의 경작지

50만 결을 국가 세출에 배분해 보여주면서 합리적인 근거를 제시하여 그 점을 다시 강조한 것이다. 상소의 마지막 부분을 살펴보자.

……원컨대 전하께서는 서울에 있는 자에게는 다만 경기의 전지만 주고 외방에서 전지를 주는 것은 허락하지 않는 것을 일정한 법도로 삼아 백성과 더불어 혁신하여 국용을 넉넉히 하고 백성의 생계를 후하게 하여 조사朝士를 우대하고 군량을 풍족하게 하소서(끝)(《고려사절요》 34. 공양왕 1년 12월).

경기 외의 지방에는 사전을 허용하지 말라는 주장을 다시 강조하고 있다. 조준의 전제개혁 상소에서 여러 차례 강조했던 이 말은 경기 외의 지방에는 불법적인 사전은 말할 것도 없지만 합법적인 사전까지 허용하지 않겠다는 것이었다. 이는 조준이 전제개혁 상소에서 일관되게 주장했던 사전 혁파의 핵심 사항이었다. 이를 반복해서 강조했다는 것은 이 문제에 대한 반발이 가장 심했고 그래서 원래의 취지대로 관철하기 어려웠다는 점을 보여주고 있다.

이후에도 전제개혁은 구체적인 후속 조치가 단계적으로 내려진다. 사전 혁파를 반대하는 자들은 권세가로서 기득권 세력이었는데, 이들에 대해 이후 어떤 조치가 내려지는지 주목할 필요가 있다. 이것이 전제개혁의 성패를 좌우하는 문제이기 때문이다.

끈질긴 탄핵 상소

조준의 3차 전제개혁 상소가 있은 직후 중요한 인사 이동이 있었다. 조준을 문하평리 겸 판상서시사判尙瑞寺事로 삼고 성석린으로 문하평리 겸 대사헌을 삼은 것이다. 이와 함께 윤소종과 이첨李詹을 좌우상시(정3품)로 삼는 등 몇몇 대간의 관직에 대한 인사도 있었다. 이첨은 정몽주·김구용·이숭인과 함께 이인임 정권을 비판하다가 유배당했던 인물로 맨 앞 장에서 언급했었다.

이번 인사의 핵심은 조준이 대사헌에서 물러나 판상서시사로 옮겼으며 그 자리를 성석린이 맡았다는 점이다. 판상서시사는 위화도 회군 직후 정방을 폐지하고 새로 설치한 인사 행정기구인 상서시尙瑞寺의 장관이다. 처음 설치될 당시 그 장관을 이색·이성계·문달한·안종원 등 4인이 맡았는데, 문달한이 탄핵을 받아 축출되면서 그 자리를 조준이 차지한 것이었다. 그리고 조준의 대사헌 자리를 성석린이 물려받은 것이다.

이는 조준과 성석린, 두 사람을 선두에 세운 이성계 측의 세력 강화라고 할 수 있다. 조준이 대사헌에서 물러난 것은 그의 중요한 숙제였던 전제개혁의 큰 틀이 잡혔기 때문으로 보인다. 성석린을 중책인 대사헌에 앉힌 것은 공양왕을 추대한 9공신 중에서 조준과 함께 이성계의 속마음을 잘 읽고 있었던 인물이라는 점이 작용했던 것 같다.

1390년(공양왕 2) 1월, 마침내 변안열에 대한 탄핵 상소가 올라온다. 변안열은 앞서 김저 사건에서 연루자의 첫머리에 지목된 인물로 그 정치적 위상이 조민수에 못지않았다. 또한 이성계와 함께 운봉전투에도 참전해 무장으로서도 촉망받고 있었다. 그래서 탄핵을 피하지 못한 것이다. 탄핵 상소를 올린 자는 윤소종과 새로 대간을 맡은 이첨이었고, 사유는 김저 사건에 내응하여 폐위된 우왕을 다시 옹립하려 했다는 것으로, 형벌을 내리고 가산을 적몰하라고 주장하였다.

하지만 공양왕은 변안열에 대해 형벌 없이 파면만 시켰다. 김저 사건에 내응했다는 상소 내용을 온전히 인정하지 않은 것이다. 이에 다시 상소를 올리니 공양왕은 변안열을 한양으로 유배 보내는데, 거듭된 탄핵 상소에 더이상 버틸 수 없어 수용한 것으로 보인다. 탄핵 상소는 변안열에서 그치지 않았다. 대간에서는 홍영통·우현보·왕안덕·우인열·정희계鄭熙啓 등에 대해서도 다시 탄핵 상소를 올렸다. 모두 변안열과 함께 우왕을 옹립하는 역모에 가담했다는 것이었다.

여기 처음 등장하는 정희계는 무장 출신으로 우왕의 비첩이었던 숙비 최씨의 언니 남편이면서 염흥방과 인척이기도 했다. 그는 위화도 회군 직후 유배당하는 것으로 보아 최영과 함께 회군에 저항했던 인물로 보인다. 이들 홍영통 이하 다섯에 대해 김저 사건에 연루시키면서 왕씨의 왕조에서 함께 살 수 없는 원수라고 하면서 파면이 아닌 극형을 주장했다. 하지만 공양왕은 이에 대해 응답하지 않았다. 아무리 힘없는 국왕이지만 그런 정도의 저항 여력은 있었던 모양이다. 그렇다고 이성계 측의 대간들이 여기서 물러설 리 없었다. 재차 이들에 대한 탄핵 상소를 올린 것이다.

그런데 홍영통은 김저 사건의 연루자로 지목되지 않았는데 여기에 끼워넣은 것이었다. 그가 이인임 정권에 아부하고 임견미·염흥방과 더불어 악행을 저질렀다는 것이 이유였다. 홍영통은 이인임 정권에서 잠시 수상을 맡은 적이 있어 충분히 그렇게 볼 수 있었지만 사유야 얼마든지 갖다 붙이면 그만이었다. 홍영통 외의 나머지 인물들에 대해서도 그런 식으로 탄핵 사유를 억지로 만들었다. 심지어 왕안덕의 경우에는 왜구에 패배하여 국위를 손상시켰다는 이유까지 댔다. 김저 사건의 연루자라는 사실을 공양왕이 인정하지 않자 온갖 사유를 들이댄 것이다. 그런 식이라면 남아날 인물이 없을 것 같았다.

공양왕은 그래도 승낙하지 않았다. 이에 간관들이 아침부터 대궐에 엎드려 한낮이 되도록 물러서지 않았다. 어쩔 수 없이 공양왕은 수상인 심덕부와 아상인 이성계를 불러 이 문제를 의논한다. 그 결과 공양왕은 교지를 내려, 이들은 김저 사건에 연루된 것이 아니고 그동안의 공로도 없지 않아 있으니 관직만 파면시킨다고 하였다. 김저 사건의 연루자라는 점을 끝까지 수용하지 않은 것이다. 아무리 이성계라도 간관들의 억지 상소를 그대로 밀어붙이기 어려웠던 모양이다.

하지만 간관들도 여기서 멈추지 않았다. 수창궁에 여우가 나타났다는 것을 핑계로 여우는 소인을 의미하고 상서롭지 못한 하늘의 경고라고 하면서 소인을 모두 제거할 것을 다시 주장했다. 정말 끈질긴 권력 투쟁이었다. 이 정도면 공양왕도 질릴 것 같은데 이런 주장 역시 또다시 거부했다. 이러한 대간들의 끈질긴 상소투쟁도 공양왕을 길들이기 위한 수법이었다는 생각이 든다.

공양왕은 홍영통 등 5인을 끝내 김저 사건에 연루되지 않았다고 하여 형벌 없이 파면만 시켰다. 공양왕에게는 따로 생각도 좀 있었던 것 같다. 파면당한 홍영통에게 내가 있으니 두려워하지 말라고 했다고 한다. 이는 공양왕이 힘이 있어서가 아니라 홍영통을 자신의 지지 세력으로 만들기 위한 제휴의 손짓으로 보인다. 이성계 일파에게 탄압받는 인물이라면 공양왕에게는 자신의 지지 세력이 될 수 있었기 때문이다. 조민수·이색·이숭인·권근 등이 이미 축출된 마당이라 홍영통이라도 손을 잡아줘야 공양왕도 함께 버틸 수 있었을 것이다.

이성계 측의 대간들이 변안열을 비롯한 이들에 대해 끈질기게 탄핵을 주장한 이유는 이들이 전제개혁을 반대한 때문이었다. 전제개혁의 성패는 이성계가 왕위를 차지하느냐 못하느냐의 관건이었다. 그러니까 김저 사건의 연루자는 모두 전제개혁을 반대했던 자들을 얽어넣은 것이었고, 이들은 바로 이성계의 야망에 저항했던 자들이기도 했던 것이다.

이성계의 야망에 저항하는 자들이 존재한다는 것은 그가 왕위에 오르기에는 아직 시기상조라는 뜻이다. 그 중심에 이제 공양왕이 있었다. 공양왕은 우왕이나 창왕과 달리 왕씨의 왕으로서 쉽게 폐위시키는 것도 명분이 없어 곤란했다. 이성계 측에서 내세웠던 논리가 공양왕을 보호하고 있었고, 이성계가 세운 국왕이었지만 이제는 이성계의 야망에 방해되는 존재라는 사실이 역설적이다.

변안열의 죽음, 끝이 없는 탄핵 상소

변안열을 한양으로 축출하고, 홍영통·우현보·왕안덕·우인열·정희계 등을 파면한 이성계 측에서는 공양왕에 대한 경연관經筵官을 새로 구성했다. 심덕부와 이성계가 영경연사, 정몽주와 정도전이 지경연사, 김사형과 박의중이 동지경연사, 윤소종과 이첨이 강독관을 맡는 등 경연관을 10명 이상으로 대폭 증원했다. 이를 위화도 회군 직후 구성한 창왕에 대한 5명의 서연관과 비교해보면 그 차이를 금방 알 수 있다. 그때 영서연사로서 서연의 총책임을 맡았던 이색, 서연시독을 맡았던 권근과 유염이 모두 탄핵받아 축출되고 새로운 인물이 충원되면서 대폭 강화된 것이다.

새로 동지경연사를 맡은 김사형은 충렬왕 때 명망 높은 수상이었던 김방경의 4대손이며, 앞서 전제개혁을 위한 양전 사업에서 강원도를 책임졌던 관찰사였다. 박의중은 공민왕 때 이색의 추천으로 정몽주와 함께 성균관에 교수로 참여했고 철령위 문제로 명에 사신으로 파견된 적이 있었다. 이들이 이성계 측에 새로이 가담했다고 볼 수 있을 것이다.

이러한 경연관의 확충은 공양왕에 대한 통제를 강화하기 위한 것이었다. '서연'에서 '경연'으로 명칭을 바꾸어 승격한 것도 이와 무관치 않아 보인다. 조선 시대에는 국왕의 교육을 경연, 왕세자의 교육을 서연이라 칭하여 구분하였지만, 고려에서는 서연과 경연이 구분이 없었는데 이때부터 구분되었던 것 같다.

경연관이 확충된 후 공양왕은 경연을 맡은 정몽주에게 요청하여 《정관정요貞觀政要》를 보고자 하였다. 《정관정요》는 당 태종의 치국 방략을 요약한 책으로 강력한 군주들이 전범으로 삼는 교과서 같은 책이었다. 이때 경연에 참여한 윤소종은 당 태종의 치국은 취할 바가 못 된다고 하면서 《대학연의大學衍義》를 추천한다. 이는 공양왕이 지향하고 싶은 정치를 가로막은 것이었다. 이성계 일파가 공양왕에게 어떤 군주상을 원했는지 알 수 있는데, 공양왕이 《정관정요》를 정몽주에게 요청했다는 것은 이 무렵 정몽주가 이성계 일파와 거리를 두고 있었던 정황을 엿볼 수 있다.

이어서 이성계에게 전국 8도의 군마軍馬를 통솔하게 하고 군영을 세우고 번을 나누어 숙위케 하였다. 아울러 이들 군사에게는 국고에서 급료를 지급하게 하였다. 이는 이성계가 전국 각 지방의 군사권을 장악해가는 과정으로 볼 수 있다. 1390년(공양왕 2) 1월의 일이었다.

그 직후 성석린과 윤소종이 변안열을 죽여야 한다고 주장한다. 대사헌에 오른 성석린이 맨 처음 한 일이 그것이었다. 특히 윤소종은 따로 상소를 올려, 변안열을 죽이지 않고 한양으로 축출한 것은 지나치게 관용을 베푼 것으로 잘못이라 비판하였다. 강력한 정적일수록 탄핵도 강력하고 끈질겼다. 공양왕은 더이상 회피할 수 없다고 판단했는지 결국 무장을 시켜 변안열에 대해 국문하지 말고 참수하라고 하였다.

공양왕이 변안열을 국문하지 말고 죽이라고 한 것은 국문 과정에서 또 다른 조작을 방지하려는 나름의 대처였다. 김저 사건에서 보듯이 많은 인물들이 연루자로 조작되어 피해를 입은 사실을 공양왕은 잘 알고 있었기 때문이다. 하지만 도당에서 대신을 국문도 없이 죽일 수 없다고 주장하자 다시 오사충을 한양으로 보내어 변안열을 국문하게 하였다. 그런데 오사충이 도착하기 전에 변안열은 한양에서 이미 참수되고 만다. 변안열은 죽으면서 우왕을 옹립하려는 자는 자신뿐이 아니었다는 말을 남겼다고 전해졌다.

변안열이 죽으면서 남겼다는 그 말은 조작되었을 가능성이 짙다. 이게 또 사건을 확대시켜 변안열과 관련되었다고 지목된 인물들이 다시 피해를 보기 때문이다. 이 문제에 윤소종이 다시 앞장섰다. 상소를 올려 변안열이 남겼다는 그 말을 근거로 홀로 악한 짓을 할 수 없다며 관련자를 색출하여 치죄할 것을 주장했다. 변안열이 남겼다는 그 말만 있을 뿐이지 구체적인 인물들을 언급하지 않았으니 누구라도 걸면 걸려들 수 있었다.

윤소종이 변안열과 관련시켜 거론한 인물은 변안열의 심복으로 알려진 이을진李乙珍 등이었다. 이을진은 무장 출신으로 요동정벌에도 참전했지만 위화도 회군에는 적극 가담한 것 같지는 않은데, 그런 이유 때문인지 김저가 갑자기 옥사하면서 김저 사건의 공모자로 지목되어 축출된 27명에 포함되었던 인물이다.

윤소종이 상소에서 치죄할 것을 주장한 인물은 이을진뿐만이 아니었다. 조민수와 권근을 다시 포함시켰다. 이들은 이미 탄핵을 받아 지방으로 축출되었지만 처형해야 마땅하다는 것이었다. 조민수는 왕씨를 세우는 것을 가로막았다는 죄였고, 권근은 주원장의 성지를 사사로이 열어보았으니 도저히 살려둘 수 없다는 것이었다. 공양왕은 이에 대해 조민수는 회군의 공로가 있어 거듭 처벌할 수 없으니 먼 지방으로 보내고 권근은 곤장 1백 대에 흥해(경북 영일)로 보내라고 하였다. 그리고 이을진은 유배지 청주에서 국문을 받게 했다. 공양왕은 윤소종의 처형 요구를 그대로 받아들이지 않은 것이다.

이을진을 국문한 결과 변안열의 처족인 원상元庠·정지·이림과 그 아들 이귀생 등 대여섯 명이 다시 연루자로 지목되었다. 원상을 제외하고 이들은 모두 김저 사건의 관련자로 지목되어 이미 각 지방으로 축출된 상태였다. 이에 이들의 유배지로 각각 대간의 관리들을 파견하여 이들에 대한 국문이 또다시 일어난다.

그러던 중 감옥에 갇혔던 자가 국문을 받다가 죽고 말았다. 역시 의문사로 볼 수 있는데, 이를 계기로 공양왕은 정몽주에게 참혹한 형벌로

죄 없는 사람들이 죽게 되었다고 하소연한다. 이 무렵 정몽주는 이성계 일파로부터 멀어져 공양왕과 가까워진 것으로 보인다. 공양왕이 원상을 석방케 하여 국문은 일단 여기서 중단된 것으로 보인다. 하지만 이후에도 변안열과 관련된 자에 대한 탄핵 상소는 끈질기게 이어졌다.

변안열은 재상급 이상으로서 최영 다음으로 두 번째로 처형당한 인물이었다. 이성계는 왕위에 오를 때까지 처형한 인물이 의외로 그리 많지 않았다. 중량급 인물로만 보면 다섯 손가락에 꼽을 정도이다. 반대 세력을 탄압하면서도 극형인 처형을 남발하지 않은 것인데, 이는 한 가닥 의문이다. 변안열은 그만큼 이성계 측에 정면으로 맞선 강력한 정적으로 판단되기 때문이다.

김저 사건과 변안열의 죽음을 계기로 그 연루자들에 대한 탄핵 상소와 국문을 도맡아 수행한 자들이 이성계 측에 섰던 대간의 관리들이었다. 그 중심에 이제 윤소종이 있었다. 이들 대간은 이성계를 위해 전위대 같은 역할을 하고 있었는데 무리한 탄핵 상소에 반발한 흔적은 아직 없었다. 이를 보면 이성계 측에서는 대간의 관리들을 확실하게 장악한 것으로 보인다. 이들의 눈부신 활약은 앞으로도 계속된다.

쉽지 않은 공양왕

변안열이 처형당한 직후인 1390년(공양왕 2) 1월 중순경, 공양왕은 갑자기 공신을 책정했다. 창왕을 폐위시키고 자신을 옹립한 자들을 새로이 선정하여 그 공로를 새삼 인정한 것인데, 이전의 9공신 외에 12명의 공신을 따로 책정한 것이었다. 여기에는 김저 사건에 연루되었다고 지목된 우홍수와 정희계 등 두 명이나 포함되어 있었다. 그래서 이 공신 책정의 배경이 궁금해진다.

그런데 이번 공신에 포함된 이행이 사양하겠다는 흥미로운 일이 벌어진다. 이행은 이색을 좌주로 과거에 급제한 인물로, 앞서 조인옥과 함께 사전 혁파를 주장하는 상소를 올린 적이 있어 이성계 측에 가담한 인물이 분명했다. 공양왕은 이제 와서 9공신과 별도로 왜 공신을 따로 책정했으며, 이행은 왜 공신을 사양했을까?

공신 책정 직후 윤소종은 이를 비판하였다. 화령백和寧伯을 비롯한 9공신을 이미 종묘에 고하고 포상했는데 12명이 무슨 공로가 따로 있느냐는 것이었다. 여기 화령백은 이성계를 가리키는데 그가 받은 공신호인 '화령군개국충의백'을 줄여서 그렇게 불렀다. 그러면서 윤소종은 이번 공신을 삭제하라고 요청하지만 공양왕은 이를 거절한다.

공양왕이 따로 12명의 공신을 책정한 의도는 9공신이 자신의 의지와 무관하게 책정되었기 때문이다. 게다가 이들 9공신은 자신을 옹립한 공신이었음에도 전혀 그렇게 행동하지 않았고 오히려 이성계를 위한 공신처럼 보였던 것이다. 그래서 이번 공신 책정은 이성계 일파에 대한 불만의 표출이었다고 할 수 있다. 이성계 측에 가담한 이행을 여기에 끼워넣었으니 그가 사양한 것은 당연하고, 윤소종이 공신 책정을 비판한 이유도 이 때문이었다.

또한 김저 사건의 연루자 두 명을 공신에 포함시킨 것은 그 사건이 조작되었다는 점을 보여주면서 이성계 측에 나름대로 저항하는 방식이기도 했다. 공양왕의 처지에서는 김저 사건의 정국에 대처하는 나름대로의 조치였을 것이다. 하지만 이들 공신들이 공양왕을 옹호하거나 이성계 일파에 맞서는 모습을 별로 보이지 않았으니 그게 한계였다.

한번은 사헌부에서 우왕과 창왕 때의 첨설직으로 내려진 직첩을 회수하라고 요청한 적이 있었다. 변안열이 죽기 전의 일이었다. 우왕과 창왕은 왕씨의 왕이 아니었으니 그들이 제수한 첨설 관직을 무효화해야 한다는 주장이었다. 이는 이성계 측에 동조하지 않는 중하급 관리들을 축출하려는 의도였다고 보인다. 공양왕은 이 주장도 수용하지 않았다.

나중에 이 첨설직 문제는 궁성숙위부宮城宿衛府를 설치하여 해결한다. 즉 우왕·창왕 때 첨설직을 받은 자들을 모두 축출한 게 아니라 도성의 숙위를 맡겨 해결한 것이다. 이런 제안을 한 자는 정도전이었는데 그는 지금까지 별 움직임이 없다가 오랜만에 모습을 드러냈다. 궁성숙위부를 설치한 것은 첨설직의 관리를 모두 축출하라는 주장에 공양왕이 반발하자 정도전이 나서서 타협책으로 제시한 것이다. 첨설직의 관리들을 한데 모아 통제하기 쉽게 하는 선에서 공양왕과 합의한 것으로 보인다.

한편, 이성계 측의 대간들은 이색과 조민수에 대한 치죄 요구도 끈질기게 계속한다. 1390년(공양왕 2) 2월 간관들이 상소를 올려 이색과 조민수에 대해 극형을 주장했다. 이에 공양왕은 이색의 관직을 삭탈하고 조민수와 권근을 변방으로 축출하였다. 극형 주장을 받아들이지 않고 관직 삭탈과 변방 축출로 끝낸 것이다.

좀 이상한 점은, 이 두 사람은 진즉 탄핵을 받아 파면 강등되었고 변안열의 죽음을 전후로 하여 각각 지방으로 유배당했는데 또다시 변방 축출이라는 조치가 내려진다는 점이다. 혹시 공양왕에 의해 그사이 암암리에 관직을 회복하고 유배에서도 해제된 것이 아닌가 싶은데 모를 일이다. 그게 아니면 이전에 내려진 징계 조치가 제대로 시행되지 않았다고 볼 수도 있다.

이색에 대한 조치는 여기서 끝나지 않고 다시 국문으로 이어진다. 이때 이색은 장단(경기)으로 나갔는데 장단은 변방이 아닌 개경에서 아주 가까운 곳이었다. 국문은 오사충을 보내 이루어지는데, 공양왕은 이색이 복죄하지 않거든 다시 교지를 받아 시행하라고 주문하였다. 자의적인 국문을 막고 가혹한 신문에 의한 조작을 못하게 하려는 것이었다.

이색에 대한 국문에서 초점은 조민수와 함께 창왕을 세우는 데 앞장서지 않았느냐는 추궁이었다. 국문 과정에서 조민수에 대한 공술을 보이며 대조하기도 했고, 이색에 대한 국문 내용도 공술로 작성했다니까 이색과 조민수를 한데 얽기 위해 무던히도 애를 썼던 것 같다. 하지만 극형을 내릴 만한 내용은 없었다. 이 일이 있은 직후 공양왕은 대간의 관리가 국왕의 면전에서 간언하는 것을 폐지해버린다. 갈수록 극성을 부리는 대간에 대해 공양왕이 최소한의 방어선을 친 것이다. 하지만 대간에서 이를 방관할 리 없었으니, 윤소종이 바로 또 상소를 올려 이를 반박해버린다.

대간에서는 이색과 조민수에 대해 다시 치죄할 것을 계속 주장했다. 이런 주장이 몇 번째인지 헤아리기도 힘든데 이들을 기어이 죽여야만 직성이 풀릴 것 같았다. 이색과 조민수가 이성계의 야망에 가장 큰 걸림돌이었다는 것은 분명해 보인다. 하지만 공양왕은 아무런 반응을 보이지 않았다. 이런 식의 태도는 공양왕이 그동안 터득한 대간을 상대하는 한 방법이었다.

공양왕은 폐가입진의 논리로 이성계 측에서 세운 국왕이었다. 그 공양왕이 이제는 이성계 일파에게 결코 쉽지 않은 벽으로 다가오고 있었고, 이는 이색이나 조민수 등과는 차원이 전혀 다른 벽이었다. 그는 이성계 자신이 세운 현재 재위 중인 국왕이었기 때문이다.

다시, 사전 혁파 문제

공양왕이 9공신 외에 따로 12명의 공신을 책정한 직후인, 1390년(공양왕 2) 1월에 급전도감에서는 관품에 따라 새로운 전적田籍을 반급하였다. 여기 전적은 새로운 토지 분급 내용을 기록한 문서로 관품에 따라 어떤 관리에게 어느 정도의 토지를 분급한다는 내용의 문서였다.

앞서 언급했지만 전국의 경작지 면적은 양전 사업의 결과 약 50만 결이었다. 이 가운데 경기의 토지 10만 결만을 가지고 문무관리들에게 분급하자는 것이 조준이 주장한 전제개혁의 대원칙이었다. 이렇게 경기 지방의 토지로 문무관리에게 분급된 토지를 과전이라 불렀다. 그러니까 급전도감에서 새로운 전적을 발급했다는 것은 경기의 토지로 관품에 따라 문무관리에게 과전을 지급할 준비를 완료했다는 뜻이었다.

그런데 이보다 한 달 남짓 지난 1390년(공양왕 2) 3월에 사헌부에서 이런 상소를 올린다.

사헌부에서 상소하여, 우왕·창왕 대의 탐관들이 토지와 노비에 대해 권세를 부려서 나쁜 평판이 상국(명)에까지 들리게 하였으니 징계하지 않을 수 없다고 하면서, 그 관직을 삭탈하고 토지를 지급하지 말 것을 요청하였다(《고려사절요》34. 공양왕 2년 3월).

　우왕과 창왕 대의 탐관들에게 토지를 지급하지 말 것을 주장한 것은 이들에게도 전적이 발급되었다는 것을 의미한다. 즉, 탐관들에게도 새로운 과전이 지급되었던 것이다. 그런데 이들에게 지급된 토지가 새로운 원칙에 따른 경기 지방의 토지였는지 아니면 경기 외 지방의 토지도 포함되는 것인지에 대해서는 분명한 언급이 없다. 또한 이들 탐관들이 구체적으로 누구를 말하는 것인지에 대해서도 아무런 언급이 없다.

　하지만 추론해볼 수 있는 여지는 충분히 있다. 탐관들이 토지나 노비에 대해 권세를 부려서 평판이 좋지 않았다는 것으로 보아, 이들은 이인임 정권 아래에서 불법을 저지른 자들이었을 것이다. 이들은 조준이 전제개혁 상소에서 개혁을 비방하고 반대하는 자로 자주 언급된 권세가이기도 했다. 그래서 이들은 김저 사건에 연루되었다고 지목된 자들이거나, 혹은 변안열과 연루되었다고 대간에서 계속 치죄를 주장했던 자들로 보인다. 다시 말해서 위 인용문의 탐관들은 바로 전제개혁을 반대해왔던 자들인 것이다.

　그런데 양전 사업이 끝난 후 급전도감에서는 이들 탐관들에게도 전적을 발급했다. 이들은 이인임 정권 시절 불법적인 탈점과 겸병을 통해 경기 외의 지방에도 사전을 소유하고 있던 자들이다. 전제개혁의 원칙대로 한다면 이러한 사전은 불법이건 합법이건 일단 몰수한 후 다시 경기 지역 안에서 토지를 다시 분급받아야 옳다. 하지만 이들은 기존의 소유하고 있던 토지를 그대로 과전으로 인정받았다고 보인다. 그렇다면 이는 사전 혁파라는 전제개혁의 대원칙에 어긋나는 일이었다. 그래서 사헌부에서는 이들의 관직을 삭탈하고 토지를 지급하지 못하도록 주장한 것이다. 공양왕은 이에 대해 응답을 하지 않았다.

사헌부에서 올린 이와 같은 상소는 결국 사전 혁파를 반대하는 자들에 대해 관직을 삭탈하라는 주장이었다. 그러면 자연스레 이들의 불법적인 사전을 몰수할 수 있었기 때문이다. 이런 사헌부 상소는 지금까지 줄곧 이성계 측의 대간에서 주장했던 반대자들에 대한 징계 탄핵의 연장선상에서 나온 것이었다. 즉 변안열을 비롯한 김저 사건의 연루자로 지목된 자들에 대해 파면이나 지방 축출의 처벌을 내린 것은 새로운 과전 지급 대상에서 제외하겠다는 조치이기도 했던 것이다.

요컨대, 이인임 정권 시절 불법적인 탈점이나 겸병을 자행했던 자들이 사전 혁파를 반대하는 자들이었다. 이들은 조준의 전제개혁을 반대하면서 이성계 측에 맞서고 있었는데 이는 바로 이성계의 야망에 저항하는 수단이기도 했다. 위 인용문에서는 이들을 '탐관'이라 싸잡아 비난하면서 관직을 삭탈하고 새로운 과전을 지급하지 말 것을 주장한 것이다.

이에 대한 저항이 없을 수 없었다. 이성계는 이 무렵 함경도로 낙향할 생각까지 하는데 이러한 저항과 반대 때문으로 보인다. 그래서 이들에 대한 처리는 이성계의 야망이 어떻게 실현되느냐에 따라 결정될 일이었다.

3. 공양왕의 버티기

공양왕의 반격

1390년(공양왕 2) 3월 공양왕은 장단(경기)에 행차하려고 하였다. 명목은 왜구를 막기 위해 준비한 전함을 시찰한다는 것이었지만 실제는 장단으로 쫓겨난 이색을 만나려는 것이었다. 이색이 이성계 측의 가장 큰 걸림돌이었다면 반대로 공양왕에게는 가장 큰 후원자가 될 수 있었기 때문이다. 그러니 대간에서는 또 상소를 올려 이를 저지한다. 농사에 방해되고 백성들을 괴롭힌다는 이유였다.

이에 공양왕은 수상인 심덕부에게 어떻게 하면 좋을지 물었다. 심덕부는 국왕의 행차를 대간이 막을 수 없다고 하여 공양왕 편을 들어주었다. 심덕부는 9공신에 들었던 인물이지만 이성계 측에 온전히 가담하지 않았던 것으로 보인다. 심덕부의 호응에 힘을 얻었는지 공양왕은 다시 장단 행차를 추진하지만 또다시 대사헌 성석린이 나서서 저지하고 만다. 이후에도 이런 일이 다시 반복되고 결국 공양왕은 장단에 행차하지만 이색을 만나지는 못했다.

그러던 중 사헌부에서는 상소를 올려 우인열·왕안덕·우홍수 등이 변안열과 연루되었다며 다시 치죄를 주장하였다. 이들은 김저 사건에 연루되었다고 하여 이미 파면된 상태였는데 바로 전제개혁을 반대한 자들이기도 했다. 하지만 공양왕은 이 상소문을 도당에 내려보내지 않고 궁중에 내버려두었다. 이런 식의 방치하는 태도는 공양왕이 대간의 등살에 대처하는 방식이었다.

공양왕은 여기서 그치지 않고 홍영통·우현보·왕안덕·우인열 등에게 다시 관직을 제수한다. 대간의 탄핵 상소를 받아 파면한 이들에게 다시 관직을 제수한다는 것은 이전의 탄핵 파면을 완전 부정하는 것이었고, 이는 과전법의 지급 대상에 포함시키라는 뜻이기도 했다. 뿐만 아니라 공양왕은 윤소종과 오사충을 대간에서 다른 관직으로 전직시켜 버렸다. 그동안 대간의 상소와 탄핵 활동에서 끈질기게 공양왕을 괴롭혔던 두 사람을 표적 삼은 것으로, 이는 공양왕이 정면으로 대간을 공격하는 과감한 행동이었다.

재미있는 것은 새로 관직을 제수받은 우인열이 이를 사양하고 오히려 변방으로 축출해줄 것을 자진 요청했다는 사실이다. 이성계 일파의 공격에 얼마나 몸을 사렸으면 그랬을까 싶은데, 이런 현상도 대간들이 끈질긴 상소를 통해 노리는 바였을 것이다. 왕안덕이나 우홍수 등도 마음 편히 관직에 나아가지 못했을 것이다. 이들도 논죄 대상으로 올라 대간들에게 계속 괴롭힘을 당하고 있었기 때문이다.

공양왕은 대간에 대해 노골적으로 불만을 드러냈다. 공양왕은 대간의 관리들과 사소한 상소 내용까지 거론하여 논쟁을 벌이다시피 하면서 치죄의 부당함을 주장했다. 그럴수록 대간에서는 더 극성이었다. 변안열과 연루되었다고 지목된 자들의 죄를 다스리라고 계속 주장한 것이다. 이 정도면 의지력의 싸움 같은데, 이들에 대한 치죄가 중요한 게 아니라 공양왕의 고집을 꺾는 게 중요했다는 생각이 든다.

마침내 공양왕은 끈질긴 상소의 중심에 있던 윤소종을 금주(충남 금산)로 추방해버리는 대담한 조치를 내린다. 윤소종은 이성계의 최측근 인물이니 이는 이성계에 맞서는 조치라고 볼 수도 있다. 이에 이성계는 병을 칭탁하고 사직하여 윤소종의 추방에 대한 불만을 그대로 드러냈다. 1390년(공양왕 2) 3월 말경의 일이다.

공양왕은 환관을 이성계에게 보내 위문하고 큰 선물까지 내려주며 등청을 요청했다. 이성계에게만 매달리는 모양새가 싫었는지 심덕부에게도 선물을 내리고 함께 내전에서 잔치를 베풀어주었다. 공양왕이 윤소종이나 오사충을 내칠 수는 있어도 이성계에게는 그럴 수 없었고 이성계 역시 이 점을 이용하여 사직했던 것이다.

대간에서는 공양왕의 양보를 얻어냈다고 판단했는지 또 상소를 올려 이색·조민수·권근, 그리고 변안열과 연루된 자들에 대해 다시 치죄를 주장했다. 공양왕은 심덕부와 이성계에게 요청하여, 이들은 이미 죄를 주었으니 대간을 타일러서 다시 치죄를 주장하지 못하게 하였다. 하지만 이색을 함창(경북)으로, 정지는 횡천(강원)으로, 이림은 철원(강원)으로, 우인열은 청풍(경북)으로 유배 보냈다. 그리고 왕안덕과 우홍수는 용서했다는 것으로 보아 그 정도의 선에서 타협한 것으로 보인다.

그런데 공양왕은 갑자기 위화도 회군 공신에 대한 교서를 내려 45명에게 포상을 내린다. 여기 회군 공신에 대한 포상에는 이성계와 함께 조민수·왕안덕도 포함되었다. 조민수와 왕안덕은 대간에서 줄곧 징계를 주장했던 자인데, 이런 포상은 조민수를 복권시키려는 의도로 보인다. 공양왕은 또한 윤소종과 함께 이미 죽임을 당한 변안열의 공로를 인정하여 포상과 은전을 시행하라고 하였다. 이 부분도 축출당한 윤소종을 배려한 것이 아니라 목적은 변안열의 복권이었다.

재미있는 것은 이와 같은 회군 공신에 대한 포상이 있은 직후, 왕안덕·이을진·우홍수·원상 등 앞서 변안열에 연루되었다고 지목된 자들을 유배 보냈다는 점이다. 왕안덕·변안열에 대한 포상은 무엇이며 바로 이어서 유배를 보낸 것은 도대체 무엇인지 포상과 형벌이 갈피를 잡을 수 없었다. 게다가 왕안덕은 한 달도 못 되어 다시 유배에서 소환되는데, 공양왕과 이성계 측이 밀고 당기는 권력투쟁을 계속하면서 형벌과 포상이 조변석개로 이루어진 것이었다. 어느 일방의 의지대로만 관철하지 못한 탓으로 보인다.

공양왕과 이성계 측의 긴장과 갈등은 계속된다. 1390년(공양왕 2) 윤4월, 공양왕은 마침내 대간으로 있던 이성계 측의 이행과 조인옥을 파면시키는 일을 감행한다. 여기에는 이색에 대한 논죄 상소문에 월권행위와 국왕에 대한 기만 내용이 들어있다고 하여 같은 대간에서 탄핵을 요청했기 때문이었다. 대간의 관리들 중에서 처음으로 이성계 측에 어긋나는 행동이 나타난 것이다.

이에 이성계는 7공신과 함께 우왕·창왕의 무리들이 말을 조작하여 자신을 비방하고 모함한다고 하면서 관직에서 물러나기를 다시 요청하고 집안에 틀어박혀버렸다. 본래 9공신 중에서 한 명이 여기에 불참한 것 같은데 혹시 정몽주나 심덕부가 아닌지 모르겠다. 그러면서 대간들은 이색에 대한 치죄를 계속 주장했다. 공양왕은, 이색은 이미 귀양 갔으니 치죄를 더이상 주장하지 못하게 하면서 9공신에게는 다시 정무를 보도록 했다.

이성계 측의 대간들은 자신들의 간언이 먹혀들지 않자 사직해버린다. 공양왕은 기다렸다는 듯이 이들을 지방 수령으로 좌천시키고 이행을 청주로 유배 보내버린다. 그리고 새로운 인물들을 대간으로 발탁하는데 대간의 전격적인 교체였다. 새로이 발탁된 대간 중에는 바로 이어서 이성계 측에 저항하는 인물이 등장하는 것으로 보아 공양왕의 반격은 어느 정도 힘을 발휘하고 있었다.

공양왕의 이런 반격을 보면 그는 결코 유약한 성품이 아니며 상당히 끈질긴 인물로 보인다. 여기서 밀리면 끝장이라는 각오로 그랬을 것이다. 이색·조민수·변안열 등을 징계하면서도 끝까지 옹호한 것은 자신을 지키기 위한 수단이었다. 그러면서 윤소종·조인옥·이행 등을 파면 축출한 것을 보면 소극적인 수세의 자세가 아니라 적극적인 공격도 불사하겠다는 의지를 드러내고 있었다.

공양왕을 추대했던 이성계는 스스로 제 발등을 찍었을 것이다. 자신이 추대한 공양왕을 우왕이나 창왕처럼 강제로 끌어내릴 수도 없는 노릇이었으니 말이다. 바야흐로 이성계 측에서는 색다른 조치의 필요성이 대두되고 있었다.

윤이·이초 사건

이성계 측에 대한 공양왕의 저항과 반격이 진행되는 동안, 공양왕의 즉위를 알리려 명에 들어갔던 사신 조반이 1390년(공양왕 2) 5월 돌아온다. 조반이 돌아와 보고한 내용에는 충격적인 사실이 있었다. 윤이尹彝와 이초李初라는 자가 고려에서 명을 칠 것이라고 주원장에게 폭로했다는 것이다. 이 사건 역시 의문이 많은데 조반이 환국하여 보고한 내용은 이러했다.

윤이와 이초란 자가 명에 도망쳐 들어와 황제에게 호소하기를, '고려에서 이성계가 왕요(공양왕)를 세워 왕으로 삼았으나 왕요는 종실이 아니고 이성계의 인친입니다. 왕요가 이성계와 함께 병마를 움직여 장차 상국(명)을 범하려 하므로 이색 등이 옳지 않다고 하자, 이색·조민수·이림·변안열·권중화·장하·이숭인·권근·이종학·이귀생(이림의 아들) 등 10인을 주살하고, 우현보·우인열·정지·김종연金宗衍·윤유린尹有麟·홍인계洪仁桂·진을서陳乙瑞·경보慶補·이인민李仁敏 등 9인을 멀리 유배 보냈습니다. 유배된 재상들이 몰래 우리를 보내 이를 알리니 천하의 군사를 거느리고 와서 토벌해주기를 청합니다'라고 했다는 것이었다.

이런 사실을 주원장한테 폭로했다는 윤이와 이초는 과거 경력에서 드러난 것이 거의 없는 인물이었다. 조반은 명에서 이들과 대질 신문까지 하면서 사건 내용과 거론된 인물을 기록한 문건까지 확인했다고 보고했다. 하지만 명에서는 이들의 폭로를 신뢰하지 않았고, 조반에게 속히 환국하여 거론된 인물들을 신문하여 다시 보고하라고 했다는 것이다.

문제는, 조반의 환국 보고를 통해 윤이와 이초의 문건에 언급되었다는 인물들이다. 이성계 측에 의해 이미 주살되었다고 보고된 10인은 모두 앞에서 한 번쯤 거론된 인물들로서, 그 가운데 장하를 제외하면 사건 폭로 당시 대부분 유배 중에 있었다. 장하는 양전 사업을 위해 경상도 관찰사로 파견되어 전제개혁을 뒷받침했는데, 이성계 측에 저항하는 인물들과 함께 거론된 것을 보면 그사이 이성계 측과 틈이 벌어졌는지도 모른다.

그리고 유배를 보냈다는 9인 중에서 여기 처음 등장하는 김종연과 윤유린·홍인계·경보는 무장 출신들이고, 진을서는 전력이 잘 드러나지 않으며, 이인민은 이인임의 동생이다. 이 가운데 윤유린은 사건을 폭로했던 윤이의 종형이었고, 홍인계는 요동정벌에 선발대로 참전해서 최영을 따른 인물로 보이며, 경보는 요동정벌 당시 이성계 휘하의 조전원수로 참전했던 자였다. 윤이·이초 사건을 조반의 보고대로 인정한다면 이들은 그 배후 인물이 되는 것이다.

5월 1일, 조반의 귀국보고를 받은 고려에서는 즉시 대간이 나서서 사건의 배후자들을 국문하라는 상소를 연달아 올렸다. 하지만 공양왕은 상소문을 궁중에 두고 도당에 내리지 않았다. 5월 5일, 배후자로 지목된 김종연이 도주하자, 우현보·권중화·경보·장하·홍인계·윤유린 등을 일단 순군옥에 하옥시키고 국문하였다. 아울러 이색·이림·우인열·이인민·정지·이숭인·권근·이종학·이귀생을 청주의 감옥에 하옥시켰다.

하옥된 이들 중에서 윤이의 종형인 윤유린이 집중적으로 국문을 당했다. 윤유린의 입에서 다시 최공철崔公哲 등 6인의 새로운 연루자가 지목되어 이들도 모두 하옥당했다. 최공철은 요동정벌 당시 조민수 휘하의 조전원수로 참전한 인물이었다. 그런데 5월 8일 윤유린이 옥중에서 죽고, 며칠 후에는 최공철과 홍인계도 옥사하고 만다. 앞서의 여러 사건에서도 그랬지만 도중에 옥사한 인물이 한둘이 아니니 의혹을 품을 수밖에 없는 일이었다.

5월 12일, 문하평리 윤호를 책임자로 한 대간과 법관으로 조사단이 꾸려져 청주의 감옥에서 이색 등에 대한 국문이 시작된다. 윤호는 앞에서도 등장한 인물로 우왕 즉위 직후 북원의 사신을 맞는 것에 반대하다가 정몽주·김구용·이숭인 등과 함께 유배당한 적이 있었다. 또한 조반과 함께 명의 사신으로도 들어간 적이 있으며, 요동정벌에서는 이성계 휘하의 조전원수로 참전했던 인물이다.

그런데 국문이 시작되면서 갑자기 천둥과 함께 폭우가 쏟아져 냇물이 범람하고 청주성 안에 한 길이 넘는 물이 찼다. 국문에 참여하던 옥관은 나뭇가지를 붙잡고 올라가서 간신히 죽음을 면할 정도였다. 폭우는 며칠 동안이나 계속되었다. 이색 등을 국문하기 위해 내려갔던 윤호와 법관들은 이런 갑작스런 대홍수 속에서 국문을 계속할 수 없었다. 그런 중에도 이미 도망친 김종연을 잡기 위해 혈안이 되었고, 개경의 순군옥에서는 갇힌 자들을 국문하는 과정에서 또 다른 연루자들이 잡혀 들어왔다.

1390년(공양왕 2) 6월 초, 공양왕은 심덕부와 이성계를 불러 청주 죄수의 석방 문제를 논의하였다. 두 사람이 석방에 동의했는지 바로 공양왕의 교서가 내려져 청주의 죄수를 석방하여 안치하게 하였고, 장마가 계속되자 개경과 지방의 2죄 이하 죄수도 모두 석방케 했다. 이때 개경에서만 방면된 자가 150여 명이나 되었다고 한다. 조반이 환국하며 윤이·이초의 배후자라고 지목한 자들은 폭우 덕분에 일단 국문을 면한 것이다.

이어서 그해 6월 중순경, 정도전을 사신으로 발탁하여 명에 파견했다. 명목은 성절사였지만 윤이·이초 사건에 대한 보고를 겸하고 있었다. 가지고 간 글에는 윤이·이초 사건의 허실을 분간치 못하겠으니 명에서 관리를 파견하여 규명해주기를 바란다면서 아울러 국왕의 친조를 요청하고 있었다.

이상이 윤이·이초 사건을 역사 기록 그대로 옮긴 것이다. 그렇게 이 사건은 일단 수면 아래로 가라앉는 듯했다. 하지만 이후에도 그 여파가 계속되면서 이성계 측에서 그 반대파 축출에 이용하는데, 몇 가지 의문점이 있어 다시 짚어볼 부분이 있다.

저항하는 대간 그리고 정몽주

우선, 명측의 기록에는 이 사건에 대해 아무런 언급이 없다는 점에서 수상쩍다. 태조 주원장에게 직접 폭로되었던 사건인데 말이다. 또한 사건을 보고한 조반은 사건의 국문을 맡았던 윤호와 함께 예전에 명의 사신으로 동행한 적이 있었고, 여기에 조반은 임견미·염흥방 등을 일망타진했던 계기를 제공한 인물이기도 했다. 이성계 측과 조반이 결탁하여 조작한 사건이 아니었을까 의심되는 것이다. 하지만 이에 대한 확증은 없다.

또한 조민수는 이 사건의 배후자로 보고되었는데 오직 그에게만 아무런 조치를 내리지 않고 있다는 점도 의문이다. 조민수는 이색과 함께 이성계 측으로는 가장 큰 장애 인물인데 말이다. 우연찮게 조민수는 이 사건이 일어나고 6개월 뒤 귀양지 창녕에서 자연사한다. 조민수가 이 사건의 실제 배후 인물이었다면 가만두지 않았을 텐데, 죽음을 앞둔 상태여서 굳이 별도 조치를 취할 필요가 없었던 것이 아니었을까 의심스럽다. 아니면 조민수를 몰래 제거해버렸는지도 모를 일이다.

그리고 공양왕도 윤이·이초 사건을 그대로 믿지 않았다. 국문을 받던 이색 등 배후자로 지목된 자들을 방면한 것은 이를 보여주는데, 청주의 홍수는 이들을 방면하기 위한 구실이었을 뿐이다. 김저 사건을 경험했던 공양왕은 조반이 보고한 윤이·이초 사건을 처음부터 신뢰하지 않았던 것이다. 이 사건은 이후에도 연루자를 만들어내면서 계속되는데 공양왕은 이들의 처벌을 끝까지 수긍하지 않았다.

하지만 윤이·이초 사건이 완전히 날조된 것은 아니었을 것이다. 그무렵 명의 사신으로 들어갔다가 환국한 자가, 황제가 윤이·이초의 무고임을 알고 이들을 유배 보냈다고 보고하였다. 또한 앞서 성절사로 파견되었던 정도전도 그해 연말 환국하면서 같은 내용을 보고하기도 했다. 그렇다면 이 사건에서 윤이와 이초가 명으로 도망쳐 들어간 것은 사실로 보인다. 다만 윤이와 이초가 그 배후자로 언급했다는 인물들은 조반이 조작해서 보고했을 가능성이 많다.

그런데 윤이·이초 사건에서 무엇보다 중요한 점은, 대간에서 이 사건을 비판하다가 파면된 자가 있었다는 사실이다. 대간으로 있던 김진양金震陽이 이런 주장을 했다. "윤이·이초의 일은 세 살 난 어린아이도 조반의 무고인 줄 알고 있다." 조반이 이성계 측에 저항하는 인물들을 사건의 배후자로 조작했다는 것을 암시하고 있다. 김진양은 바로 앞서 공양왕이 발탁한 대간으로 공민왕 때 이색의 문생으로 과거에 급제했는데, 정몽주와 가까운 인물이었다.

김진양은 이로 인해 사헌부의 탄핵을 받아 파면당하고 이에 동조한 동료 대간 몇몇도 좌천당했다. 1390년(공양왕 2) 6월 말의 일이었다. 좌천당한 이들 역시 공양왕이 발탁한 대간들로서 이는 대간이라고 모두 이성계 측에 가담해서 행동하지 않았음도 주목할 필요가 있다. 그렇게 윤이·이초 사건은 그 배후 인물에 대해 조작 의혹이 많았지만, 문제는 이를 개의치 않고 이성계 측에서 계속 활용한다는 점이다.

1390년(공양왕 2) 7월에는 대간에 대한 새로운 인사가 있었다. 앞서 파면당한 김진양과 좌천된 대간의 자리를 메우는 인사였는데 여기에는 지금까지 드러나지 않았던 새로운 인물들이 발탁되었다. 이들이 이성계 측에 가담할지 아니면 공양왕 측에 가담할지는 두고 볼 일이다. 공양왕이 발탁했을지라도 이들이 공양왕의 의지를 따른다고 장담할 수 없었다. 권력의 향방을 이들이 외면할 수 없었기 때문이다.

그런데 공양왕은 새로 대간을 발탁한 직후 대사면을 단행한다. 그 대사면의 배경이 심상치 않았다. 대사면을 요청한 인물이 바로 정몽주였고, 윤이·이초 사건의 배후 인물에 대해 대간에서 너무 심한 탄핵 상소를 올리니 사면이 필요하다는 것이었다. 대사면은 윤이·이초 사건의 배후자로 지목된 자들을 방면하기 위한 것이었다. 정몽주도 조반이 보고했던 윤이·이초 사건의 배후 인물에 대해 의혹을 품고 있었다는 뜻이다.

정몽주는 지금까지 이성계 측에 정면으로 맞서지는 않았다. 내면으로는 진즉 이성계로부터 멀어졌을지 모르겠지만 겉으로는 일단 그랬다. 여기에는 이성계와의 과거 인연이나 혹은 정도전과의 관계 등이 작용했을 것이다. 정몽주가 이성계 측과 멀어진다는 것은 그와 공양왕이 가까워진다는 뜻이다. 정몽주의 대사면 요청은 그런 정황을 알려주는 것이다.

그럼에도 윤이·이초 사건의 여진은 계속된다. 대사면 직후 사헌부와 형조에서 윤이·이초의 배후 인물들을 치죄하라고 다시 상소를 올린다. 며칠 후에는 대간에서 또 상소를 올리지만 공양왕은 반응하지 않았다. 그해 8월 또다시 사헌부와 형조에서 연거푸 치죄 상소를 올리자 공양왕은 피할 수 없었던지 이 문제를 도당에 내려 논의하게 하였다.

이때 다시 정몽주가 나선다. 그는 치죄를 반대하며, 윤이·이초 무리는 죄가 명백하지 않으며 또한 사면을 이미 받았으니 다시 논죄할 수 없다고 주장했다. 여기서 정몽주는 이성계 측에 정면으로 맞선 것으로 판단해도 무방할 것 같다. 하지만 도당에서 정몽주의 주장을 따르는 자들이 많지 않았는지 이 주장을 끝까지 관철시키지 못하고, 공양왕은 중론에 따라 결국 우현보·권중화·경보·장하 등을 원지로 유배 보냈다. 1390년(공양왕 2) 8월이었다.

한양 천도

공양왕 때 한양 천도 문제가 대두된 것은 윤이·이초 사건이 일어난 직후인 1390년(공양왕 2) 7월이었다. 그러니까 윤이·이초 사건이 진행되는 도중에 천도 문제가 등장한 것이다. 처음 한양 천도를 건의한 쪽은 천문지리를 담당하는 서운관이었다. 서운관에서 상소를 올려, 《도선밀기》에 의하면 지세에 따른 흥망성쇠가 있으니 서울을 한양으로 옮겨 개경의 지덕을 쉬게 하라는 것이었다.

이에 공양왕은 경연관을 맡고 있던 박의중에게 천도에 대한 의향을 물었다. 박의중은 도참술수로써 국가를 보전할 수 없다고 하면서 그 폐해를 들어 반대의 뜻을 분명히 밝혔다. 하지만 공양왕은 음양의 설이 어찌 거짓이겠느냐고 반문하면서 바로 배극렴裵克廉에게 한양의 궁궐을 수리하게 하였다. 배극렴은 왜구 격퇴에 여러 차례 출전했고 요동정벌 당시에는 이성계 휘하의 조전원수로 참여했던 무장이었다.

공양왕이 새로운 도읍지로 생각한 한양은 이전에도 여러 차례 천도 후보지로 올랐던 곳이다. 공민왕 때도 올랐고 우왕 때도 있었다. 우왕 때는 천도 논의가 빈번해지면서 여러 후보지가 물망에 올랐었는데 결국 한양으로 수렴되었다는 얘기를 앞서 했다. 특히 우왕 때 한양에 궁궐을 조성하여 반년이나 체류했던 것은 우왕이 주체가 되어 이인임 정권으로부터 벗어나 보려는 정치적 시도로 보았다.

특별한 점은, 요동정벌 출정 당시에도 우왕은 왕비를 비롯한 세자와 종실들을 한양으로 이주시키는데, 이성계는 이를 한양 천도로 간주하여 비판했다는 사실이다. 이성계는 요동정벌의 부당성을 선전하기 위해 비판했다고 보이지만 천도 후보지를 한양으로 굳히는 효과를 가져왔다. 지금 공양왕이 주도하고 있는 천도는 이론의 여지없이 그 후보지가 한양이었다.

공양왕이 한양 천도를 준비하자 대간에서 도참술수를 근거로 천도하려는 것은 잘못이라고 다시 비판하였다. 이에 공양왕은 "비록에 도읍을 옮기지 않으면 임금과 신하가 폐하게 된다"고 하면서 물러서지 않았다. 공양왕이 반박하며 언급한 이 말의 의미가 심상찮다. 이를 다시 살펴보기 위해 관찬 사서의 원문을 그대로 옮겨보면 '祕錄云 苟不遷 廢君臣' 이라고 하였다. 비록은 《도선밀기》를 말하는 것이고 문제는 '廢君臣'이란 표현이다.

　도읍을 옮기지 않으면 군신이 폐하게 된다는 것은 군신관계의 끝장을 말하는 것 같은데, 《도선밀기》에 그런 내용이 들어있는지 확인할 수 없지만 천도의 이유로는 좀 과격한 표현이었다. 군신이 폐하게 된다는 것은 위기를 과장하면서 강력하게 주의를 촉구한 것으로 보인다. 노골적으로 말하자면 천도를 하지 않으면 왕조가 멸망할 것이라는 뜻이 아니겠는가?

　공양왕은 이 무렵 군신관계가 끝장 날 수 있다는 위기의식을 품고 있었던 것 같다. 이는 말할 필요도 없이 이성계 측에서 그 반대 세력에 대한 강력하고 집요한 압박과 공격 때문이었다. 그런 압박과 공격이 최종적으로 공양왕 자신을 겨냥할 것이라는 점을 감지했을 것이다. 어쩌면 이성계가 왕위에 오르고 자신은 왕위에서 내려와야 한다는 불안이나 공포심도 이미 품고 있었는지 모른다. '廢君臣'이라는 언급에서 공양왕의 그런 내면을 엿볼 수 있다.

　공양왕이 한양 천도 의지를 철회하지 않자 그해 8월에 윤회종이 다시 상소를 올려 천도를 반대하였다. 윤회종은 천도뿐만 아니라 공양왕의 불교 행사도 아울러 비판했다. 또한 강회백도 공양왕의 불교 숭상과 천도를 아울러 비판하였다. 강회백은 이인임의 추증에 반대하고 명에 사신으로 다녀온 적이 있던 인물인데 그의 친동생 강회계姜淮季는 공양왕의 사위이기도 했다.

그래도 공양왕은 천도의 뜻을 버리지 않았다. 대사헌 김사형이 천도를 중지할 것을 다시 요청했지만 변함없었다. 김사형은 관찰사로서 양전 사업을 추진하여 재상 반열에 오른 후 공양왕의 경연관을 맡다가 윤이·이초 사건이 폭로되기 직전에 성석린의 뒤를 이어 대사헌에 오른 인물이다. 대사헌은 조준이나 성석린에서 보듯이 항상 이성계의 측근이 차지했던 요직인데 김사형이 이를 맡은 것이다. 그가 이성계 측에 가담했거나, 아니면 그럴 가능성을 보였기 때문이다. 한양 천도에 대한 반대 속에서 공양왕은 간관 4명을 파면시켰다. 특별한 사유를 적시하지 않았는데 천도 반대에 관련되었다고 보인다. 공양왕이 천도를 밀어붙이려고 그랬는지 불편한 대간에 대한 퇴출을 감행한 것이었다.

마침내 공양왕은 여러 반대를 누르고 1390년(공양왕 2) 9월 17일 한양 천도를 실행한다. 여기서 천도라는 것은 국왕이 한양으로 거처를 옮겼다는 의미다. 그래서 정확히 말하자면 천도가 아니라 한양에 이궁離宮을 조성한 것이고 여기에 공양왕이 이어한 것이다. 우왕 때 한양으로 이어한 것과 같은 정치적 맥락으로 볼 수 있으며 그때 이미 조성된 궁궐을 활용했던 것이다.

그런데 공양왕이 한양으로 이어하기 직전에 공전과 사전의 전적田籍을 저잣거리에서 불사르는 행사를 펼친다. 불태워진 전적은 지난 시대의 토지문서인데, 앞서 언급했던 급전도감에서 발급했다는 새로운 전적이 완성되었기 때문에 불태운 것이었다. 이를 불사른 것은 지난시절의 토지 지배관계를 모두 인정하지 않겠다는 공개적인 퍼포먼스 같은 것이었다. 왕조를 지탱했던 구체제의 한 구석이 무너졌다는 신호였다.

공양왕이 이를 보고 탄식하며 눈물을 흘렸다니까 왕조의 몰락을 예감했을지도 모르겠다.

공사 전적이 불태워진 며칠 후, 공양왕은 개경을 떠나면서 후속 조치로 안종원과 윤호에게 개경을 유수케 하고 문무백관에게 분사分司를 명령했다. 분사는 한양과 개경 두 곳으로 관청과 직무를 나누는 조치로서 한양을 임시 왕도로 삼겠다는 뜻이다. 왕도인 개경에서 더이상 의미를 찾을 수 없어 떠나고 싶었던 것일까. 이어서 9월 21일 어가가 한양에 도착하여 입어하였다.

공양왕의 한양 이어는 완전한 천도가 아니라도 그 자체로 범상한 일이 아니었다. 이성계 측의 탄압이나 횡포와 무관치 않을 뿐만 아니라 한양 천도는 윤이·이초 사건이 진행 중에 있었다는 점을 주목해야 한다. 그래서 한양 천도를 이 사건과 관련시켜 따로 살펴볼 필요가 있다.

공양왕의 버티기와 이성계

공양왕이 한양으로 이어하고 분사 조치까지 내리자 가장 놀란 쪽은 이성계와 그 측근들이었다. 권력의 흐름에 따르자면 이성계와 그 측근들도 공양왕을 따라 한양으로 옮겨야 정상이다. 우왕 때 이인임과 권력의 핵심들은 우왕이 한양 천도를 고집하자 이를 반대하면서도 결국 우왕을 따라 한양으로 이주한 적이 있었다.

그런데 이성계는 공양왕의 한양 이어를 따르지 않고 온천 행차를 감행했다. 병을 핑계한 것이었지만 한양 천도에 불만을 표출한 것이었다.

이에 공양왕은 우홍수를 시켜 이성계에게 주찬을 내렸다. 공양왕이 한양에 입어한 지 10여 일 뒤의 일로 이성계를 무마하려는 조치로 보인다. 우홍수는 우현보의 아들로 변안열 사건에 연루된 혐의로 탄핵을 받아 유배된 적이 있었고, 그의 아들 우성범禹成範은 공양왕의 사위였으니 우홍수와 공양왕은 사돈지간이었다.

마침내 이성계는 1390년(공양왕 2) 11월 1일 사직을 요청한다. 특별한 사유가 없었던 것을 보면 역시 공양왕의 한양 천도에 대한 불만 때문으로 보인다. 이에 공양왕은 눈물까지 흘리며 사직을 허락하지 않았고 이성계 역시 눈물을 흘리며 사은했다고 한다. 두 사람이 딴 생각을 품고 있으면서도 겉으로는 서로를 존중하는 척하며 눈물까지 흘렸다니 군신관계로서도 어색한 모습이 아닐 수 없다.

그런데 사직 요청이 있고 며칠 후, 우현보·이색·권중화·경보·장하 등을 용서하며 편의에 따라 거주하라는 조치가 내려진다. 이들은 앞에서 살폈듯이 정몽주의 반대에도 불구하고 도당 회의에서 윤이·이초 사건의 배후자라는 이유로 유배 조치가 내려졌던 인물들이다. 이에 그치지 않고 우인열·정지·권근·이숭인·이림·이귀생 등도 편의에 따라 외방에 거처하도록 했다. 이들은 김저 사건에 연루된 혐의로 유배된 자들이었다.

한양으로 이어한 공양왕이 김저 사건과 윤이·이초 사건으로 유배된 자들을 갑자기 방면한 이유가 뭘까? 이성계 일파의 끈질긴 탄핵 상소로 이들이 유배당했다는 것을 감안하면 이성계의 묵인이 있지 않고서는 어려운 일일 것이다. 이런 방면 조치는 공양왕이 이성계를 압박하여 얻어낸 결과로 보인다. 공양왕이 그렇게 이성계를 압박하는 수단이 바로 한양 이어가 아니었을까 하는 생각이다.

이렇게 정리할 수 있다. 윤이·이초 사건의 배후자들에 대한 논죄가 도당에서 진행되는 상황에서 한양 천도에 대한 반대 여론에 휩싸인 공양왕이 이를 반박하며 천도를 계속 고집하고 있었다. 공양왕은 도당의 이 논죄를 원치 않았고 정몽주도 반대했지만 결국 해당 인물들은 유배당했다. 공양왕이나 정몽주로서는 이성계 일파의 힘에 어쩔 수 없이 밀린 셈이다.

하지만 공양왕은 한양 천도에 대해서는 여러 반대를 누르고 기어이 실행하였다. 이성계 일파의 힘에 더이상 휘둘리지 않겠다는 의지의 표현이었을지도 모른다. 이성계는 이에 불만을 품고 온천 행사를 감행하고 이어서 사직까지 요청했지만 공양왕은 고집을 꺾지 않고 버티었다. 공양왕은 이런 버티기를 무기로 의혹이 많았던 사건의 배후자들을 방면하겠다는 양보를 이성계로부터 이끌어냈다고 볼 수 있는 것이다. 그 배후자들을 방면하기 위한 목적으로 공양왕이 한양 천도를 실행한 것은 아닐지라도 천도가 이성계 일파의 독주나 횡포에 버티기 위한 수단이었다는 것은 분명해 보인다.

이 대목에서, 앞서 공양왕이 한양 천도를 반대하던 자들에게 던졌던 '폐군신'이라는 표현을 다시 생각해볼 필요가 있다. 천도하지 않으면 군신이 폐하게 된다는 것은 이성계와 그 일파들을 향한 말처럼 들리기 때문이다. 이성계가 그 말을 들었다면 뜨끔하지 않았을까? 그 말은 공양왕이 당시 품고 있던 위기의식의 발로이기도 했지만 이성계와 그 일파를 향한 일침이었을 것이다.

이성계 제거 모의, 김종연 사건

그런데 윤이·이초 사건과 김저 사건의 배후자로 지목된 자들을 방면한 바로 다음 날 이성계를 제거하려는 음모 사건이 터진다. 미묘한 시점에서 터진 이 사건은 주모자가 맨 처음 이성계에게 밀고하면서 폭로되었다는 점에서 이 또한 의혹이 많다. 이 사건도 관련자가 많아 매우 복잡한데 밀고의 내용을 단순화하면 이러했다.

윤이·이초 사건의 배후자로 지목되었다가 도망쳤다는 김종연을 앞서 거론했는데, 그 김종연이 서경에 도피 중에 조유趙裕란 자와 함께 이성계를 해치려 모의하였고 이 모의를 수상인 심덕부도 알고 있다는 것이었다. 이성계에게 이를 밀고한 자는 서경의 무장인 윤귀택尹龜澤이란 자였고, 조유는 현직 관리로 심덕부의 조카였다. 윤귀택은 심덕부 외에도 지용기·정희계·박위·윤사덕 등 10여 명도 모의에 가담했다고 하였다. 이들 네 명은 모두 앞에서 한 번쯤 거론했던 인물들이지만 이 사건에서 처음 등장하여 가담했다는 인물들은 번잡하여 이름을 생략한다. 밀고자 윤귀택은 이밖에도 심덕부의 수하 대여섯을 따로 거론하여 이들도 관련자라며 이성계에게 폭로하였다.

이성계 제거 모의에 연루자로 거론된 인물들은 앞서 김저 사건의 관련자로 파면된 정희계를 제외하면 지금까지 어떤 사건에도 관련되지 않았던 인물들이다. 또한 사건의 주모자인 김종연이 윤이·이초 사건의 배후자로 지목되었다는 점에서 이 사건은 윤이·이초 사건의 연장이자 확대이기도 했다. 그래서 이 사건은 공양왕이 윤이·이초 사건의 배후자들을 방면한 것에 대한 이성계 측의 대응 조치로 나왔다고 볼 수 있다.

주목할 대상은 이 사건에서 처음으로 언급된 심덕부·지용기·박위·윤사덕 등이었다. 사건을 밀고한 내용 그대로 인정한다면 이들은 이성계를 제거하려는 배후 인물이 된다. 이들 네 명의 공통점은 모두 위화도 회군에 참여했고, 그 가운데 심덕부·지용기·박위는 9공신에도 포함되었다. 지용기와 박위는 매우 가까운 사이였고, 뒤에 살펴보겠지만 주모자 김종연은 박위와 함께 대마도 토벌에 나섰던 인물이었다. 이런 사이라 연루시키기에 용이했을 것이다.

이들이 새롭게 이성계에 대한 저항 세력으로 지목된 것인데 그동안 이성계 측에 적극 호응하지 않은 탓이었다고 볼 수 있다. 특히 위화도 회군에 참여한 무장들이 이성계 측에 호응하지 않았다는 것은 주목할 필요가 있다. 이들이 위화도 회군에 참여했으면서도 이후 이성계 측에 호응하지 않은 이유가 뭘까? 앞서 언급했던 왕안덕이나 정지 등도 그런 부류로서 이성계 측의 탄압을 받았는데 이제 그 대상이 확대되고 있는 것이다.

위화도 회군에 참여했던 무장 출신이 이성계 측에 호응하지 않았다는 것은 회군에 반대했지만 마지못해 참여했었거나, 아니면 회군에는 적극 참여했지만 이후 이성계 측의 의도를 알아채고 이에 저항했거나, 두 가지 중 하나일 것이다. 왕안덕은 전자의 예로 볼 수 있고 정지는 후자의 예로 볼 수 있다. 그렇다면 여기서 새롭게 이성계의 적대 세력으로 지목된 심덕부·지용기·박위·윤사덕 등은 어느 쪽일까? 전자였다면 진즉 그 성향이 드러났을 텐데 이제야 적대 세력으로 지목된 것으로 보아 후자에 가깝다.

게다가 네 명 중에서 심덕부·지용기·박위는 창왕을 폐위하고 공양왕을 옹립한 9공신에도 포함된 인물이다. 여기에 포함되었다는 것은 이성계 측의 의도에 일단 부응한 것이었다. 앞서 언급했듯이 이성계는 김저 사건을 계기로 창왕을 폐위하고 자신이 왕위에 오를 야망을 품었지만 여의치 않자 공양왕을 옹립했었다. 그래서 9공신에 포함된 이들이 이성계 제거 모의 사건의 배후자로 새롭게 지목된 것은 이성계 측의 야망을 차츰 알아채고 호응하지 않았던 탓이라고 볼 수 있는 것이다.

대마도 정벌과 김종연 사건

그런데 이성계 제거 모의 사건, 즉 김종연 사건의 배경에는 대마도 정벌이 관련되었을 것이라는 생각이 든다. 대마도 정벌은 1389년(창왕 1) 2월에 있었던 일로 김종연 사건이 터지기 1년 10개월 전이었다. 대마도 정벌은 김종연 사건이 터지기 훨씬 전이어서 직접 관련시키기에는 주저되지만 관련된 인물들을 보면 무관치 않은 것으로 보인다.

대마도 정벌을 주도한 인물은 박위였다. 박위는 경상도 방면을 책임진 장수로 진즉부터 수군을 이끌고 왜구 토벌에 많은 공을 세운 무장이었다. 정지 장군이 전라도 방면에서 수군으로 공을 세웠다면 박위는 경상도를 책임지고 있었다. 박위는 100여 척의 전함을 이끌고 대마도를 직접 공략하여 왜선 300여 척과 군막을 불태우는 데 성공한다.

이때 박위의 대마도 정벌에 함께 참여한 장수가 바로 김종연이었다. 김종연은 박위의 뒤를 따라 대마도에 이르러서 남녀 포로 1백여 명을 데리고 왔다. 그러니까 대마도 정벌은 박위와 김종연의 연합 작전이 성공한 것이었다. 이는 왜구 침략에 대한 전략이 방어에서 적극적인 본거지 공격으로 나타난 최초의 전투였고, 최영의 홍산전투나 이성계의 황산전투에 못지않게 의미가 큰 전투였다. 이후 왜구의 침략이 뜸한 것으로 봐서 그 효과도 컸다. 당연히 박위는 국왕으로부터 포상을 받았고 여러 사람들의 신망도 얻었을 것이다.

하지만 이후 박위의 공로가 별것 아니라는 폄훼가 일어난다. 이상한 것은 이 대목이다. 왜 그랬을까 하는 점이다. 대마도 정벌 후 박위는 공양왕을 옹립하는 9공신에 들어가는데 그 직후 터졌던 윤이·이초 사건에 김종연이 연루되고, 이어서 그 김종연이 이성계 제거를 모의했다는 사건이 일어나면서 갑자기 박위와 지용기가 연루된 것이다. 이는 대마도 정벌에 공을 세운 박위에 대한 이성계 측의 경계심이 작동했다고 볼 수 있다.

대마도 정벌에 대한 역사 기록이 극히 소략한 것도 이와 무관치 않을 것으로 보인다. 왜구 침략이 끊임없이 계속되는 상황에서 이 문제에 근본적으로 대처하려면 대마도 정벌은 당연히 이루어져야 마땅한 일이었다. 그럼에도 대마도 정벌은 고려 말까지 단 한 차례밖에 없었다는 것은 생각해볼 부분이 많다. 박위에 의해 단 한 차례 있었던 이것마저 그의 열전에만 간략하게 언급되었을 뿐이다. 이 역시 대마도 정벌의 성공을 애써 무시하고자 하는 이성계 측의 의도가 반영되지 않았나 싶다.

이성계 측에서 신경을 곤두세우며 가장 예민하게 경계했던 자들은 공양왕도 아니고 사대부도 아닌 바로 군사적 공로를 세운 무장들이었다. 이들이야말로 백성들의 신망을 받으며 실질적인 무력까지 동원할 수 있었기 때문이다. 정지 장군을 그런 대표적인 예로 볼 수 있는데, 조민수와 변안열이 그랬고, 김종연 사건에 새롭게 연루된 지용기나 박위 등도 그런 무장들이었다. 이성계 측에서는 이런 무장들을 여러 사건에 연루시켜 제거하거나 혹은 탄압하면서 회유하려고 했던 것이다.

그런데 김종연 사건에서 문제는 수상인 심덕부였다. 수상인 심덕부가 아상인 이성계를 제거하려 했다는 것이니 보통 일이 아니었다. 이런 밀고를 받은 이성계는 심덕부에게 이 사실을 제일 먼저 알렸다. 심덕부는 공양왕을 따라 처음부터 한양으로 이주했고 이성계도 이즈음에는 한양으로 합류했던 것 같다. 이성계가 이 사건의 배후 인물로 지목된 심덕부에게 알렸다는 것은 상식적으로 좀 이상한 대처였다. 심덕부는 마른하늘에 날벼락이었을 것이다.

어쩔 수 없이 배후자로 지목된 심덕부가 나서서 조유와 김종연의 가족, 사건의 여타 관련자들을 잡아들여 국문하였다. 김종연은 다시 도망쳐 잡지 못했다. 심덕부는 자신의 누명을 벗기 위해서라도 진상 조사에 적극 나서야 했을 것이다. 관련자 중의 한 명이 자백하자 이성계는 공양왕에게 이렇게 말했다. "신은 심덕부와 더불어 마음을 같이하여 나라를 받들었으니 본래 시기와 의심이 없습니다. 청컨대 조유를 더이상 신문하지 말고 우리 두 사람으로 하여금 끝까지 옛정을 보존하도록 하소서."

이성계는 속마음과는 달리 심덕부를 의심하지 않겠다는 뜻이었다. 이성계의 이런 요청을 받은 공양왕은 조유를 석방하려고 하였다. 이 소문을 들은 심덕부는 깜짝 놀라 조유를 신문하지 않으면 자신을 변명할 수 없다고 하면서 스스로 순군옥에 들어간다. 자신이 주모자로 지목된 사건이었으니 그런 식으로 결백을 보여야 했을 것인데 수상의 처지가 말이 아니었다. 공양왕이 여러 차례 불러들이고서야 심덕부는 순군옥을 나와서 공양왕에게 사은하였고 공양왕은 바로 조유를 석방토록 하였다.

이성계 제거를 모의했다는 김종연 사건은 9공신 가운데 이성계 측에 호응하지 않던 수상인 심덕부에게 일단 경고를 보낸 것으로 볼 수 있다. 심덕부는 이전에도 그런 낌새를 보였지만 이번 한양 천도에 그가 이어 하는 공양왕을 적극 따랐다는 것은 이성계의 눈 밖에 확실히 벗어난 행동이었다. 이성계가 심덕부를 포용하는 것 같은 가식적인 태도를 보이면서 김종연 사건은 여기서 일단 잠잠해지지만 이게 끝이 아니었다.

문하시중 이성계, 군통수권 장악

심덕부가 풀려난 직후 이성계는 문하시중의 사직을 요청하는데 이게 좀 이상했다. 이성계는 수상인 문하시중에 임명받은 적이 없고 지금 수상은 심덕부였기 때문이다. 아마 이는 심덕부가 이성계 제거 모의에 연루되었다고 알려지면서 수상에서 사퇴하고 아상인 이성계가 사건의 와중에 갑자기 수상을 차지한 때문이 아니었을까 추측된다.

이성계가 수상의 사직을 재삼 요청하니 이를 수용하고 1390년(공양왕 2) 11월 6일 새로운 인사 발령을 냈다. 이성계를 영삼사사에, 정몽주를 수문하시중에, 지용기를 판삼사사에, 배극렴과 설장수를 문하찬성사, 이방과를 판밀직사사에 제수하였다. 수상인 문하시중은 따로 임명하지 않아 좀 의아한데 심덕부를 그대로 수상에 앉혔거나, 아니면 이성계를 위해 공석으로 두었을 가능성이 많다. 이성계가 수상의 사직을 재삼 요청한 것은 사건의 와중에 갑자기 수상을 차지하기에는 면목이 없었던 탓이 아닌가 싶다.

또한 이번 인사에서는 정몽주가 아상에 오르고 이성계의 둘째 아들 이방과가 재상급에 올랐다는 점이 주목된다. 특히 정몽주는 윤이·이초 사건에서 이성계 측에 거스르는 주장을 여러 차례 개진했는데 그가 아상에 오른 것은 공양왕의 의지가 분명히 반영된 것이었다. 아울러 이성계를 제거하려는 모의에 가담했다고 지목된 지용기를 발탁한 것도 공양왕의 의지가 작용했을 것이다.

그런데 사헌부에서는 상소를 올려 조유와 윤귀택을 대질시켜야 한다고 주장하였다. 이성계 제거 모의 사건을 끝까지 파헤치겠다는 것이었다. 결국 조유가 자백함으로써 그는 죽임을 당하고, 심덕부는 파면되었으며 그의 수하 인물 다섯은 하옥되고 만다. 여기서 그치지 않았다. 대간에서는 김종연 사건에 연루된 다른 자들의 탄핵을 계속 주장하였다. 마침내 지용기는 삼척으로, 박위는 풍주로, 정희계는 안변으로 윤사덕은 회양으로 유배되었다. 파면당한 심덕부도 이때 토산으로 유배되었다.

한번 눈 밖에 벗어난 인물은 끈질기게 추궁하여 끝을 보는 것이 이성계 일파의 권력투쟁 방식이었다. 심덕부가 탄핵 파면당한 직후인 1390년(공양왕 2) 11월 말, 마침내 이성계가 문하시중에 임명된다. 어쩌면 이성계 제거 모의에 심덕부가 연루되었다고 폭로된 사건은 심덕부를 수상에서 밀어내고 이성계 자신이 수상을 차지하려는 음모였는지도 모른다.

이성계는 전국의 군사권도 착실히 장악해갔다. 이 무렵 사헌부에서는 이런 주장을 했다. 서울과 지방의 군사는 이미 이성계가 통솔하고 있으니 여러 장수들의 인장을 회수하라고 요청한 것이다. 군사권은 이미 이성계에게 돌아갔음을 알 수 있고 이제 그 형식만 남은 각 지방 원수들의 지휘권을 상징하는 인장을 회수하라는 것이었다. 이성계에게 군사권을 집중시키려는 의도였을 것이다.

재미있는 점은, 수상에 오른 이성계가 장문의 글을 올려 막중한 문하시중 자리를 사양하겠다고 호소한 사실이다. 이에 공양왕은 이성계의 공로를 나열한 답신을 보내고 옷과 술까지 하사했으며, 이성계는 이에 사은하면서 마지못해 문하시중에 취임했다. 1390년(공양왕 2) 12월 초였다.

이성계가 수상에 취임한 직후 도망쳤던 김종연도 붙잡히는데 그는 호송 도중에 죽고 말았다. 이성계 제거 모의 사건은 관련자로 지목된 자들을 이미 징계하였으니 주모자였던 김종연이 죽든 살든 사건에는 별 영향이 없었지만 그 사건에 대해서는 더이상 사실 확인이 어렵게 되었다. 김종연을 숨겨주거나 그에 관련된 자들을 처형하는 것으로 일단 사건을 끝냈다.

이 김종연 사건 역시 조작 냄새를 짙게 풍기는데 사건을 애초에 이성계에게 밀고한 윤귀택을 통해 짐작할 수 있다. 윤귀택은 김종연 사건을 미리 알렸다고 하여 포상으로 관직을 제수받는데, 이에 대해 대간에서 그의 고신告身(임명장)에 서명을 거부하는 일이 발생한다. 윤귀택의 밀고를 신뢰하지 않았다는 것을 알 수 있다. 서명 거부에 동참한 간관 9명은 이듬해 3월 김종연에 편당한 혐의로 유배당했다.

그런데 공양왕이 한양 체류를 계속 고집하기는 힘들었다. 이성계가 수상까지 차지한 마당에 더이상 버티어봐야 실익이 없었기 때문이다. 때에 맞춰 개경으로 환도하라는 상소가 올라오니 공양왕은 이를 도당에서 논의하라고 하였다. 개경 환도를 순순히 받아들이겠다는 뜻이었다.

1391년(공양왕 3) 1월에는 중대한 군통수권 개편이 있었다. 5군(전·후·좌·우·중군)을 3군(좌·우·중군)으로 축소하고 도총제부都總制府를 설치하여 서울과 지방의 모든 군사를 통솔하게 하였다. 여기에 이성계를 도총제사, 배극렴을 중군 총제사, 조준을 좌군 총제사, 정도전을 우군 총제사로 삼았다. 마침내 이성계가 군통수권을 확실하게 장악한 것이다. 이런 군통수권 개편에는 정도전의 힘이 작용했다고 하여 그에 대한 비난이 돌았다.

군통수권의 일익을 맡은 정도전이나 조준은 이성계의 최측근이니 그럴 만한데 배극렴이 여기에 든 것은 좀 의외이다. 그는 요동정벌 당시 이성계 휘하의 조전원수로 참전했다는 것 외에는 지금까지 이성계 측에 적극 가담한 흔적이 별로 보이지 않기 때문이다. 막중한 군통수권을 이성계 측근에서만 독차지하기에는 면목이 없어 그랬을 수도 있고, 아니면 배극렴을 새롭게 포섭하려는 의도였는지도 모른다.

새로운 통수권의 지휘부인 3군 총제부에서는 대대적인 군대 사열과 열병 행사도 진행했다. 새롭게 군통수권을 확인하기 위한 행사였을 것이다. 아울러 3군 총제부의 군사로 교대로 번을 나누어 궁성을 숙위케 했다. 이는 이성계가 군통수권을 차지했을 뿐만 아니라 개경과 궁궐까지 물리적으로 장악했음을 말해준다. 과거의 토지문서를 불살라 새로운 과전법도 완성했고, 일인지하 만인지상의 문하시중에도 올랐으며, 여기에 군통수권까지 차지했으니 이성계에게는 이제 왕좌만 남아 있다고 치면 지나친 판단일까? 하지만 그게 곧 손에 잡힐 것 같으면서도 쉽지 않았으니 그게 문제였다.

이성계가 3군 도총제사로서 군통수권을 장악한 10여 일 뒤에는 유배 중인 이인민·정희계·하윤·윤사덕·유염 등에 대해 편의대로 거주하라는 방면 조치가 내려졌다. 앞선 유배 해제 조치에서 제외된 자들을 추가로 방면한 것으로, 공양왕 모후의 생일을 명분으로 사면한 것이었다. 하지만 군통수권 장악에 대한 대가로 이성계 측에서 양보한 것이 아닌가 한다.

이로써 공양왕의 한양 이어를 계기로 지금까지 이성계 측에 저항했거나 호응하지 않아 유배되었던 대부분의 주요 인물들은 일괄 사면 해제되었다. 이는 권력투쟁을 원점에서 다시 시작해야 하는 형국을 보여주고 있지만 칼자루는 이제 이성계 측에서 더욱 강력하게 쥐고 있었다. 유배된 심덕부와 지용기는 일괄 사면에서 제외되었는데, 이 둘에 대해서는 뒤에 다시 언급할 부분이 있다.

이성계의 사퇴 요청

공양왕은 1391년(공양왕 3) 2월 개경 환도를 위해 한양을 출발하는데, 며칠 뒤에는 회암사檜嚴寺(경기 양주)에 들러 크게 불사를 베풀면서 승려 1천여 명에게 공양하였다. 공양왕이 손수 향로를 붙잡고 승당을 돌며 식사를 권했고 밤에는 왕비와 세자가 함께 철야하면서 예불을 올렸다. 다음 날은 공양왕의 생일로, 승려들에게 많은 선물을 내리고 축하를 받으며 불사를 계속했다.

공양왕이 개경으로 돌아온 것은 한양 출발 여드레 뒤였다. 한양 입어 때의 일정과 비교하면 좀 지체한 것이었다. 공양왕을 따르던 정도전이 화려한 불교 행사를 비판하며 말렸지만 듣지 않고 계속하면서 지체한 것이다. 호랑이굴로 다시 들어가는 심정이었을까. 이제 믿을 데는 부처 님밖에 없다고 생각했는지 모르겠다.

그리고 개경으로 환도한 공양왕은 아들 왕석王奭을 세자로 책봉하는 의식을 거행하고 이원굉李元紘의 딸로 세자비를 삼았다. 세자 책봉은 불안한 공양왕에게 왕위를 안심하게 하는 수단으로 생각했을 법하다. 이 덕에 세자의 장인 이원굉은 경원군慶源君에 책봉되는데, 이때 심덕 부를 청성군충의백靑城君 忠義伯으로 책봉한다. 이성계 제거 모의 사건 에 연루되어 유배되었던 그에게 작위가 내려졌다는 것은 복권이나 다 름없었다.

앞서 심덕부와 함께 사면에서 제외된 지용기는 또 다른 사건에 연루 되어 곤장을 맞고 다시 유배되었다. 지용기의 처가 쪽 종형제였던 왕익 부王益富란 자가 자신을 충선왕의 서증손이라고 떠들고 다니면서 왕익 부와 그 형제 자손 13명이 교수형에 처해졌던 일이 있었다. 그 왕익부 가 지용기의 보호를 받고 지냈는데 이게 화근이 된 것이다. 이에 대사 헌 김사형이 지용기를 죽여야 한다고 주장했지만 공양왕은 그를 비호 하여 공신의 녹권만 회수하였다.

사건은 여기서 그치지 않고 간관 진의귀陳義貴 등이 여러 차례 지용기 를 참형하라고 주장하는데 공양왕은 이를 반대하며 묵살하였다. 진의 귀는 물러서지 않고 지용기의 참형을 계속 요구하면서 공양왕은 결국 더이상 버티지 못하고 지용기를 참형 대신 곤장 1백 대에 유배 보낼 수밖에 없었다. 이는 그가 앞서 이성계 제거 모의 사건에도 연루되었지만 이성계 측의 눈 밖에 벗어났다는 사실이 더 중요하게 작용한 것으로 보인다.

그런데 지용기가 유배당한 지 열흘도 못 되어 공양왕은 간관 진의귀를 비롯한 9명을 외방으로 축출해버린다. 이성계 측에 가담하여 자신의 의지를 꺾으려는 자들을 방관하지 않은 것이다. 지금까지 수없이 제기되었던 이성계 측 대간들의 탄핵 상소를 경험하면서 공양왕도 더이상 물러서지 않겠다는 의지를 드러낸 것이었다. 이는 이성계를 다시 자극하는 행동이었다.

진의귀 등을 축출하고 다시 열흘 후인 1391년(공양왕 3) 3월 중순경, 이성계는 공양왕에게 사직하겠다는 글을 올린 후 평주(황해도 평산)의 온천으로 떠나버린다. 이는 진의귀를 비롯한 간관 9명을 축출한 것에 대한 즉각적인 반발로 보인다. 그런데 그 사직의 이유가 지금까지와는 달리 단순한 병이 아니라 사설이 좀 길고 심상치 않았다.

이성계는 사직하는 글의 서두에서 한 고조高祖와 후한 광무제光武帝를 비교하면서 공신을 우대한 광무제를 본받아야 한다고 했다. 이어서 선친 이자춘으로부터 자신에 이르기까지 과분한 대우를 받았지만 보필이 부족했다고 하면서, 사직의 이유로 자신을 향한 세상의 비난 세 가지를 댔다.

첫째는 위화도 회군으로 종묘사직을 안정시켰는데 병권을 천단했다고 비난한다는 것이고, 둘째는 창왕 폐위는 종묘사직을 바로잡은 것인데 집권을 위해 그랬다고 비난한다는 것이며, 셋째는 도총제사로서 군사를 거느린 것은 왜구를 무찌르기 위함인데 군수를 소모했다고 비난하니, 이를 변명하기 어렵다는 것이었다. 그러면서 향리로 돌아가 여생을 편히 보전하는 것이 소원이라고 하였다. 사직 요청은 이게 처음이 아니지만 뭔가 좀 이상했다.

우선, 이성계가 문하시중을 사직하는 이유로 거론한 자신을 향한 세상의 비난 세 가지를 주목할 필요가 있다. 세 가지는 위화도 회군, 창왕 폐위, 군통수권 장악으로서 이성계의 야심이 점차 드러났던 사건이다. 그 야심은 말할 필요도 없이 왕위에 오르는 것이었으니 이를 세상 사람들이 비난한다는 것은 그 야심을 알아차렸다는 뜻이다. 또한 비난이 있었다는 것은 이에 대한 저항 세력이 있었다는 것으로, 이성계 제거 모의 사건은 그런 정황을 보여준 사건이었다.

그럼 이성계는 왜 사직을 원했을까? 단순하게 생각하자면 세 가지 비난이 억울하니 문하시중을 사직함으로써 누명을 벗겠다는 뜻일 것이다. 하지만 이성계가 문하시중을 사직한다고 해도 그 야심을 버리지 않는 한 비난은 사라지지 않을 것이다. 세상의 비난은 세 가지에 있는 것이 아니라 이성계의 야심에 있었기 때문이다. 이성계는 그 야심이 세상에 드러난 게 꺼려져 이를 감추기 위해 세 가지에 대한 비난을 거론하면서 사직을 요청한 것이었다.

이성계가 문하시중을 사직하겠다고 해서 공양왕이 이를 수용할 수 없다는 것을 이성계는 잘 알고 있었다. 공양왕이 이를 수용할 바보도 아니었다. 그럴수록 이성계는 문하시중 사직을 강력하게 요청하여 결백을 증명할 수 있다고 생각한 것이다. 이성계의 야심은 이 무렵 공양왕도 감지했을 테고 세상 사람들도 의혹의 눈길을 보내고 있는데 말이다. 사직을 요청한 지 바로 이틀 후 공양왕은 직책을 보존하라는 위로의 글을 보내고 이성계는 문하시중 그대로였다.

그런데 다시 이성계를 문하시중으로 삼으면서 새롭게 대간의 관리네 명이 임명된다. 이성계는 이들이 자신에게 적극 호응하는 인물이 아니라고 판단해서 그랬는지 이후에도 평산의 온천에서 바로 귀경하지 않고 버티었다. 이에 공양왕은 재차 사람을 보내 술을 하사하면서 아울러 대사헌을 김사형에서 김주로 교체한다. 김주는 이숭인과 함께 명에 사신으로 다녀온 적이 있는 인물인데, 이때 허응 등 대간의 관리 다섯이 또다시 새롭게 임명된다. 허응은 전제개혁 반대론자들을 비판하며 원칙대로 실행해야 한다고 주장한 인물이다.

김주를 대사헌으로 발탁하고 허응 등 다시 새로운 대간의 관리를 임명한 것은 이성계를 무마하기 위한 것으로 보인다. 그래서 이성계의 사직 요청은 공양왕으로부터 뭔가를 양보받기 위한 수단이었다는 것을 알 수 있고, 이후에도 이런 수법을 자주 동원하면서 그 정도가 갈수록 심해졌다. 이성계가 사직을 요청할 때마다 공양왕은 이성계의 눈치를 살피면서 그 의도를 헤아리려고 무던히도 애를 태웠을 것이다. 그러면서 공양왕은 이성계에게 조금씩 길들여졌으리라.

이후에도 공양왕과 이성계 양측의 알력과 버티기 속에서 대간의 관리들은 빈번하게 퇴출되고 임명되기를 반복한다. 이성계 측에 호응하는 대간은 공양왕이 축출하면서 견제하고, 공양왕 측에 호응하는 대간은 이성계 측에서 축출하는 일이 빈번하게 일어난다. 권력투쟁 과정에서 상대를 공격하고 방어하는 전위대로서 대간의 기능은 그 효용가치가 컸던 것이다.

앞에서, 공양왕의 한양 천도가 이성계를 향한 압박으로써 공양왕의 요구를 관철하기 위한 일종의 버티기로 보았다. 이번 이성계의 사직은 그 반대로 공양왕을 향한 압박으로써 이성계의 요구를 관철하기 위한 버티기로 볼 수 있다. 그러면서 이성계는 아무런 야심도 없는 척하면서 역설적으로 점차 그 야심을 드러내고 있었다.

책명을 받지 못한 공양왕

이성계가 사직 요청을 반복하면서 공양왕은 위축되었다. 여기에 공양왕을 위축시키는 일이 하나 더해진다. 1391년(공양왕 3) 4월, 주원장이 사신을 보내왔는데, 말 1만 필 교역과 환관 2백 명을 요구하는 것이었다. 그동안 고려에서 정기적인 사행은 계속해왔지만 말을 교역하겠다는 요구는 공양왕이 즉위한 후 이게 처음이었다.

문제는 말의 교역이 아니라 엉뚱한 데 있었다. 말의 교역을 요구하면서 주원장이 보내온 글에 공양왕을 '권서국사 왕요權署國事 王瑤'라고 지칭했던 것이다. 명에서 고려 국왕의 이름을 적시하는 경우는 예전에도 있어왔지만 문제는 '권서국사權署國事'라는 직함이다. 이즈음《명태조실록》에도 공양왕을 '고려권국사 왕요高麗權國事 王瑤'라고 표현하는데, 모두 '임시 국정 담당자'라는 의미이다. 명에서는 공양왕을 정식 국왕으로 보지 않았다는 뜻이다.

명에서 공양왕을 그렇게 본 이유는 책명, 즉 왕위 승인을 받지 못했기 때문이다. 이는 우왕도 책명을 받기 전에는 그렇게 불렸으니 이상할

게 없다. 하지만 중요한 사실은 공양왕이 왜 이제까지 명의 책명을 받지 못했을까 하는 점이다. 이성계 측에서 폐가입진을 내세워 왕씨의 국왕으로 새롭게 추대했는데도 말이다.

공양왕이 즉위한 직후 이를 알리기 위해 조반이 명의 사신으로 들어갔다는 얘기를 앞서 언급했었다. 공양왕에 대한 왕위 승인을 받기 위해서는 이때 책명을 요청하는 표문을 가지고 가야 정상이다. 하지만 조반에게 책명을 요청하는 표문은 없었고 우왕 부자는 이성異姓이어서 새로 왕씨의 공양왕을 세웠으니 친조를 원한다는 내용만 있었다. 그리고 조반은 환국하여 엉뚱하게 윤이·이초 사건을 폭로하면서 파란만 일으켰던 것이다.

이후에도 고려에서는 매년 정기적인 사절단을 명에 파견하지만 정식으로 공양왕에 대한 책명을 요청하는 표문을 보낸 적이 없었다. 또한 명에서도 공양왕의 왕위 계승에 대해 옳다든가 혹은 그르다든가 어느 쪽으로도 거론하지 않았다. 명에서도 공양왕의 왕위 계승에 대해 특별한 관심이 없었던 탓이 아니었을까 한다.

말하고자 하는 바는, 고려에서는 공양왕의 왕위 승인 문제에 대해 매우 소극적이었거나 심지어는 부정적이었다는 뜻이다. 공양왕을 추대한 이성계 측에서는 누구보다도 그 문제에 적극적으로 나서야 했을 것이다. 이 문제에 나서지 않았던 이유는 생각할 것도 없이 이성계 측에서 이를 외면한 탓으로 뭔가 의도한 바가 있었다고 할 수 있다. 앞선 이인임 정권에서 우왕에 대한 왕위 승인을 받기 위해 사대부들을 앞세워 수년간 외교적으로 매달렸다는 사실과 비교하면 의심을 거둘 수 없다.

그래서 명에 사신으로 들어갔던 정도전을 다시 살펴볼 필요가 있다.

정도전은 1390년(공양왕 2) 6월 성절사로 파견되었었다. 윤이·이초 사건에 대한 보고도 겸하고 있었는데 그때 파견된 정도전도 공양왕에 대한 왕위 승인 요청을 하지 않았고 친조만 요청했다. 친조는 창왕 때부터 주원장이 여러 차례 거부했는데도 친조만 계속 요청한 것이다. 정도전이 환국한 후에도 당연히 왕위 승인에 대한 아무런 언급이 없었고 윤이·이초가 무고로 인해 명에서 유배 조치되었다는 사실만 보고했었다.

이성계 측에서 왕위의 정통성을 바로잡는다는 명분으로 새롭게 추대했던 공양왕이 이제껏 책명을 받지 못했다는 것은 역설적이다. 폐가입진이라는 명분이 허명에 불과했다는 얘기다. 이성계 측의 이러한 대명외교는 공양왕을 임시 국왕으로 방치하고 언젠가 퇴위를 이끌어내기위한 사전 포석인 것으로 보인다. 그러면 이성계 측에 저항하는 쪽에서는 왜 공양왕의 왕위 승인 문제에 적극 나서지 않았는지 궁금해진다. 창왕의 왕위 승인과 친조를 요청하기 위해 직접 나섰던 이색의 행동을 감안하면 더욱 그렇다. 이는 이성계에 저항하는 세력들이 파면이나 유배 등 탄압을 받는 속에서 그럴 여유를 갖지 못한 때문이 아닌가 한다.

그런데 공양왕이 '권서국사 왕요'라는 주원장의 글을 받은 것은 즉위한 이후 그게 처음이었다. 공양왕으로서는 자신이 임시 국왕이라는 사실을 새삼 인식했을 것이다. 이게 좀 충격이었던 모양이다. 주원장의 자문을 받은 바로 다음 날 공양왕은 교서를 내려 국정에 대한 여러 조언을 구한다는 성명을 발표했다.

공양왕은 이 교서에서 여덟 가지 사항을 열거하여 자신을 성찰하는 모습을 보이는데, 그 첫 부분에서 '덕이 부족하여 황제의 신뢰를 받지 못한 것인가?'라고 반문하고 있다. 이와 함께 자신의 과오나 시정의 득실을 바로 알려주면 상을 내릴 것이고, 적절치 않더라도 결코 벌을 내리지 않겠다고 구언 교서를 내렸다. 공양왕은 스스로 자세를 낮추면서 위축된 모습을 그대로 보여주고 있었다. 이런 의기소침한 태도는 공양왕을 '권서국사 왕요'라고 지칭한 주원장의 글과 무관치 않다고 보인다.

공양왕의 구언 교서가 나오면서 그에 부응하여 국정을 비판하는 상소가 다시 빗발친다. 이성계 일파는 이를 호기로 삼아 공양왕을 직접 압박하고 공격을 감행하는데, 그중 하나가 공양왕의 불교 행사를 비판하는 것이었다.

연복사 중창과 척불 논쟁

1390년(공양왕 2) 2월 공양왕이 조계종 승려 찬영粲英을 왕사王師로 삼으려 하자 성석린과 윤소종은 상소를 올려 이를 강력히 비판했다. 임금과 아버지를 섬기지 않는 자를 스승으로 삼지 말고 요순과 공맹의 도를 높여야 한다는 것이었다. 공양왕은 마지못해 이를 수용하여 도성에 들어오려던 찬영은 입궐도 못하고 돌아가고 말았다.

공양왕이 왕사로 삼으려 했던 찬영은 공민왕의 왕사였던 보우普愚의 제자였는데, 보우는 공민왕 측근에서 기철 일당을 제거하는 데 일조했던 승려였다. 성석린이나 윤소종은 그런 보우의 제자인 찬영을 위험시했는지도 모른다. 아울러 고려 전통의 왕사제도를 부정하려는 의도도 작용했을 것이다. 이때 정몽주도 불씨의 가르침을 따르는 것은 정도가 아니라고 비판하였다. 정몽주의 이런 비판은 성리학에 입각한 불교 비판으로 성석린이나 윤소종의 비판과는 그 맥락이 조금 달랐다.

고려왕조는 불교국가로서 국왕의 불교 신앙이나 행사는 어쩌면 당연한 것이었다. 공민왕은 불교를 혹신하고 불사도 많았지만 큰 탈 없이 넘어갔고, 신돈의 집권이나 노국공주와 관련된 불사에 비판이 좀 있었지만 일회적인 것으로 역시 큰 문제가 아니었다. 이어진 우왕 때는 불교 비판이 거의 없었다.

그런데 공양왕 대에 들어와 불교 비판이 집중되고 있었다. 그 계기는 연복사演福寺의 개축이었다. 1390년(공양왕 2) 7월 공양왕은 연복사를 개축하여 새로운 불탑과 부도를 조성하기 위해 주변의 민가 30여 호를 철거하고 우마를 동원하여 수목과 석축을 날랐다. 이는 개축 정도가 아니라 대대적인 중창으로 보인다. 이때 윤이·이초 사건이 터져 관련자에 대한 처벌 논의가 진행 중에 있었고, 또한 공양왕이 한양 천도를 천명하면서 반대에 부딪히고 있었다.

이러한 정치적 사건과 공양왕의 연복사 중창 문제가 어떤 관련이 있는지 잘 드러나지 않지만, 연복사가 보제사普濟寺를 개명한 사찰이었다는 사실은 주목할 필요가 있다. 보제사는 태조 왕건 때 창건된 유서 깊은 선종 사찰로서 공민왕과 왕비 노국공주의 진전眞殿 사원이었다. 진전 사원은 국왕과 왕비의 초상화를 모신 사원이니 연복사는 바로 공민왕과 인연이 깊은 왕실 사원이었던 것이다.

공양왕이 그러한 연복사를 중창한다는 것은 불교에 의탁하여 왕실의 안정을 도모해보려는 의지로 보인다. 아울러 공민왕의 왕통을 이어받아 허약한 자신의 왕권을 다시 세워보겠다는 생각이었을 것이다. 이에 윤회종과 강회백 등이 연복사의 불사를 비판하면서 한양 천도도 아울러 비판하였다. 그러니까 공양왕의 의지에 따른 한양 천도와 연복사 중창은 동시에 진행되고 있었던 것이다. 이게 좀 눈길을 끈다. 아마 공양왕은 왕실 사원인 연복사를 대대적으로 중창하면서, 이와 함께 한양으로 천도하여 새로운 출발을 다짐하려는 의지였던 것 같다.

공양왕은 여러 반대에도 불구하고 한양 천도와 연복사 중창을 동시에 밀어붙였다. 한양 천도는 5개월 후에 개경으로 환도함으로써 잠시 이어한 것으로 끝났지만 연복사 중창 사업은 끈질긴 반대에도 계속 진행했다. 그러다가 중창 사업이 거센 비판을 받는 계기는 앞서 언급했던 1391년(공양왕 3) 4월 공양왕이 직언을 구하는 교서를 내린 후였다. 이 구언 교서가 연복사 중창 사업에 대한 비난을 다시 촉발시킨 것이다.

비판의 첫 번째 주자는 성균관의 장관인 대사성 김자수였다. 김자수는 이인임 정권에 저항하다 유배당했던 인물로 맨 앞 장에서 언급했었다. 김자수는 그해 5월 상소를 올려 연복사 중창에 대해 대규모 토목 사업으로써 백성들을 괴롭히는 일이고, 불사로써 나라를 일으킬 수 없으며, 태조 왕건도 불사를 남발하지 말라는 유훈을 남겼다며 비판하였다. 여기에 황당한 무격巫覡과 음사淫祀가 횡행한다며 이를 엄금할 것도 요청했다.

김자수의 상소는 여기서 그치지 않는다. 황제의 책명도 아직 받지 못한 상태에서 세자 책봉을 먼저 했다고 비판하기도 했고, 간언을 막기 위해 대간을 축출하는 경우를 비판하며 이들을 다시 등용하라는 요청도 했다. 김자수의 이런 비판 상소는 공양왕을 압박하는 것으로 이성계 측의 환영을 받을 만한 일이었을 것이다.

김자수의 뒤를 이어 같은 해 5월 성균관 박사로 있던 김초金貂가 또 상소를 올리는데, 그는 상소에서 온통 불교 비판에만 할애했다. 김초는 여러 가지 국정의 잘못을 거론하면서 이 모든 잘못은 국왕이 괴이怪異한 것을 좋아하기 때문이고, 괴이한 것이 바로 석씨釋氏(석가모니)라며 불교를 비판하였다. 그는 심지어 출가한 자들을 본업으로 돌려보내고, 5교 양종을 타파하여 군사로 보충하며, 개경과 지방의 사원은 모두 관청에 소속시키라고 주장하였다. 이는 불교 자체를 인정하지 않겠다는 매우 과격한 주장이었다.

김초의 상소에서 주목할 점은 연복사의 중창만 비판한 것이 아니라 아예 불교 자체를 부정했다는 사실이다. 김초의 과격한 상소가 올라온 이후 연복사 중창 문제는 척불 논쟁으로 비화한다. 이성계 측에 가담한 사대부들은 불교를 비판하고 배척하는 데 한목소리를 냈지만 정몽주처럼 반대 측에서도 불교를 비판하는 경우가 있었다. 불교 비판에 대한 사상 논쟁의 구체적인 전개 과정은 생략하겠지만, 이 척불 논쟁이 공양왕 대에 집중적으로 일어났다는 사실은 그냥 지나칠 수 없다.

불교 비판은 조선왕조 개창 과정에서 전제개혁과 함께 중요한 의제였다. 고려왕조는 불교를 국교로 숭상하여 역대 국왕의 불교 신앙은 매우 자연스런 일이었고, 지배층이나 피지배층 할 것 없이 일상생활도 불교와 밀착되어 모든 인민이 불교 신자와 같았다. 그래서 이를 비판한다는 것은 국교를 비판하는 것으로 고려의 전통문화와 관습을 부정하는 것이었다. 불교 비판은 고려왕조의 사상적 기반을 해체하여 새로운 왕조 개창으로 가기 위한 작업이었을 것이다.

그런데 공양왕 대의 불교 비판에서 정작 놓칠 수 없는 사실은 매우 정략적인 이유로 공양왕 개인에게 집중되었다는 점이다. 이는 불교를 숭상하고 이에 의지하려는 공양왕의 종교 활동을 탄압하여 양위를 손쉽게 이끌어내려는 수단이었다고 본다. 적대 세력으로 둘러싸인 공양왕에게 불교는 마지막 안식처이자 피난처였을 테니까 이를 허용하지 않겠다는 것이었다.

공양왕을 협박한 정도전

불교를 부정하는 김초의 상소가 나온 직후 간관들도 연명으로 상소를 올렸다. 이 상소에서는 연복사의 불사도 비판하고 있지만 여러 현안 문제에 대한 시정 요구가 있었는데 이런 것도 있었다. 공양왕이 한양에서 개경으로 환도할 때 왕비와 세자는 함께 오면서 모후를 뒤에 오도록 하여 불효했다는 것까지 비판한 것이다. 공양왕을 압박하려는 의도가 너무나 뻔히 보이는 상소였다.

이때 정당문학(종2품)으로 있던 정도전도 장문의 상소를 올린다. 정도전 역시 이 상소에서 공양왕의 불교 신앙을 비판하지만 핵심은 그게 아니었다. 장문의 상소에서 정도전이 주장하는 요지는, 김저 사건이나 윤이·이초 사건, 김종연 사건 등에 연루된 자들에 대해 사면 방면한 것을 비판하는 것이었다. 이는 공양왕이 한양 이어를 전후하여 지난 의혹 사건에 연루된 자들을 일괄 사면한 사실을 두고 한 비판이었다.

또한 정도전은 바른 주장을 펼치려다 쫓겨난 대간들을 언급하며 이들이야말로 다른 사람의 비난을 두려워하지 않는 정사正士라고 주장하였다. 이는 이성계 측의 대간으로 활약하며 탄핵 상소를 도맡았던 윤소종·조인옥·이행 등을 비롯하여 그 이후 쫓겨난 신참 대간들을 가리킨 것이었다. 상소의 마지막 부분에서 정도전은 자신도 여러 사람의 원망 속에서 화를 당할지 모르겠지만 바른말을 결코 숨기지 않겠다는 각오를 밝히고 스스로 사직을 요청했다.

그런데 정도전의 상소에서 눈여겨봐야 할 대목은 따로 있었다. 정도전은 상소에서 상당히 많은 부분을 할애하여 당나라 측천무후則天武后 시대의 역사를 길게 설명하는데 그 의도가 심상치 않았다. 정도전이 강조한 측천무후와 그 아들 중종中宗의 관계를 상소에서 언급한 내용대로 따라가보자.

정도전은 우선, 측천무후가 당 고종高宗의 황후로서 아들 중종의 제위를 빼앗았는데 이에 오왕五王이 의거를 통해 측천무후를 물리치고 다시 중종을 세웠다는 사실을 거론했다. 오왕은 중종을 복위시킨 다섯 공신을 말한다. 이 사건을 두고 정도전은 '오왕이 대의로써 결단하여 측천무후를 단죄하고 그 친족을 멸해야 하는데 그러지 못했다'는 역사가의 말을 인용하고 있다. 그러면서 정도전은 창왕을 세우고 다시 우왕을 옹립하려 했던 자들을 축출했다가 다시 불러들인 공양왕의 조치를 비난하였다.

정도전이 측천무후의 역사를 거론한 진짜 의도는 다음에 나타난다. 정도전은 측천무후의 조카로 권세를 누렸던 무삼사武三思를 거론하는데, 그는 중종이 복위한 후 어머니의 친조카인 관계로 죽임을 당하지 않고 후한 대접을 받았다고 하면서 중종과 무삼사의 관계를 장황하게 설명하고 있다. 중종은 그 무삼사와 친근해지면서 자신을 옹립한 오왕과는 멀어지고, 믿었던 무삼사에 의해 마침내 오왕이 주살되었으며 결국에는 중종 또한 시해당했다고 하였다.

정도전이 측천무후의 역사를 거론하여 말하고자 하는 것은 바로 이 부분이라 보인다. 그다음에 이어지는 내용이 이를 말해준다. 정도전은, 자신이 오왕처럼 죽음을 당하더라도 두려울 것이 없지만, 무삼사가 중종을 시해하는 것 같은 일이 벌어진다면 왕씨의 고려왕조를 위해 애석한 일이라고 언급한 것이다. 여기서 그치지 않는다. 만약 그런 일이 없을 것이라고 말하는 자가 있다면 이는 거짓이라고 하면서, 당의 중종처럼 뒷세상의 비웃음을 살까 염려된다고 하였다.

정도전은 공양왕을 당의 중종에, 공양왕을 추대한 자신이나 이성계 등을 오왕에, 그리고 우왕과 창왕을 옹립한 자들을 무삼사에 비유하고 있었다. 그러면서 강조한 것은 그 무삼사가 오왕을 주살하고 결국 중종까지 시해했다는 사실이었다. 이게 뭐란 말인가? 정도전은 그 많고 많은 중국의 역사적 사건에서 왜 하필 황제 시해 사건을 거론했을까? 말인즉슨 공양왕을 추대한 이성계 일파가 죽임을 당하고, 나아가 공양왕마저 시해당할 수도 있다는 얘기 아닌가. 이건 공양왕에 대한 압박을 넘어 협박과 다름없었다.

지금 공양왕 시대의 정국을 정확히 말하자면 공양왕을 시해할 위치에 있는 자들은 무삼사에 비유된 자들이 아니었다. 정도전이 그 무삼사에 비유한 자들은 바로 이색·우현보·우인열·왕안덕·심덕부 등으로 지금까지 공양왕의 비호를 받은 자들이라 여겨지는데, 이들에게는 공양왕을 시해할 이유도 없었고 그럴 힘도 없었다. 그럼에도 측천무후 시대의 사실을 거론하여 시해 사건을 언급한 것은 공양왕에게 두려움을 조장하기 위한 막연하고 근거도 없는 협박이라고 할 수밖에 없다.

공양왕은 이런 민감한 상소를 받고 불쾌감을 감추지 않았지만 정도전의 사직은 허락하지 않았다. 어떤 말도 벌하지 않겠다는 공양왕 자신의 구언 교서에 따른 상소였으니 내치기도 어려웠을 테지만 이성계의 최측근인 그의 위상을 감안했을 것이다. 하지만 무삼사에 비유된 이색이나 우현보 등은 정도전을 결코 좋아할 수가 없게 되었다. 특히 우현보는 그의 손자 우성범이 공양왕의 사위가 됨으로써 무삼사에 가장 정확하게 비유되었으니 더욱 그랬다.

그런데 정도전의 상소에 대해 이런 생각도 든다. 공양왕의 버티기가 계속되면서 이성계 일파에게는 마음먹은 대로 일이 진척되지 않은 탓에 초조함이나 다급함이 작용하지 않았을까 하는 생각이다. 정도전이 거침없는 내용의 상소를 올렸지만 이성계 측에서도 결코 느긋한 상황은 아니었다는 뜻이다. 아무튼 이성계 측의 핵심 참모인 정도전이 이성계 측의 선봉으로 전면에 나섰다는 사실을 주목할 필요가 있다.

역사적 확신범, 정도전

정도전이 상소를 올린 직후 밀직부사 남은이 또 상소를 올린다. 역시 공양왕의 구언 교서에 따른 상소로 모두 1391년(공양왕 3) 5월에 집중되고 있었다. 남은의 상소는 앞서 정도전의 상소에서 주장했던, 지난사건에 연루되어 유배당했다가 사면된 자들의 처벌을 다시 강조하는 것이었다. 상소는 이것이 끝이 아니었다. 이조판서 정총鄭摠이 계속해서 또 상소를 올리는데 요지는 정도전이나 남은의 상소와 대동소이했다.

남은과 정총의 상소에 힘을 받았다고 생각했는지 정도전은 도당에 글을 올려 이색과 우현보의 처형을 다시 주장했다. 두 사람을 꼭 집어 극형인 처형을 주장했다는 사실이 중요하다. 이색과 우현보, 이 두 사람을 죽이지 않고서는 자신들의 목적 달성이 어렵다고 본 것이다.

정도전이 이색과 우현보의 처형을 주장하며 도당에 올린 글은 매우 특별했다. 장문의 글로 중국 역사의 사례까지 들며 구구절절 두 사람의 죄를 현란하게 나열하였는데, 이색은 조민수와 함께 창왕을 세워 왕씨를 단절했다는 죄였고, 우현보는 폐위된 우왕을 다시 옹립하여 역시 왕씨를 끊으려 했다는 죄였다. 게다가 두 사람은 유학자로서 의리를 저버리고 사설邪說을 주창했으니 난적亂賊과 다름없다고 하였다. 그래서 극형인 처형이 마땅하다는 것이었다. 매우 가혹한 논죄로서 정도전 자신도 이 점을 의식했는지 너무 나간 것에 대한 변명도 덧붙이고 있었다.

정도전의 그 글을 읽고 있노라면 이색과 우현보를 반드시 죽여야 한다는 확신으로 가득 차 있는 것으로 보인다. 그러나 그의 글에서 글귀 하나하나는 옳은 말처럼 보이지만 후대의 역사가로서 봤을 때 자가당착도 이만저만이 아니었다. 그렇게 왕씨 왕조의 정통성을 중요시했던 자가 이성계에 대해서는 어떻게 왕으로 추대할 생각을 했는지 말이다. 이 시점에서 불과 1년여 뒤에는 이성계가 왕씨를 단절하고 바로 왕위에 오르는데 정도전의 머릿속에는 이게 아무 문제가 아니었던 것이다. 쉽게 말해서 정도전은 왕씨가 아닌 자를 옹립하려 했던 이색과 우현보에 대해 처형하라고 주장해놓고 자신도 그와 똑같은 죄를 감행하려는 것이었다. 어떻게 이런 판단이나 실천이 가능했을까?

정도전은 이색이나 우현보가 우왕이나 창왕을 추대하여 왕씨의 왕조를 끊으려 했던 것하고, 자신이 이성계를 추대하여 왕씨를 끊으려 했던 것하고는 전혀 다른 차원의 문제로 판단하고 있었다. 우왕이나 창왕이 왕위에 오르는 것은 찬탈이기 때문에 이를 도모한 자는 극형이 마땅하지만, 이성계가 왕위에 오르는 것은 찬탈이 아니라고 확신한 것이다. 찬탈이 아니려면 이성계는 선양禪讓이나 양위를 받는 수밖에 없다. 하지만 그게 찬탈인지 선양인지는 정도전 자신이 판단할 문제도 아니고 그가 판단해서도 안 된다. 그런데도 정도전은 선양만을 머릿속에 두고 모든 일을 판단하고 행동하고 있으니 그는 역사적 확신범이라 할 수 있다. 새 왕조 개창을 위해서는 정도전과 같은 역사적 확신범 하나쯤 필요했으리라.

이색과 우현보를 처형해야 한다는 정도전의 강력한 주장은 도당에서 먹혀들지 않았다. 정도전이 이 두 사람만 콕 집어 극형을 주장한 것은 이들의 영향력이나 정치적 비중이 적지 않다고 보았기 때문이다. 이색은 유종으로서 그의 위상에 대해서는 앞에서 언급했지만 우현보도 그 정치적 비중이 결코 가볍지 않았다.

우현보는 단양(충북) 출신으로 공민왕 때 과거에 급제하여 관직에 나왔으며, 이인임 정권에서 대사헌을 맡은 적이 있었고, 또한 전제개혁을 반대했던 인물로 앞에서 여러 차례 언급했다. 그는 이때 60대 후반으로 나이로 보나 관직 경력으로 보나 원로대신이라 할 수 있었다. 또한 그의 다섯 아들도 우왕 때 모두 과거를 통해 관직에 나온 고려 말 대표적인 문반가문이었다. 여기에 첫째 아들 우홍득禹洪得은 사헌부 차관격인 집의執義로 있었으며, 둘째 우홍수는 공양왕의 딸을 며느리로 들이기도 했다. 이런 인척관계로 보더라도 우현보는 이색보다 더 공양왕의 비호를 받을 만했고 그럴수록 이성계 측에서는 더욱 적대 세력으로 간주했을 것이다. 게다가 정도전이 자신의 외가와 우현보 가문과의 악연까지 감안했다면 충분히 그럴 만했다.

공양왕은 사면초가의 상소로 다시 수세에 몰리고 있었다. 이색과 우현보에 대한 극형 주장이 통과되지 못했지만 안심할 수 없었다. 이를 회피하려는 의도였는지 공양왕은 연복사 중창 사업을 중단시켰다. 하지만 다음에 재개하는 것으로 보아 일단 소나기는 피하고 보자는 의도였을 것이다. 연복사 중창 사업을 중단시킨 동안에도 척불 논쟁은 계속된다.

그런 중에도 사헌부에서는 이색·우현보 등의 치죄를 끈질기게 요구하자 공양왕은 더이상 버티지 못하고 1391년(공양왕 3) 6월 13일 이색을 함창에, 그 아들 이종학과 처형당한 변안열의 심복으로 알려진 이을진 등을 파면하여 원지로 유배 보냈다. 그런 와중에도 불교 비판은 끊이지 않는데, 이에 대한 반대 주장도 나오면서 반박과 재반박이 이어지고 불교 비판에 반대하는 자들을 탄핵하라는 상소까지 연달아 올라온다. 그러면서 연복사 중창 사업을 속개했다.

그런데 문제는 이색 등이 다시 유배되었는데 우현보가 제외되었다는 점이다. 이에 대간에서 상소를 올려 우현보는 이색과 죄가 같으니 그 역시 유배 보내라고 주장하였다. 상소가 세 번이나 올라갔으나 공양왕은 상소문을 방치해버렸다. 이때 공양왕은 국왕 비서관으로 있던 이방원을 이성계에게 보내 대간의 상소를 그만두게 하라고 요청한다. 하지만 대간에서는 여기서 멈추지 않고 공양왕을 직접 면대하여 우현보의 치죄를 끝까지 주장했다.

대간의 주장은 이랬다. 이색은 조민수와 함께 창왕을 옹립한 죄였고, 우현보는 우왕을 다시 옹립하려 했으니, 위주僞主를 세우려 했던 두 사람은 그 죄가 동일하다는 것이었다. 그래서 똑같이 벌을 받아야 한다는 것으로 우현보가 김저 사건에 연루되었다는 사실을 다시 주장한 것이다. 여기에 우현보는 윤이·이초 사건의 배후자라는 사실도 상기시켰다. 대간에서는 우현보의 아들 우홍득이 사헌부의 관리라서 아버지를 면죄한 것이라는 비난까지 동원했다.

공양왕이 우현보의 치죄에 부정적이자 이성계는 또 사직을 요청한다. 공양왕은 당연히 이를 불허하지만 이성계는 수상의 직임이 중대하여 감내하기 어렵다며 집에서 나오지 않았다. 속이 뻔히 보이는 행동이었지만 어쩔 수 없이 공양왕은 결국 우현보를 철원으로 유배 보냈는데 이색이 유배되고 보름 뒤였다.

공양왕은 우현보를 유배 보내면서 이런 말을 전했다. "지금 유사에서 경의 죄를 강조하니 편안히 거처할 곳으로 잠시 돌아가 있는 게 좋겠소." 우현보의 죄가 명백하지 않지만 대세를 따르는 게 좋겠다는 우호적인 언질이었고 다음에 다시 부르겠다는 약속이었다. 이성계 일파에게 힘에서 밀리고 있는 공양왕의 처지를 그대로 보여주고 있는데, 그런 와중에도 공양왕은 버티기를 포기하지 않고 있었다.

다급해진 정도전

우현보가 철원으로 유배된 후에도 이성계는 수상에 복귀하지 않았다.

더 많은 것을 양보받기 위한 것일 수도 있고 이 기회에 공양왕을 제압하려는 의도도 작용했을 것이다. 1391년(공양왕 3) 6월 30일 공양왕은 다시 이성계에게 사람을 보내 등청을 요청하는데, 이성계는 사직의 이유로 두 가지를 거론했다.

하나는 위화도 회군 이후 세상 사람들의 시기를 받았다는 점과, 또 하나는 대간에서 윤이·이초 사건의 배후자를 탄핵하라는 상소에 대해 자신이 사주한 것처럼 공양왕이 간주한다는 점이었다. 전자는 앞서의 사직 이유에서도 거론된 문제이지만 후자는 새로운 사항으로, 앞서 공양왕이 이방원을 시켜 대간의 탄핵 상소를 그만두게 하라는 요구를 두고 한 말이었다.

지금까지 수없이 반복되었던 대간의 탄핵 상소가 이성계의 사주에 의한 것인지, 아니면 대간들이 자진해서 나선 것인지를 정확히 판별하는 것은 쉬운 일이 아니다. 하지만 공양왕의 처지에서는 이성계가 사주한 것으로 볼 수밖에 없었다. 이방원을 보내 탄핵 중단을 요청한 것은 이를 말해준다. 하지만 이성계는 이를 꼬투리 잡아 공양왕을 계속 압박한 것이다.

문제는 사주했느냐 안 했느냐가 아니었다. 이성계는 모든 탄핵 상소를 배후에서 사주한 인물로 간주되었고, 공양왕은 이제 이성계에게 매달리는 형세가 되었다는 점이다. 그리고 이런 사실을 두 사람만 인식하고 있는 것이 아니라 세상 사람들 대부분이 알고 있었고, 이는 이성계의 야심과 관련되어 있으니 이성계에게는 이게 부담스런 일이 아닐 수 없었다.

이성계가 이방원을 보내 사직 이유를 밝히자 공양왕은 다시 이방원에게 이런 내용을 전했다. 이 부분은 중요하니 관찬사서 기록을 인용해 보겠다.

시중(이성계)이 사직을 요청하는 글에서 진술한 바는 모두 나의 생각과는 거리가 멀다. 내가 무능한 사람으로 왕위에 있는 것은 시중이 추대한 때문으로 시중을 바라보기를 아비와 같이 하거늘 시중은 어찌 나를 저버리는가? 창왕을 세우고 우왕을 맞이하려 했던 윤이·이초의 공모자들은 이미 의논하여 정상이 명백하지 않아 특사토록 하였고 시중 또한 그렇게 여겼다. 이제 대간이 다시 특사 전의 일을 거론하여 치죄를 요청하니 경(이방원)을 보내 시중에게 알리고 대간을 타이르게 하였을 뿐이다. 경은 시중에게 무어라 말했기에 굳이 사퇴하고자 하는가? 만약 시중이 사퇴하면 나도 또한 어찌 감히 이 자리에 있겠는가?(《고려사》 46, 세가. 공양왕 3년 6월 을유).

공양왕은 사면받은 자들을 다시 탄핵하는 것이 옳지 않다는 점을 밝히고 있다. 너무나 타당한 논리였다. 그러면서 공양왕은 대간의 탄핵 상소에 대해 이성계가 사주한 것으로 판단한 것은 아니었다고 변명하고 있다. 하지만 이게 속마음은 아니라고 보인다. 이성계와 정면으로 맞서는 것을 피하고 싶은 곤혹스런 처지를 그대로 보여주고 있다.

밑줄 친 구절은 놀랄 지경이다. 특히 이성계가 사퇴하면 자신도 왕위에서 물러날 수밖에 없다는 반문은 자신도 버티기로 맞서겠다는 것인지, 아니면 왕위에 미련이 없다는 것인지 잘 모르겠다. 이성계는 이 말을 듣고 반색했을까, 아니면 화들짝 놀랐을까? 아들 이방원으로부터 이런 내용을 전해들은 이성계는, 너야말로 아비의 사직을 요청해야 했다고 아들을 나무랐다고 한다. 공양왕과 이성계 사이를 오가며 말을 전달하는 이방원, 그가 이제 막후에서 나서고 있는 것이다.

그런데 이색에 이어 우현보를 끝까지 추궁하여 유배시킨 데는 정도전이 도당에 이들의 처형을 주장하면서 다시 불을 붙인 것이 계기가 되었다. 그는 이 일을 관철하기 위해 정당문학을 사퇴하기도 했으니 그도 이성계처럼 사퇴를 앞세우고 있는 것이다. 우현보를 유배 보낸 후 공양왕은 정도전을 부르지만 병을 핑계로 사퇴를 고집하다가 재차 부르자 그제야 입궐하였다.

1391년(공양왕 3) 7월, 공양왕은 입궐한 정도전을 대면하여 이미 결정된 우현보의 죄를 놓고 새삼스레 논쟁을 벌인다. 두 사람의 껄끄러운 관계를 보여주는데 대화체로 옮겨보겠다.

공양왕: 이색은 그 죄상이 조금 드러났지만 우현보의 죄는 아직 명백하지 않소.

정도전: 이색의 죄는 이미 드러났으니 극형에 처해야 할 것이며, 우현보는 죄상이 아직 명백하지 않기 때문에 대간에서 상소를 올린 것입니다.

공양왕: 이색과 우현보의 일은 정지시킨 지 오래인데 아직도 상소를 올리는 자가 있으니 이는 경(정도전)의 상소에 따른 것이다. 경이 요즘 과인을 피하는 것도 이 일 때문이 아닌가?

정도전: 주상께서 지금 신을 꾸짖을지라도 후에 만약 진심으로 신을 임용한다면 감히 분발하여 힘쓰지 않겠습니까? 혹시 간사한 무리들이

교지를 거짓 꾸며서 신을 벌하더라도 신은 전하를 면대한 후에야 그 죄에 복종하겠습니다.

공양왕은 우현보의 죄를 인정하지 않고 있었다. 하지만 정도전은 우현보의 죄상이 아직 명백하지 않으니 상소를 통해 이를 밝혀야 한다는 식으로 둘러대고 있다. 우현보의 죄를 분명하게 말하지 못한 것이다. 또한 공양왕은 대간의 탄핵 상소를 배후에서 사주한 인물이 바로 정도전이라고 생각한 것 같다. 이에 대해 정도전은 자신이 탄핵 상소의 배후라는 의혹에 대해 굳이 반박하지 않고 있다. 그러면서 자신을 내치지 말아야 한다고 은근히 압박하고 있는 것이다.

정도전의 말에서 밑줄 친 부분은 반대 세력을 향한 모종의 경고처럼 들린다. 자신을 비난하는 자가 많으리라는 것을 알고 있으며 그들의 공격도 예상하고 있는 것이다. 아울러 공양왕을 자신의 보호막으로 앞세워 다짐받고 있으니 정도전의 이런 거만한 태도를 공양왕이 좋아할 리 없었다.

정도전은 이성계와 호흡을 맞춰 공양왕을 좌우에서 그렇게 압박하고 있었다. 이는 달리 말하면 공양왕의 버티기가 계속되면서 이성계 측의 조급함이 발동된 것이라 할 수 있다. 특히 지금까지 별다른 활약이 없었던 정도전의 조급함과 무리한 주장이 두드러지고 있었다.

그런데 공양왕이 이렇게 버틸 수 있었던 것은 그 배후에 정몽주가 있었기 때문이다. 정몽주가 전면에 등장하면서 극적인 반전이 이루어지게 되는데, 이제 이 문제를 살펴보겠다.

정몽주는 이색의 처형을 주장하는 정도전과 결별한다. 이때부터 정몽주가 전면에 등장하면서 정도전은 유배되고 반전이 시작되는데, 여기에 이성계가 낙마로 부상당하는 일까지 겹치면서 궁지에 몰린다. 다급해진 이방원은 정몽주를 타살하고 다시 사태를 급반전시키는 데 성공하면서 공양왕의 폐위와 이성계의 즉위는 당연한 귀결이었다. 이성계는 고려왕조의 마지막 왕으로서 즉위했고 그래서 당연히 고려왕조의 전통과 유산은 당분간 그대로 지속되었다. 이성계의 즉위는 새로운 왕조를 출범시키는 창업의 시작이었다고 할 수 있다. '조선'이라는 국호를 제정하고 여러 논란과 우여곡절 끝에 단행한 한양 천도는 일단 왕조 개창의 완성이라 볼 수 있다.

제5장

찬탈과 선양 사이에서

1. 반전, 배후의 정몽주

갈라선 정몽주와 정도전

1391년(공양왕 3) 7월 5일, 정몽주가 여러 재상들과 함께 상소를 올려 아주 민감한 문제를 거론한다. 이성계는 사퇴한 후 아직도 등청하지 않을 때였다. 정몽주의 상소는 의혹이 많았던 지난 여러 사건을 국왕이 직접 주재하여 심의 결정하자는 것이었다. 그러면서 다음과 같이 다섯 가지 사건을 열거하였다.

① 왕씨를 세우려는 의논을 저지하고 창왕을 추대한 자, ② 김종연 모의에 가담한 자, ③ 우왕을 다시 옹립하여 왕씨를 영구히 단절시키려 했던 자, ④ 윤이·이초를 상국에 보내 군대를 요청한 자, ⑤ 충선왕의 서손을 몰래 길러 불궤를 도모한 자 등이었다. 정몽주는 이 다섯 사건과 그 관련자에 대해 의혹이 많으니 사건을 다시 재심사하여 결정하자는 것이었다. 쉽게 말해서 국왕 주재하의 최종 판결을 요청한 것이다.

정몽주가 상소에서 주장한 재심 방법은 이런 것이었다. 먼저, 이 다섯 사건과 여기에 연루되었던 자들에 대해 사헌부와 형조에서 이들의 지난 공사供辭(공초)를 자세히 살피고 조사하여 옥장獄章(공소장)을 작성한다. 다음에, 옥장이 올라오면 국왕은 재상들을 불러 재심한다. 마지막으로, 원통하고 억울한 일이 없도록 용서할 자는 용서하고 죄상이 드러나면 벌을 내린다는 것이었다. 그래서 다음과 같은 인물이 공소장에 올라 재심에 붙여졌다.

①은 위화도 회군 직후 우왕을 폐위시키고 창왕을 추대한 사건으로 여기에 관련된 자는 조민수와 이색 2명이었다. ②는 이성계 제거 모의 사건을 말하는데 지용기·박위·윤사덕·정희계·진을서 등 13명이었다. ③은 김저 사건을 말하는 것으로 여기 관련자는 변안열·우현보·우홍수·왕안덕·우인열·이색·정지·정희계 등 12명이었다. ④는 윤이·이초 사건으로 관련자가 가장 많았는데, 변안열 김종연·이림·조민수·우현보·우인열·정지·이숭인·권근·이색·권중화·장하·경보·홍인계·최공철 등 32명이었다. ⑤는 왕익부 사건으로 지용기 한 사람이었다.

이 다섯 사건은 앞에서 모두 살펴보았지만 연루자를 하나도 빠짐없이 거론하지는 않았었다. 재심을 위해 공소장에 올라온 이들은 중복된 인물까지 합하여 모두 60명이었다. 이 가운데 변안열은 이미 처형되었고, 홍인계·최공철·김종연은 의문사 혹은 옥사했으며, 자연사(병사) 한 자는 조민수를 비롯한 세 명이었다. 그래서 생존한 자가 53명으로 대다수였다.

그리하여 이들에 대해 공양왕의 주재하에 조정에서 재상들을 모아놓고 최종 재판이 열리게 되는데 이런 일도 흔치 않은 일이었다. 물론 피고인은 궐석한 상태에서 공초와 공소장만 가지고 재심하는 것이었다. 한 가지 의문은 심덕부가 공소장에서 완전히 제외되었다는 점이다. 심덕부는 ②의 사건에 연루되어 유배까지 당했는데 말이다. 그는 재심할 필요도 없이 이미 무죄로 드러난 때문이 아닌가 싶다.

그런데 문제는 공양왕 주재하의 이런 재심이 간단치 않았다는 점이다. 대부분 공초가 없어 죄상을 가늠하기 어려웠고, 공초가 있는 경우에도 죄상이 의심되었으며, 본인이 이미 죄상을 승복한 경우는 18명 정도였다. 죄상이 드러난 경우로는 변안열과 그 심복으로 알려진 이을진 정도였는데, 이 두 사람도 대질시켜야 명백하다고 하였다. 그리고 정지는 무고로 밝혀졌다. 그러니까 60명 가운데 승복한 18명, 죄상이 드러난 3명, 무고로 드러난 1명을 제외한 3분의 2 정도가 유·무죄를 명백히 밝힐 수 없는 상태였던 것이다.

재심 과정은 다섯 가지 사건이 얼마나 허술하게 처리되었고 그 연루자들이 얼마나 애매하게 단죄당했는지 보여주고 있었다. 정몽주가 이들 사건에 대해 재심을 주장한 것은 이런 문제점을 드러내 보이려는 의도가 있었던 것이다. 이에 공양왕은 공소장을 작성한 사헌부와 형조의 관리들을 불러 이런 최종 판결을 내렸다.

내가 즉위한 이래 대간에서는 매번 다섯 가지 죄로써 상소하였지만 그 죄상이 명백하지 않음으로 벌하기 어려움은 나의 진심이다. 이로 인해 대간들의 직을 빼앗거나 좌천시킨 것에 대해 의견이 분분하였다. 이제 죄상이 명백히 드러난 자에 대해서는 사사로이 용서하지 못할 것이며, 무고로 죄를 입은 자 또한 용서하지 않을 수 없으니 경들은 물러가 뒷말이 없도록 하라(《고려사》 117. 정몽주 열전).

공양왕은 죄상이 명백하지 않은 자에 대해서는 처벌할 수 없다고 하였다. 아울러 대간들에 대한 파면이나 좌천에 대해서는 유감의 뜻을 표하면서 사건을 여기서 일괄 정리하려고 했다. 정몽주가 상소를 올려 재심을 주장한 것은 지난 사건들을 그렇게 마무리하려는 것이었다. 관련자들을 재심하는 가운데 유·무죄 논란이 가장 심했던 대상 인물이 이색과 우현보였다. 이색과 우현보는 앞서 정도전의 상소를 계기로 대간의 끈질긴 추궁을 받아 이때 유배 중에 있었다.

공양왕은 이색에 대해서, 조민수가 계책을 물어오니 우왕의 아들 창왕으로 대답했을 뿐이라며 그 죄를 용서하겠다고 하였다. 이에 정몽주는 그것은 큰 죄가 아니라고 주장하였다. 공양왕은 이색의 유죄를 인정하지만 용서하겠다는 뜻이었고, 정몽주는 이색을 그런 죄로 처벌할 수 없음을 주장한 것이다. 이는 이색을 극형으로 다스려야 한다는 정도전의 주장과 완전히 상반된 것이었다. 정몽주의 이 주장을 반박한 자가 대사헌 김주였다. 이색이 대유大儒로서 국론을 결정하는 데 의리를 망각했다고 하여 용서할 수 없다고 한 것이다.

공양왕은 우현보에 대해서도 용서하고자 하는데, 역시 김주가 나서서 공양왕에게 사적인 뜻이 작용했다고 비판하였다. 우현보의 손자가 공양왕의 사위인 관계를 들어 비난한 것이다. 공양왕은 김주를 향해 분노를 감추지 않으며 결국 이색과 우현보에 대해 방면으로 결정하였다. 그리고 이후 다시 이들의 죄를 주장하는 자는 무고로 다스리겠다는 엄명도 내렸는데 정몽주의 요청에 따른 것이었다. 모두 정몽주의 힘이었고 이색과 우현보의 방면 결정도 그래서 가능했다. 이색과 우현보에 대한 방면 조치는 이보다 조금 뒤에 실행된다.

그런데 이색과 우현보, 이 두 사람을 유배 보냈던 것은 정도전의 강력한 주장이 그 계기였다. 그래서 정몽주의 주장에 따라 재심을 통해 이색과 우현보를 방면으로 결정하였다는 것은 정도전과 같은 그런 주장을 다시 재기하지 못하도록 쐐기를 박기 위한 것이었다고 할 수 있다. 간단히 말해서 정몽주는 정도전의 주장이 부당하다고 판단하여 이를 반박하고 뒤집은 것이다.

이 일로 정몽주와 정도전은 함께할 수 없는 처지로 완전히 갈라섰다고 보인다. 정몽주는 진즉부터 이성계 측과 어울리지 않는 행동을 보였지만 정도전에 대한 직접적인 공격이나 반박은 이게 처음이었다. 특히 이번에 이색의 무죄를 주장하면서, 극형을 주장했던 정도전이 얼마나 잘못되었는가를 분명하게 드러내고 있었다.

정몽주가 이렇게 전면에 등장하여 민감한 지난 사건에 대한 재심을 주장하여 관철시킨 것은 이성계의 야망을 이미 간파하고 더이상 지체할 수 없다고 판단한 때문이었다. 또한 이성계의 야망을 실현하는 데 그 핵심 인물이 다른 누구도 아닌 정도전이라는 것도 확신한 결과였다.

공양왕과 이성계

정몽주의 요청으로 지난 사건에 대한 재심이 이루어지고 이색과 우현보에 대해 방면이 결정되면서 이성계 측에 갑자기 불리한 형국이 조성되고 있었다. 이를 만회하려는 뜻이었는지 그해 7월 9일 이성계는 그제야 등청했다. 우현보에 대한 치죄를 놓고 사퇴를 요청한 지 열흘도 더 지난 뒤였다.

입궐한 이성계를 공양왕이 위로하니 이성계는 이런 말을 한다. "군주의 한몸은 만기가 모이는 바이니 사람을 대할 때에도 경솔히 할 수 없습니다. 그 요체는 오직 마음을 비우고 뜻을 바르게 하여 간언을 받아들이는 데에 있을 따름입니다. 전하께서 이것을 염두에 두시면 신도 또한 어진 이를 천거하고 불초한 사람을 물리쳐 함께 치도治道를 성취하기로 기약할 뿐입니다."

이제 이성계의 말 한마디는 그냥 지나칠 수 없다. 공양왕에게 마음을 비우라는 것이나 간언을 받아들이라는 것은 평범치 않게 들린다. 공양왕도 이 말에 수긍했다고 하는데 그게 진심인지 아닌지 잘 모르겠지만, 그게 진심이든 아니든 이성계의 그 말은 자신의 말을 잘 따르라는 것으로밖에 들리지 않는다.

이성계가 입궐한 다음 날 7월 10일, 공양왕은 이성계의 집에 행차하여 밤 늦도록 주연이 펼쳐졌다. 주연 자리에서 공양왕은 이성계에게 이런 말을 던졌다. "내가 일을 많이 겪지 못하고 외람되이 보위에 있으니 어찌할 바를 모르겠소. 또한 지금 법제가 경신되니 경은 물러남이 없이 나의 부족함을 바로잡아주시오." 전날 입궐해서 이성계가 했던 말에 대한 답장처럼 보인다.

공양왕의 말 중에 법제가 경신되었다는 것은 새로 마련된 과전법을 두고 한 말이었다. 과전법은 이 전년 8월 과거의 공사 전적을 불사른 후에도 미뤄지다가 이해 5월 도당에서 결정 보고하였다. 마침내 새로운 토지분급제도로서 과전법이 완성되었던 것이다. 이성계가 사퇴를 무기로 공양왕을 압박했던 진짜 목적은 이 과전법을 수용하라는 뜻이었고, 공양왕은 이제 수용하겠다는 뜻을 밝힌 것이다.

그런데 외람되이 보위에 있어 어찌할 바를 모르겠다는 공양왕의 말은 취중진담이었을까? 공양왕은 이성계를 내칠 수 없었지만 이성계는 공양왕에게 등을 돌릴 수 있었고 버릴 수도 있었으니 이게 공양왕을 비굴하게 만들었을 것이다. 이 무렵 공양왕의 머릿속은 복잡했다. 그는 한 사람의 개인이 아니고 한 나라의 국왕이었으니 자신이 하고 싶은 대로 행동할 수도 없었을 테니 말이다.

이성계와 공양왕의 대화가 있고 이틀 후인 7월 12일 미묘한 사건이 하나 터진다. 성균관의 관리로 있던 유백순柳伯淳이 위화도 회군을 단행한 공신에 대한 포상을 비판하면서 우왕을 폐위하고 창왕을 옹립한 것을 옹호하는 발언을 했다. 이는 이색에 대한 유배 조치가 잘못되었다는 것을 피력한 것이며, 또한 이색을 유배시켰던 정도전을 비판한 것이었다. 그러면서 정도전이 나라의 권력을 마음대로 한다면서 의종 때의 무신정변과 같은 일이 일어날까 두렵다고 하였다.

유백순은 우왕 때 과거에 급제하여 관직에 나온 인물인데, 그의 형 유백유는 권근과 더불어 도당에서 전제개혁을 반대한 인물로 앞에서 언급했었다. 그러니까 형제가 모두 이성계 측에 맞섰다는 것을 알 수 있다. 유백순이 위화도 회군 공신을 비판한 것은 회군 자체를 우회적으로 부정한 것이었다. 특히 정도전을 비판하며 무신정변을 거론한 것은 이성계 측에서 공양왕을 폐위시킬 수도 있다는 경고이자 위기의식의 발로로 보인다.

유백순은 이 일로 문초를 받고 유배당했다. 그의 형 유백유도 새로 마련된 과전법을 비난했다고 하여 역시 유배당했다. 문제는 위화도 회군과 정도전에 대한 비판이 시작되었다는 점이다. 이는 정몽주의 재심 결정에 힘입은 결과라고 볼 수 있다. 이 무렵 이성계의 야심은 누구나 알고 있었지만 입 밖에 내기 힘든 공공연한 비밀이 아니었을까?

이성계와 이방원 부자

1391년(공양왕 3) 7월 14일, 이성계는 자신의 후처 강씨(후의 신덕왕후)와 함께 공양왕에게 향연을 베풀었다. 본처 한씨(후의 신의왕후)는 이때 병석에 있었다. 이성계와 공양왕의 주연 자리에 강씨 부인이 함께한다는 것은 이성계의 야망에 그녀도 부응하고 있었다는 것을 짐작케 한다. 또한 이즈음 이성계와 공양왕의 사적인 회동이 잦아지고 있다는 것도 주목할 필요가 있다.

이때 아들 이방원도 함께했다. 이 자리에서 공양왕은 이성계에게 의대衣襨, 보영寶纓, 안마 등을 하사했고 이성계는 이를 입어보며 감사를 표했다. 이런 화려한 선물도 예사롭지 않지만, 중요한 자리에는 이방원이 가까이에서 이성계를 수행하고 있다는 것도 기억해둘 필요가 있다.

그런데 이 주연 자리가 끝날 무렵 좀 미묘한 일이 일어난다. 밤이 되어 주변 경계를 담당한 유만수가 대문을 잠그자 이방원이 은밀하게 이성계에게 주연 자리를 그만 끝내기를 주문한 것이다. 유만수가 대문을 잠근 것은 공양왕의 지시를 받은 것으로 보이는데, 이는 주연 자리를 쉽게 끝내지 않겠다는 뜻으로 읽힌다. 그러니까 문을 잠근 유만수와 이방원이 서로 상반된 행동을 취한 것이다.

여기 유만수는 위화도 회군에 적극 참여한 이성계의 수하 무장이며 회군 후에는 도성에 갇힌 최영의 군대를 공격하는 데 앞장섰던 인물로 앞에서 거론했는데, 그의 성향은 좀 판단하기 어려운 점이 있었다. 회군 이후 그는 재상에 올라 출세의 길에 접어들었지만 도덕적인 문제와 토지 탈점으로 대간의 탄핵을 받아 파면되기도 했다. 공양왕 즉위 후 다시 재상으로 복직하고 공신으로 인정받아 중책인 응양군 상장군과 순군만호를 맡고 있었다. 유만수는 이성계 측에 선 인물이지만 탄핵을 받기도 했고, 이성계 측에 협조하지 않은 흔적도 보이니 성향이 좀 불분명한 것이다.

순군만호에 있던 유만수가 대문을 잠근 것은 공양왕의 뜻에 따른 것으로 볼 수밖에 없는데 이게 이상하다. 또한 이방원이 은밀하게 이성계에게 그만 물러나기를 요청한 것도 이상한 일이었다. 이에 이성계는 다른 사람을 시켜 대문을 열게 하고 이방원과 함께 서둘러 주연을 끝내고 사저로 돌아왔지만, 더욱 이상한 것은 공양왕이 대문을 열어준 그 자를 하옥시켜버린 것이다. 이성계는 나중에 이런 사실을 알고 공양왕에게 자신이 대문을 열게 했다고 말하여 그 자는 곧 석방되지만, 이런 일들이 왜 일어났는지, 무슨 의미인지 궁금한 것이다.

주연이 마련된 자리는 이성계의 사저는 분명 아니었고 대궐은 더욱 아닌 것 같다. 후첩 강씨와 함께 공양왕에게 주연을 베풀었다는 점에서 강씨의 사저라는 생각이 들지만, 유만수가 대문을 잠그고 이성계가 다른 사람을 시켜 열도록 했다는 사실에서 그것도 아닌 듯하다. 주연 장소는 보안이 철저한 은밀한 제3의 장소가 아니었나 싶다. 공양왕은 유만수를 시켜 왜 대문을 잠궜으며, 이방원은 왜 서둘러 주연 자리를 끝내기를 주문했을까? 또한 공양왕은 이성계가 물러나도록 대문을 열어준 자를 왜 하옥시켰을까?

혹시 공양왕은 이번 주연을 통해 대문을 걸어 잠그고 이성계와 허심탄회하게 뭔가 속 얘기를 하고 싶었던 것이 아닐까? 아니면 모종의 담판을 벌일 생각을 했을지도 모른다. 그게 뭔지 불확실하지만 이성계에게는 부담스런 일이었던 것 같다. 이에 공양왕은 유만수를 시켜 대문을 잠궜던 것이고, 반면에 이방원은 이를 알아채고 서둘러 주연을 끝내도록 하지 않았을까? 그리고 공양왕은 의도한 바의 목적을 달성할 수 없었던 탓에 대문을 열어준 자를 하옥시켰다고 볼 수 있다. 아무튼 궁금증이 많은 좀 이상한 주연 자리였지만, 관찬사서에 그렇게만 언급되어 있으니 더이상 불필요한 상상은 삼가겠다.

주연 자리를 뒤로하고 이성계와 이방원은 심야에 함께 귀가하면서 부자 간에 돈독한 정을 나눈다. 이성계는 공양왕이 하사한 보영을 내보이며 이는 진귀한 것이니 장차 이방원에게 주겠다고 약속했다. 보영은 보석으로 화려하게 장식한 갓끈으로 하사받은 의대와 함께 흔치 않은 귀품이었다. 아버지가 아들에게 그런 보물을 주겠다고 약속한 것은 가장 믿을 만한 참모이자 최측근으로 삼겠다는 다짐이었다. 자식보다 더 믿을 만한 자가 어디 있겠는가. 이때 이방원의 나이 혈기왕성한 25세였다.

그런데 왜 하필 다섯째 아들 이방원이었을까? 이성계에게는 본처 한씨 소생으로 이때 장성한 여섯 아들이 있었는데 이 무렵 관직을 가지고 조정에 참여했던 아들은 첫째 이방우와 둘째 이방과, 그리고 다섯째 이방원이었다. 이방우는 1388년 밀직부사(정3품)로서 강회백과 함께 명에 사신으로 다녀온 적이 있었고, 이방과는 주로 무장으로 활동하면서 1390년 판밀직사사(종2품)로 재상의 반열에 오른다. 이 두 아들은 위화도 회군 당시 서경의 우왕 곁을 탈출하여 이성계의 군진으로 달려가기도 했었다.

그리고 이방원은 1383년 과거에 합격하여 관직에 들어오는데, 위화도 회군 당시에는 가족을 챙겼고, 1388년에는 명의 사신으로 들어가는 이색의 서장관으로 따라간다. 이방원이 이색의 서장관으로 참여했다는 것은 이때 벌써 위의 두 형보다 아버지의 신임이 더 컸다고 볼 수 있다. 이어서 이방원은 1390년(공양왕 2) 20대의 나이에 우부대언右副代言(정3품)에 오른다. 이 관직은 국왕의 비서관으로 공양왕 주변의 동태를 파악하는 데 중요한 자리였다.

이성계가 위의 두 형을 놔두고 이방원을 참모로 생각한 것은 여러 가지를 검증한 결과였다고 볼 수 있다. 자신의 야망을 실현하기 위한 권력투쟁의 국면에서 참모로서 가장 중요한 자질은 정치 세력의 동향에 대한 빠른 정보와 정확한 판단일 것이다. 이방원은 그 점에서 여러 형제 중에서 일찍부터 아버지에게 돋보였던 것이다. 하지만 그는 권력에 대한 의지 또한 남달랐으니 참모로 끝날 위인이 아니었다.

그런데 그 이방원이 1391년(공양왕 3) 8월 사직을 요청한다. 이성계와 공양왕의 주연이 있은 지 한 달쯤 뒤였다. 친모 한씨의 병석 때문이라는 이유를 댔지만 진정한 이유가 아니라는 생각이 든다. 이 무렵 아버지에게는 중차대한 고비를 맞고 있었으니까, 혹시 관직을 떠나서 아버지의 참모로서 활동 범위를 넓히려는 의도가 아니었을까?

세자 입조

1391년(공양왕 3) 7월 말경, 왕대비(공민왕의 정비 안씨)·국대비(공양왕의
모후)·순비(왕비)의 3대 조고祖考(부·조·증조)에 대해서 추증이 이루어졌
다. 공양왕으로서는 이런 일이 중요했을 것이다. 책명도 받지 못한 국왕
으로서 자신의 왕위와 왕실의 정통성을 세우는 데 보탬이 되는 일로 판
단했기 때문이다. 이성계 측에서는 이를 반대할 이유가 없었다. 자신들
의 야망을 실현하는 데 이런 일은 아무런 방해가 되지 않기 때문이다.

  그런데 공양왕은 이성계에게 자세를 낮추며 매달리는 태도를 보이면
서도 또 다른 활로를 찾는다. 세자의 입조를 추진한 것이다. 세자의 입
조는 책명을 받지 못한 공양왕이 역시 이를 통해 국왕으로서 권위를 확
보하려는 노력으로 볼 수 있다. 하지만 예조에서 이에 대한 반대 상소
가 올라온다.

  예조에서 세자의 입조를 반대한 이유는, 주원장의 말 교역 요구를 수
용하지 못한 상태에서 세자를 입조시키는 것은 위험하다는 것이었다.
앞서 주원장은 고려의 말 1만 필을 교역하겠다는 요구를 보내왔었는
데, 고려에서는 마필 값을 어찌 받을 수 있겠냐며 말 1,500필을 조공 형
식으로 보냈었다. 명에서는 고려 말에 대한 교역을 요구하는데 고려에
서는 계속 값을 받을 수 없다며 조공으로 보낸 이유는 정말 궁금한 문
제다. 아마 고려의 좋은 양마가 명으로 흘러들어가는 것을 꺼려 그러지

않았나 싶은데 모를 일이다.

아무튼 공양왕이 세자의 입조를 추진하자 이성계 측에서는 이를 위험하다고 판단한 것이다. 이에 공양왕은 이 문제를 도당에 내려 의논케 하였다. 그리고 이 해 8월에는 명에 사신을 보내 말 2,500필을 다시 조공으로 바쳤다. 주원장의 요구를 수용하지 못한 것에 대한 추가 조공이었다. 세자의 입조에 방해되는 사안을 해소하여 기어코 추진하겠다는 뜻이었다.

공양왕은 문하사인 안노생安魯生을 서장관으로 삼아 세자의 입조를 준비토록 했다. 안노생에게는 사신을 따르는 사람이 많으니 명에 들어가 교역을 엄금할 것을 주문하였다. 명으로 들어가는 사신을 좇아 사적인 교역을 하려는 자들은 여전히 많았던 것인데, 이게 이성계 측에 괜한 꼬투리를 잡히지 않도록 하려는 것이었다. 하지만 사신들이 환국한 후에 교역에 가담한 자를 탄핵했던 것으로 보아 이는 지켜지지 않았다.

세자의 입조가 확정되고 그해 9월 13일 이성계는 또 사직을 요청한다. 이게 몇 번째인지 헤아리기도 어렵다. 특별한 사유를 대지 않은 것으로 보아 세자의 입조가 못마땅해서 그런 것이 아니었나 생각된다. 이는 세자 입조가 자신의 야망 실현에 자칫 걸림돌이 될 수 있다고 판단한 때문이었을 것이다.

그런데 이성계가 사직을 요청하자, 공양왕이 이번에는 바로 수용하여 새로운 인사를 단행해버린다. 공양왕의 동생인 왕우王瑀를 영삼사사, 이성계를 판문하부사, 심덕부를 문하시중, 정지를 판개성부사, 정도전을 평양부윤, 하윤을 전라도 관찰사로 삼았다. 이성계의 사직 요청이 진심이 아니고 예전처럼 뭔가 자신의 뜻을 관철하기 위한 수단이었다면 이는 허를 찔린 것이 분명했다.

특히 심덕부를 다시 문하시중에 앉힌 것이나 정도전을 평양부윤으로 좌천시킨 것은 공양왕의 의지가 강하게 반영된 인사로 볼 수 있다. 정지는 재심에서 무죄로 판명나서 복직한 것이었다. 세자의 입조를 추진하면서 이를 원만히 진행하기 위한 사전 인사 조치로 볼 수도 있다. 이에 간관 허응이 상소를 올려 많은 장사치 무리가 사신을 따르는 현상을 지적하며 교역의 기회로 이용하려는 것을 비판하였다. 이런 비판에는 세자의 입조를 못마땅해하는 이성계 측의 의지가 반영되었을 것이다.

마침내 1391년(공양왕 3) 9월 22일 세자가 입조를 위해 명으로 출발했다. 세자는 하정사를 겸하고 있었고, 문하시중 심덕부와 찬성사 설장수 등 최고위 관리들이 종행했다. 공양왕은 세자의 입조에 기대를 걸었음이 분명했다. 다만 명에 보내는 문서에는 세자라 칭하지 않고 '장남 정안군 왕석'이라고 칭했다. 세자로 이미 책봉했지만 공양왕이 아직 명으로부터 책명을 받지 못한 상태의 세자 입조였기 때문에 이와 관련된 논란을 피하려는 것이었다.

공양왕은 세자의 입조를 통해 이성계 측에 휘둘리고 있는 현재의 국면에서 벗어나고 싶었는지 모른다. 그것이 가능하다면 정국의 주도권을 잡을 수 있다는 계산도 했을 법하다. 무엇보다도 정몽주가 나서고 있다는 점에서 새롭게 힘을 받았을 것이다. 세자는 그해 12월 남경에 도착하여 하정하고 새해 정단을 축하하는 향연에도 참석한 후 이듬해 3월에 돌아오는데, 이 부분은 뒤에 살펴보겠다.

정도전, 귀향당하다

그런데 세자가 명으로 출발하기 며칠 전에 정도전이 봉화현(경북)으로 갑자기 추방당하는 일이 벌어진다. 정도전을 평양부윤으로 좌천한 지 열흘도 안 된 때로 그 인사 조치부터 조짐이 이상했었지만 추방까지는 예상치 못한 일이었다. 정말 깜짝 놀랄 만한 일로 이성계는 '아차!' 했을 것이다.

그 계기는 이런 것이었다. 앞서 정도전의 주장에 따라 대간에서 상소를 올려 우현보의 처벌을 주장할 때 반발에 부딪히자, 그때 대간에서 동원한 비난이 우현보의 아들 우홍득이 사헌부에 있어 아버지의 죄를 막았다는 것이었다. 이때 정도전이 대간을 사주하여 우홍득을 비난했다는 것이었다. 정도전은 여기서 그치지 않고 사헌부의 하급자를 사주하여 상급자인 우홍득을 업신여기고 우롱했다는 것이었다.

이에 사헌부와 형조에서 상소를 올려 정도전에 대한 극형을 주장했다. 공신의 반열에 있으면서 속으로는 간악한 마음을 품고 겉으로는 충직한 척하며 국정을 더럽혔다는 것이었다. 정도전에게 이런 부도덕한 죄를 씌우고 극형까지 주장할 수 있었던 것은 사실 여부를 떠나 정국 상황이 이성계 측에 불리하게 돌아가고 있었기 때문이다. 그 배후로 정몽주를 의심할 수밖에 없는 일이었다.

공양왕은 처음에 정도전이 자신을 옹립한 공신이라 하여 용서하고자 했다. 하지만 다시 탄핵 상소가 올라오자 평양부윤으로 좌천시켰다가 다시 향리인 봉화현으로 귀향시켰던 것이다. 공양왕이 정도전의 위상을 생각해서 배려한 것 같지만 정도전을 축출할 기회를 조심스레 만들어갔다고 볼 수 있다. 고려 시대에는 자신의 출신지(고향)로 돌아가는 것을 '귀향'이라 했는데, 이게 관직을 그만두는 것이니 추방과 다름없었다. 여기서 유래된 말이 형벌로써 '귀양'이었다. 그러니까 정도전은 형벌로써 귀양당한 것이었다.

이 무렵 정도전은 온갖 비방이나 비판, 시기와 질투를 한몸에 받고 있었다. 그는 사퇴를 요청하는 상소문에서 그런 사정을 억울하다는 듯이 나열하고 있는데 예를 들면, 군사권을 개편하여 새로 마련한 3군 총제부의 우군 통제사를 그가 맡게 되면서 이에 따른 비난이나, 전제개혁에서 사전 혁파를 그가 주도하여 토지 분배가 균등하지 못했다는 비난도 있었다. 심지어는 이성계가 함흥으로 물러가기를 원했을 때 이성계의 강씨 부인으로부터 정도전이 그런 쪽으로 이끌었다는 오해까지 받고 있었다. 안팎으로 비난을 받고 있었던 것이다.

정도전에 대한 이런 비난은 그가 이성계 세력의 핵심에 있었던 탓도 있지만 국정 전반에 대한 그의 영향력이 컸기 때문에 자연스레 일어나는 것으로 보인다. 여기에 마음먹은 대로 일이 진척되지 않은 탓이었는지 무리한 주장까지 들고나왔다. 이색과 우현보에 대한 극형 주장은 누가 봐도 너무 나간 것이었다. 이에 문무관료들은 정도전을 경계하기 시작했고 이런 정국의 변화 속에서 공양왕은 그를 향리로 추방한 것이었다.

정도전이 향리로 추방된 직후인 1391년(공양왕 3) 9월 말 지난 사건의 관련자들에 대한 재심 결정이 실행에 옮겨졌다. 죽은 조민수와 변안열의 가산을 몰수하면서 이을진은 형률을 살펴 죄를 다스리게 하고, 지용기는 예전대로 유배에 처하며, 우인열·왕안덕·박위에 대해서는 외방에 편의대로 거주하게 하였다. 그 밖의 인물들은 모두 방면토록 했다. 이는 정몽주가 주도한 재심 결정 사항을 그대로 따른 것이었다.

재심 과정에서 가장 논란이 많았던 이색과 우현보도 당연히 방면되었다. 그래서 60명의 관련자 중에서 유죄를 받아 처벌을 당한 자는 죽은 조민수와 변안열을 제외하면 지용기·이을진 등 소수 몇몇에 불과했다. 이런 방면 조치는 권력투쟁을 다시 원점으로 되돌려놓은 두 번째 국면 전환이었다고 할 수 있다.

앞서 공양왕은 한양 천도를 계기로 지난 사건의 관련자들을 일괄 사면하였는데 이게 첫 번째 국면 전환이었다. 이를 비판하면서 다시 사건 관련자들을 처벌하라고 주장한 자가 정도전이었다. 정도전의 주장에 따라 이색과 우현보가 다시 유배당하고 여타 인물들도 다시 탄핵 대상에 오르자 이를 비판하며 일괄 재심을 주장한 자가 정몽주였다. 정몽주의 요청을 받아 관련자들을 재심하여 이번에 두 번째 국면 전환이 이루어진 것이다. 정도전이 향리로 추방되고 바로 며칠 후였다.

그해 10월 말에는 사헌부에서 조반을 탄핵하라는 상소가 올라온다. 조반은 명에 사신으로 갔다가 윤이·이초 사건을 몰고온 장본인으로, 그가 공전을 탈취했다는 이유였지만 윤이·이초 사건을 조작하여 폭로했다는 것에 대한 죄값이었다. 조반은 관직을 삭탈당하고 유배되었다. 짧은 기간에 반전이 이루어져 이성계 측에 불리해졌는데 이는 정몽주의 힘을 보여주고 있었다.

가계를 문제삼은 정도전 유배

정도전에 대한 공격은 계속된다. 조반이 유배된 바로 다음 날인 1391 년(공양왕 3) 10월 말, 사헌부에서 정도전을 탄핵하는 상소가 다시 올라온다. 탄핵 사유는 정도전의 가풍이 바르지 않고 가계가 분명치 못한데 외람되게 높은 관직을 차지하여 조정에 참여했으니, 공신의 녹권을 회수하고 그의 죄를 분명하게 밝혀 다스리라는 것이었다.

이런 주장은 정도전의 신분과 가계를 문제삼은 것으로 전통 신분제 사회에서는 가장 치명적인 공격수단이었다. 정도전의 가계를 간단히 말하면 그의 외조모가 노비 출신이라는 것이었다. 《고려사》 정도전 열전에 의거하면 그의 가계는 이러했다.

우현보의 족인族人으로 김전金戩이라는 승려가 있었다. 그가 자신의 노비였던 수이樹伊의 처를 간통하여 딸 하나를 얻었다. 그 딸을 사람들은 수이의 딸로 여겼으나 김전은 자신의 딸로 길러 우연禹延에게 시집 보냈다. 우연은 사대부였다니까 단양 우씨 가문의 일원으로 우현보와 같은 가문으로 짐작된다. 그 우연과 김전의 딸 사이에 딸이 있었는데 그 딸이 정운경鄭云敬에게 시집가서 정도전을 낳았다는 것이다. 우연은 정도전의 외조부가 되고 외조모는 노비 출신으로 볼 수 있는 것이다.

그러니까 정도전의 외가는 우현보와 우연의 단양 우씨 가문인 것인데 이는 확실한 것 같다. 또한 정도전의 외조모 부계를 김전으로 보든지 노비 수이로 보든지 상관없이 정도전의 외조모는 노비인 것도 드러난다. 정도전의 외조모 모계는 노비 수이의 처였기 때문이다. 다만 정도전 외조모의 부계가 사대부 가문인지 노비인지는 불확실하다.

정도전을 탄핵한 상소에서 이런 신분적 하자와 불확실한 가계를 문제삼은 것이다. 이게 날조되었다는 이야기도 있지만 사실 여부를 떠나 치명상을 입을 수밖에 없었다. 공양왕은 정도전의 직첩과 녹권만을 회수하고 정도전을 향리 봉화에서 나주로 유배하였다. 그런데 문제는 여기서 그치지 않는다. 대사헌 김주 등이 중심이 되어 다시 상소를 올려 정도전의 아들까지 문제삼은 것이다. 이에 관직에 있던 두 아들도 관직을 삭탈당하고 폐서인되고 말았다.

대사헌 김주는 지금까지 이성계 측에 서서 적극 활동한 자인데 그가 정도전의 아들까지 문제삼았다는 게 좀 의아하다. 김주는 바로 앞서 공양왕이 이색과 우현보에 대한 치죄를 반대하자 이에 맞서 강력하게 유죄를 주장했던 인물이었다. 이때 김주는 이색의 죄를 놓고 정몽주의 무죄 주장에 맞서기도 했다. 그런 그가 정도전을 공격하고 있으니 이상한 것이다. 이는 아마 당시 정국이 급변하면서 권력의 추이에 따른 처신이 아니었을까 싶다. 권력투쟁이 갈수록 가팔라지면서 이렇게 처지를 바꾼 인물은 앞으로 여럿 나온다.

정도전의 유배와 그 두 아들에 대한 폐서인은 그야말로 전격적이었다. 어떻게 손쓸 틈도 없었다. 당시 밀직부사로 있던 남은은 자신의 힘으로 정도전을 구원하지 못하여 병을 핑계로 사퇴하고 말았을 정도였다. 이 무렵 이성계 측을 향한 공격은 정도전에 그치지 않았고 남은 역시 제 앞가림하기에 급급했던 것 같다.

그런데 이성계 측의 핵심 인물인 정도전이 이렇게 힘없이 축출되는 과정을 좀 되짚어볼 필요가 있다. 정도전을 유배시키려면 공양왕의 힘만으로는 어림도 없기 때문이다. 이색과 우현보를 유배 보낸 것은 정도전 자신이 유배당하기 4개월 전이었다. 그 4개월 사이에 완전히 상황이 역전된 것이니 궁금한 것이다.

그 역전의 계기는 정몽주가 지난 사건에 대해 재심을 주장하고 이게 수용된 것이었다고 보인다. 재심 결과 이색과 우현보를 비롯한 대부분의 관련자들이 방면으로 결정되면서 정도전의 주장은 힘을 잃게 되었다. 정몽주의 재심 주장이 수용되어 힘을 발휘할 수 있었던 것은, 정도전이 이색과 우현보를 처형해야 한다고 너무 무리한 주장을 했기 때문이었다. 그런 주장은 여러 사람들을 설득하기 어려웠던 것이다. 정도전의 주장은 이성계 측의 조급함을 드러내는 일이었고 정몽주에게 반격의 빌미를 만들어주었다고 할 수 있다.

요컨대, 정도전을 유배시킨 배후에는 정몽주가 있었던 것이다. 악연이 있었던 우현보도 힘을 보탰을 것이다. 신분제사회에서 가계나 신분을 문제삼아 공격하면 철천지원수가 된다. 신분의 하자가 사실인지 아닌지는 전혀 중요하지 않다. 정몽주와 정도전은 그 돌아올 수 없는 강을 건넌 것이고, 우현보 가문과 정도전의 악연은 더욱 깊게 패였다.

뒤바뀐 정국

1391년(공양왕 3) 11월 6일 새로운 인사가 있었다. 정몽주에 의한 지난 사건 재심 결과를 반영한 인사이고 공양왕과 그가 주도한 인사로 볼 수 있다. 인사 발령이 나오면서 이색과 우현보를 복직시키려 한다는 소문이 돌았다. 인사 내용 중에 주목되는 인물은 삼사 좌우사에 임명된 권중화와 성석린, 그리고 대간으로 복직한 김진양이었다.

권중화는 우왕의 사부를 맡아 이인임 정권에 저항했던 인물로, 윤이·이초 사건의 관련자로 지목되어 유배된 적이 있었고, 풀려난 후 정몽주가 주도한 재심을 받아 죄상이 분명치 않다고 하여 이번에 복직된 것이다. 앞서 판개성부사로 복직한 정지와 같은 경우로 볼 수 있어 지난 사건의 관련자들이 다시 관직으로 돌아오고 있는 것이다. 정지는 부임하기도 전에 병사하고 말았다. 성석린은 대사헌까지 지내며 확실하게 이성계 측에 섰던 인물인데 이번 인사에서 발탁된 것이다. 정국의 변화 속에서 노선을 급선회하여 정몽주 측에 선 것으로 보인다.

그리고 김진양은 대간으로서 윤이·이초 사건을 비판하다가 파면된 인물인데 이번에 다시 대간으로 복직했다. 그는 누가 뭐래도 정몽주의 사람이었다. 김진양뿐만 아니라 이성계 측에 저항하다 유배되었던 대간들도 대거 방면 조치되었다. 뒤이어 이색과 이종학 부자, 이숭인도 유배지에서 소환되었다. 역시 지난 사건에 대한 재심 결정을 따른 것으로 이제 공양왕과 정몽주가 정국을 주도하고 있다는 것을 확실히 보여주고 있었다.

이성계 측에 섰던 인물들이 다시 공양왕 측에 서는 일도 일어난다. 이첨이 그런 인물인데 앞의 성석린과 비슷한 경우로 볼 수 있다. 이첨은 변안열이 김저 사건에 연루되었다고 하여 윤소종과 함께 탄핵을 주장했던 인물이다. 이첨은 인사 발령 직후 공양왕에게 아홉 가지의 잠계箴戒를 올렸다. 국왕이 지켜야 할 도리를 아홉 가지로 나열하여 조언한 것인데, 이는 유교적 왕도정치에 입각한 것으로 특별할 게 없었다. 하지만 그 마지막 아홉 번째에 좀 특별한 주장을 하고 있었다. 그것은 왕업王業을 잘 보존하라는 것이었다. 국가는 중기重器이니 선왕의 업을 보존하라고 하면서 그 방법을 나열하고 있는 것이다.

이첨이 공양왕에게 왕업을 잘 보존하라는 것은 무슨 의미였을까? 왕위를 잘 지켜내라는 뜻 외에 달리 해석할 여지가 없다. 이첨이 공양왕에게 이런 조언을 했다는 것은 당시 공양왕의 왕위가 위태로운 상태에 있었다는 반증이었다. 그래서 공양왕에 대한 이첨의 그런 조언은 이성계를 경계해야 한다는 말을 우회적으로 표현한 것이라 할 수 있다. 이런 사실을 이성계가 알았다면 이첨을 매우 괘씸하게 여겼을 것이다.

이첨은 공양왕을 위해 충신 역할을 했다고 볼 수 있다. 척불 논쟁에서도 이첨은 공양왕 편을 들었다. 앞서 불교를 비판하고 배척하는 상소를 올렸던 김초의 얘기를 언급했었다. 이때 이첨은 김초를 처벌하라고 주장하여 공양왕의 불교 신앙을 옹호한 일도 있었다. 이첨은 그때 이미 공양왕에게 철저히 봉사했다고 보인다.

1391년(공양왕 3) 12월 24일, 다시 인사 발령이 있었다. 앞서의 인사 발령 한 달 만이니 그것을 보충하기 위한 인사였다. 인사가 빈번했다는 것도 좀 특별한데 급변하는 정국을 반영하느라 그런 것으로 보인다. 이번 인사의 맨 앞에는 이색과 우현보가 올라 있었다. 이색을 한산부원군 예문춘추관사로, 우현보를 단산부원군으로 삼은 것이다. 이색은 유배에서 소환된 지 한 달여 만의 복직이었고, 우현보는 방면 없이 바로 복직한 것이었다. 이 두 사람의 복직은 공양왕에게 큰 원군이 되었을 것이다.

이번 인사에서도 주목할 인물이 몇몇 있었다. 먼저, 우현보의 아들이자 공양왕의 사돈인 우홍수가 동지밀직사사로 복직했다는 점이다. 그리고 강회백이 정당문학 겸 대사헌으로 들어왔고 이첨은 지신사를 제수받았다. 대사헌으로 들어온 강회백은 그 성향이 이첨과 비슷했다.

강회백은 이성계 측에 확실하게 가담한 인물은 아니었지만 그렇다고 이성계 측에 저항한 인물은 도저히 아니었다. 이방우와 함께 명의 사신으로 다녀온 점이나 한양 천도 반대와 불교 비판 등으로 볼 때 굳이 따지자면 그 역시 이첨과 마찬가지로 이성계 측에 일조한 흔적이 있었다. 그런 그가 이번에 대사헌이라는 중책을 맡은 것이니 정몽주 측에 섰다고 판단할 수 있다.

이번 인사에 또 하나 주목할 점은 이성계 측에 맞서다 쫓겨났던 대간의 관리들이 대거 복직했다는 점이다. 앞에서 언급한 김진양이 그런 대표적인 인물인데 나머지 인물들도 대간으로 다시 들어온 것이었다. 이들은 정몽주를 등에 업고 이성계 측의 인물들을 공격하는 데 앞장선다. 핍박받던 자들이 반격의 선봉에 선 것이니 누구보다도 치열하게 나설 수밖에 없었다.

인사 명단의 마지막 부분에서는 이성계·심덕부·정몽주에게 안사공신을, 설장수·조준·성석린에게 정난공신을 내리기도 했다. 이성계를 심덕부·정몽주와 함께 안사공신에 포함시킨 것은 이성계를 특별한 존재가 아닌 그들과 동급으로 상대하겠다는 정치적 의도로 보인다. 조준을 정난공신에 포함시킨 것도 그와 같은 맥락이었을 것이다. 이성계와 조준이 이런 공신의 호칭을 반겼을 리 없다.

그런데 위와 같은 인사 발령이 나온 직후 정도전을 유배지 나주에서 향리인 봉화로 다시 옮기는 감등 조치가 내려진다. 이는 정도전에 대한 배려가 아니라 공양왕과 정몽주의 일방적인 인사에 대한 반발을 무마하기 위한 완화 조치로 보인다. 정도전이 이런 조치에 감사했을 리도 없을 것이다.

1392년(공양왕 4) 1월에는 왕안덕·우인열·박위 등이 사면을 받아 복권되고, 유배 중인 지용기는 외방에 편의에 따라 거주하도록 후속 조치가 내려졌다. 이어진 인사에서는 이숭인이 지밀직사사(종2품)로 복직했다. 이로써 지난 사건에 관련자로 지목되어 처벌받은 자들은 거의 모두 사면되었고 중요 인사들은 대부분 다시 관직에 들어왔던 것이다. 이제 어떤 일들이 벌어질지 귀추가 주목된다.

정몽주의 《신정률》

정국이 반전되면서 정몽주는 다른 중요한 일 하나를 수행한다. 1392년(공양왕 4) 2월 초, 자신이 저술한 《신정률新定律》을 공양왕에게 바친 것이다. 《신정률》은 명의 대명률大明律, 원의 지정조격至正條格, 그리고 고려의 법령을 참고하여 저술한 새로운 내용의 형법이었다.

궁금한 점은, 정국이 반전되고 있었지만 급박한 시국에 정몽주는 왜 그런 새로운 형법을 내놓았을까 하는 점이다. 《신정률》의 구체적인 내용을 알 수 없어 장담할 수 없지만 뭔가 특별한 목적이 있어 보인다. 명과 원의 법령까지 참고했다는 것으로 보아 이는 갑자기 이루어진 것이 아니고 수년 전부터 저술 작업을 했다고 할 수 있다.

고려는 본래 당의 형법인 당률唐律을 채택 적용하다가 원간섭기 때 이르러 원의 형률을 채택하는데 공민왕 때의 지정조격이 대표적인 것이다. 하지만 반원 정책을 펴면서 이를 계속 시행하기 어려운 면이 있었고 명의 대명률은 아직 정확히 도입되지 않아 역시 이것도 적용이 쉽지 않았다. 이인임 정권 때 북원과 관계를 회복하면서 다시 지정조격을 도입하지만 급변하는 국제관계 속에서 이것도 항구적인 조치가 못 되었다. 그러니까 공양왕 때는 고려에서 시행할 형률이 미비하고 마땅치 않아 공백이었다고 할 수 있다. 정몽주의《신정률》은 이런 배경에서 나왔다고 보인다. 하지만 정작 중요한 동기는 다른 데 있었다.

정몽주의《신정률》을 받아 본 공양왕은 지신사 이첨에게 이를 강독하게 하면서 극찬했다. 그러면서 이런 하교를 내렸다. "이 형률은 모름지기 익히고 연구하여 첨삭한 후에 세상에 시행할 것이다. 반드시 숙지한 후에 일체의 판결에 적용하라. 형률이란 한 번 결정하면 변경할 수 없는 것이다." 공양왕의 이 말에서《신정률》은 여러 판결에 적용하기 위한 형률이란 것을 바로 알 수 있다.

이 대목에서 정몽주에 의해 재기되었던 지난 다섯 가지 사건에 대한 재심 판결이 떠오른다. 그 재심 판결은 정국 반전의 단초가 되었는데 그때 재심 과정이 순탄치 않았었다. 지난 사건에 대한 공초나 옥장(공소장)이 미비했기 때문이다. 이성계 측에서 반대 세력을 탄압하기 위해 이런 사건들을 폭로하여 충분한 근거와 절차 없이 치죄했다는 것을 드러내고 말았던 것이다.

이성계 측에서는 공양왕 재위 동안 수없이 많은 사건을 조작하거나 과장하여 반대 세력을 탄핵하고 유배 보냈다. 변안열은 그 과정에서 국문도 거치지 않고 전격 처형당하기도 했다. 이성계 측의 눈 밖에 난 인물들은 탄핵 상소를 통해 누구라도 얼마든지 걸면 걸려들었고, 여기에 형률이나 정당한 절차가 지켜질 리가 없었다. 공양왕은 이를 무력하게 지켜보았고 정몽주는 근본적인 새로운 형률의 필요성을 절감했던 것이다. 《신정률》은 이런 동기에서 나왔다고 할 수 있다.

그러니까 《신정률》은 공양왕의 의도에 딱 맞는 시의적절한 형률이었다. 정몽주가 때에 맞춰 이를 완성하고 헌정했다는 것은 두 사람이 군왕과 신하로서 국정의 중요한 파트너였다는 것을 보여주고 있었다. 뿐만 아니라 새로운 형률의 완성은 고려왕조의 통치체계를 한 부분이나마 바로 세우려는 마지막 노력이기도 했다. 이 형률을 완성하여 헌정한 정몽주는 두 달 후에 살해되어 《신정률》은 빛을 못 보지만 그 의미는 적지 않다.

또한, 정몽주가 새로운 형률을 완성하여 공양왕에게 헌정했다는 것은 그가 긴 안목으로 정국의 주도권을 계산하고 있었다는 뜻이기도 했다. 무력기반이 없는 그가 의지할 데는 국왕의 정통성이나 대의명분, 법과 원칙을 내세워 정국을 주도하는 수밖에 없었다. 가파른 정국에서 이게 얼마나 힘을 발휘할지는 장담할 수 없었지만 말이다.

한편, 정국의 반전에 고무되었는지 전라도 관찰사로 나가 있던 하윤도 그해 2월 말 공양왕의 생일에 맞춰 한껏 국왕을 추켜세우는 일을 한다. 하윤이 〈주문공인자설朱文公仁字說〉을 써서 병풍으로 만들어 공양왕에게 바친 것이다. 이는 주자가 '仁'에 대한 해설을 덧붙인 글로서 유학 사상의 근본이나 핵심을 설명하는 것이었다. 공양왕은 이 병풍을 받고 시골에 있는 하윤이 항상 자신을 걱정하는 충심이 있다고 기뻐하며 칭찬을 아끼지 않았다고 한다.

하윤은 이보다 한 달 전에도 〈무일편無逸篇〉과 〈입정편立政篇〉을 족자에 써서 바친 적도 있었다. 이 두 글은 《서경》에 나오는 편목으로 올바른 군왕의 치도를 설명하는 내용이다. 공양왕을 군왕으로서 존중한다는 뜻이니 역시 공양왕은 흡족해 하였다. 하윤의 이런 행동은 공양왕을 위한 것이라기보다는 자신의 존재를 드러내기 위한 것으로 볼 수도 있다. 하지만 정몽주의 주도로 정국이 반전되면서 공양왕의 처지가 좀 나아진 상황을 반영하는 측면도 분명 있었다.

이성계의 낙마

정국이 바뀌는 속에서 1392년(공양왕 4) 2월 이성계는 다시 사퇴 카드를 꺼내든다. 앞서의 사퇴 요청이 전격적으로 수용되어 이때는 문하시중에서 물러나고 판문하부사라는 명예직만 남아 있었다. 그래서 사퇴의 약효는 떨어졌을 텐데 무엇을 의도했는지 잘 모르겠다. 공양왕은 당연히 이를 허락하지 않았고 잔치까지 베풀어주며 이를 만류했다.

이성계의 이번 사퇴 요청은 여러 가지 악조건이 겹쳐 나왔다고 보인다. 문하시중에서는 이미 물러났고, 자신에게 탄압받던 사람들은 사면과 복직을 통해 다시 등장하고 있었으며, 주도권은 공양왕과 정몽주에게 넘어가면서 정국은 예전같지 않으니 돌파구가 없이 답답했을 것이다. 현재 상황에 대한 불만과 이를 돌파해보려는 의도였다고 생각된다.

이성계는 사퇴가 불허되자 며칠 후 공양왕을 초청하여 잔치를 베풀었다. 소원할수록 독대를 통해 자신의 존재감을 드러낼 필요가 있었을 것이다. 이성계에게는 위화도 회군 이후 가장 큰 침체기를 맞고 있었다고 볼 수 있다. 일은 여기서 끝나지 않고 결정적인 불운을 겪게 되는데, 이성계가 말에서 떨어져 큰 부상을 입은 사건이 일어난 것이다. 사건의 경위는 이랬다.

전년 9월에 입조를 위해 명으로 들어갔던 세자가 1392년(공양왕 4) 3월, 통역관을 먼저 보내와 곧 환국한다고 보고하였다. 이렇게 환국을 사전에 보고한 것은 입조 사신으로서 성공했다는 뜻이었다. 세자는 남경에 도착하여 하정사로서 정단正旦의 축하연에 참석하였고 주원장으로부터 많은 선물을 받는 등 뜻밖의 환대를 받았다. 축하연에서는 6부 상서의 다음 자리에 위치하였고 내전에서의 잔치는 다섯 차례나 있었다. 세자라는 칭호를 쓰지 못했지만 실질적으로 세자 대접을 받은 것이었다. 세자 입조는 성공이었던 것이다.

공양왕은 이에 고무되었던지 이성계에게 황주(황해도)로 나아가 세자를 맞으라는 요청을 한다. 이성계는 세자의 입조가 성공적이었다는 소식도 반갑지 않았지만 출영하라는 요청도 떨떠름했을 것이다. 하지만 국왕의 명령이니 따르지 않을 수 없었다. 이런 문제도 공양왕이 예전같이 위축된 시기였다면 요청하기 어려운 것인데 공양왕의 제고된 위상을 반영하고 있었다.

이성계는 내키지 않은 출영이라 그랬는지 가는 도중 해주(황해도)에서 사냥을 했다. 불편한 상황에서의 사냥이어서 그랬을까, 사냥을 하다가 낙마하여 크게 다치고 말았다. 젊은 시절 전장의 마상에서 갈고 닦은 몸이었지만 사고를 피하지 못한 것이다. 그것도 큰 부상이었다. 당연히 세자의 환국을 맞이하지도 못했다.

공양왕은 이성계가 해주에서 낙마하여 큰 부상을 입었다는 소식을 며칠 후 경연 자리에서 보고받았다. 이에 의원을 보내 약을 하사하는데, 이성계의 부상 소식을 들은 경연관 하나가 이런 말을 했다. "총제사(이성계)는 나라의 장성이니 부상을 입었다면 이는 나라의 복이 아닙니다." 이 말에 공왕왕은 책을 바로 덮고 아무 말도 하지 않았다고 한다. 이때 경연 자리에 동석했던 정몽주는 반가운 기색을 보였다는 기록이 남아 있다. 이런 미세한 감정의 흐름을 사서에는 어떻게 기록하게 되었는지 모르겠지만 무미건조한 사건의 나열보다 더욱 진실한 면을 보여주고 있다.

이성계는 중상을 입어 해주에 머물고 세자는 개경에 들어오는데 대대적인 환영 행사가 펼쳐진다. 2품 이상의 재상들은 금교金郊까지 출영하여 맞이하고 문무백관들은 선의문 밖에까지 나아가 줄을 지어 맞이하였다. 공양왕은 즉위 이후 처음 느껴보는 국왕으로서 권위와 위용이었다. 세자가 명에서 받아온 선물은 도당에 내려 국용에 충당하도록 했다. 세자의 입조가 성공적이었다는 선전 효과도 거두면서 공양왕의 면목도 세울 수 있었을 것이다.

정몽주의 반격

1392년(공양왕 4) 4월 1일, 김진양을 중심으로 대간들이 연명으로 상소를 올린다. 상소의 내용은 조준·정도전·남은·윤소종·조박趙璞·남재南在 등을 국문하여 형벌을 내리라는 것이었다. 조박은 이방원의 동서로서 오사충과 함께 이색을 탄압하는 데 중심에 섰던 인물이다. 남재는 남은의 친형으로 과거에 급제하여 관직에 나와 대간을 맡아 뒤늦게 이성계 측에 가담하여 열성적으로 활약한 인물이다.

정몽주는 이들을 정확히 표적으로 삼았다. 이성계 측의 가장 중요한 핵심 인물로 본 것이다. 특히 유배 중인 정도전에 대해서는 처형할 것을 주장했다. 상소에 가담한 대간들은 이성계 측에 저항하다 파면된 후 다시 복직한 자들로 모두 정몽주의 지원을 받는 대간들이었다.

정몽주 측에 선 대간들은 이성계의 낙마 부상을 기다렸다는 듯이 이성계 측근 세력에 대한 탄핵에 들어간 것이었다. 이는 공양왕이나 정몽주가 사주했거나 아니면 배후에서 힘을 쓰고 있는 것이 분명했다. 복직한 이색·우현보 등도 여기에 적극 참여하여 동조했다. 그게 사실이든 아니든 적어도 이성계 측에서는 그렇게 판단할 수밖에 없었다. 이건 마치 이색이나 우현보 등을 탄핵하라는 주장에 대해 공양왕이 그 배후 인물로 이성계나 정도전을 생각한 것과 같은 이치다.

탄핵 사유는 각각 달랐다. 정도전에 대해서는 미천한 신분에서 일어나 주인을 제거하려고 없는 죄를 만들어 많은 사람을 연좌시켰다는 것이었다. 주인을 제거하려 했다는 것은 정도전의 외가와 얽혀 있는 우현보에 대한 처벌 주장을 두고 한 말인 것 같다. 죄를 만들려면 얼마든지 그렇게 주장할 수 있었다. 지난 시절 이성계 측 대간들이 반대자를 그랬듯이 똑같은 방법으로 돌려주고 있는 것이다.

조준에 대한 탄핵 사유는 좀 길고 복잡했다. 정도전과 함께 변란을 선동하고 권세를 희롱하여 여러 사람을 꾀고 협박했다는 것이었다. 그래서 남은 등은 우익이 되고 윤소종 등은 목구멍의 혀가 되어 죄가 없는 사람들에게 죄를 만들었다는 것이었다. 조준에 대해서는 특별히 공양왕을 옹립한 9공신에 포함될 수 없다고 주장하면서 공양왕 옹립에 반대한 인물이라고 하였다. 이는 사실이었다. 그런데도 공신의 반열에 들어 품계를 뛰어 관직을 받고 영화를 누렸다는 것이다.

남은에 대해서는, 특별한 공로도 없이 재상에 올라 조준과 정도전에 영합하여 공양왕을 경멸하고 분노케 했다는 것이었다. 남은은 공양왕을 압박하는 상소를 가장 많아 올렸는데 거칠고 직설적이며 저돌적인 언행을 남발했었다. 탄핵 사유는 사실 여부를 떠나 꼬투리만 있으면 얼마든지 지어낼 수 있었다. 남은 자신을 비롯해 이성계 측에 선 대간들도 상대를 탄핵할 때 전가의 보도처럼 동원했던 수법이었다.

윤소종에 대한 탄핵 사유는 따로 없었다. 그 이유는 잘 모르겠지만 하나하나 별도의 사유를 밝힐 필요가 없었다고 보인다. 탄핵 사유가 중요한 것이 아니라 이들은 이성계 측의 핵심으로서 탄핵받아 마땅하다고 생각했을 법하다. 이성계의 부재로 대세가 이미 기울었다고 판단했을 테니까.

조준·정도전·남은·윤소종 외에도 몇 사람이 더 탄핵 대상에 올랐지만 이들도 탄핵 사유를 하나하나 밝히지 않았다. 이들은 모두 원지로 유배되었고, 정도전은 유배지인 봉화에서 붙잡혀 보주(경북 예천)의 감옥에 하옥되어 처형을 눈앞에 두게 되었다. 매우 신속한 처결이었다. 이성계 측의 대간들이 반대자를 탄핵할 때도 저항이 만만치 않아 이렇게 신속히 처결되지는 않았었다. 이는 공양왕이 앞장서서 이들의 유배를 신속히 결정했던 결과였다.

4월 2일, 사헌부에서 오사충에 대한 탄핵 상소도 올라온다. 오사충은 윤소종과 그 죄가 같으니 그 역시 문초하여 치죄하라는 것이었다. 오사충은 이숭인과 권근, 이색과 조민수를 탄핵하는 데 앞장섰던 인물이었으니 그가 탄핵 대상에서 빠진다는 것은 오히려 이상한 일이었다. 오사충도 파면되어 바로 유배되었다.

정몽주 측 대간들의 공격은 여기서 그치지 않는다. 대간에서 다시 상소를 올려, 조준·남은·윤소종 등도 정도전과 그 죄가 같으니 그들 역시 정도전과 함께 처형해야 한다는 것이었다. 정몽주 측에서는 이성계의 야망을 저지하기 위해서 내친 김에 확실하게 뒤끝을 없애야 한다고 생각했던 것 같다. 처형하라는 주장이 정몽주의 생각이었다면 그는 유학자치고는 매우 강단 있는 인물로 볼 수 있다.

하지만 공양왕은 이들의 처형을 조심스러워 하는데 너무 과격한 처분이라 여겼을 것이다. 공양왕은 우선 남은·윤소종·조준을 문초하여 정도전과 관련이 드러나면 그때 정도전을 국문하라고 주문하였다. 처형은 그다음에 판단하겠다는 것이었다. 이런 점은 공양왕이 우유부단하다고 볼 수도 있지만 상당히 신중한 인물이었다는 것도 알 수 있다. 공양왕으로서는 이성계의 존재를 고려하지 않을 수 없었기 때문이다.

여기까지만 해도 이성계 측은 단 며칠 사이에 치명상을 입었다. 강성 핵심 인물들이 모두 유배되고 정도전은 하옥된 상태이니 달리 손을 쓸 여지가 없었다. 이성계는 부상으로 아직 해주에 머물고 있었다. 이대로 방관한다면 어떤 사태로 이어질지 예측할 수 없었고 다시 재기하기 어려운 상황이었다.

그런데 이런 사태에 이르기까지 이성계 측에서는 왜 아무런 저항이 없었을까? 이성계 측에 선 인물들은 유배당한 핵심 인물 외에도 다수 있었을 텐데 말이다. 하지만 적극적인 핵심 세력이 아니라면 목숨 걸고 저항하기보다는 관망하거나 대충 대세를 따르는 것이 보통이다. 그래서 이성계 측에 섰다가 정몽주 측으로 돌아선 사람들이 많았다. 예측불허의 중차대한 국면일수록 그런 경향은 강하게 나타난다.

2. 폐위당한 공양왕

정몽주, 타살당하다

낙마하여 해주에 머물던 이성계는 조준·정도전·남은·윤소종 등에 대한 유배 소식을 보고받았을 것이다. 이성계는 불편한 수레에 몸을 싣고 바로 해주를 출발하여 개경으로 향했다. 이때가 1392년(공양왕 4) 4월 2일경으로 낙마한 지 보름 정도 지난 뒤였다.

　해주에서 개경까지는 한나절 정도의 가까운 거리였다. 이성계는 벽란도(예성강 하구)에 이르러 웬일인지 하룻밤을 유숙하려고 한다. 이때 이방원이 벽란도로 달려가 이런 보고를 했다. "정몽주는 반드시 우리 집안을 해칠 것입니다." 이방원은 개경에서 상황을 지켜보다가 벽란도로 달려가 위급한 상황을 보고한 것이다. 이방원의 이 말 속에는 정몽주를 제거해야 한다는 의지를 강하게 담고 있었다. 이성계는 아무런 반응을 보이지 않았다.

이성계가 벽란도에 머물 생각을 버리지 않자 이방원은 위급한 상황이니 유숙할 수 없음을 다시 강조했다. 이에 이성계는 생각을 바꾸어 아픈 몸을 가마에 싣고 어두워져서야 개경의 사저로 돌아왔다. 이제 어떻게 대응해야 할지 결단해야 했다. 조준·정도전 등 핵심 측근들은 유배 중이었으니 결단은 온전히 이성계와 이방원 부자의 몫이었다.

다음 날 4월 3일, 사헌부에서는 번갈아 상소를 올려 유배 중인 정도전·조준·남은·윤소종을 즉각 처형하라고 재촉했다. 정몽주는 이성계가 개경으로 돌아왔다는 보고를 받았을 테니 반격할 기회를 주지 않겠다는 것이었다. 이때 정몽주는 근심과 걱정으로 사흘 동안 먹지도 못했다고 한다. 하지만 처형이라는 극형을 단숨에 결정하기 어려웠다. 공양왕이 이를 주저했다면 즉각적인 처형은 더욱 쉽지 않은 일이었다.

그런데 이날 공양왕은 환관을 보내 이성계에게 선물을 보낸다. 부상으로 해주에 머문 후 개경으로 돌아온 것에 대한 위로였을 것이지만, 이성계의 존재를 의식하지 않을 수 없는 공양왕의 처지를 보여주고 있었다. 이런 공양왕의 행동은 일단 이성계를 안심시켜 적대적으로 보이지 않겠다는 뜻으로 읽을 수도 있다. 하지만 정몽주가 이성계까지 제거할 생각을 했다면 정몽주와는 생각하는 방향이 좀 다른 것이었다.

정몽주는 정도전·조준·남은·윤소종 등에 대해서는 제거할 생각을 확실하게 품고 있었다. 하지만 이성계까지 제거할 생각을 했는지는 불확실하다. 공양왕도 이성계 제거에 동의했다는 기록이 있지만 역시 의문이다. 이성계에게는 강력한 군사가 있었기 때문에 그게 간단히 해치울 일도 아니었지만, 그게 가능하다고 해도 그것은 너무 판을 크게 만드는 일이어서 결단하기 힘든 일이었을 것이다. 하지만 관찬사서에는 정몽주는 물론이고 공양왕도 함께 이성계를 제거할 생각을 했다고 나온다. 그래서 어느 쪽이 정확한 사정인지 판단하기 어렵다. 정몽주로서는 일단 이성계의 핵심 측근을 먼저 제거하는 것이 중요했다는 점은 분명하다.

하지만 이방원은 정몽주가 이성계는 물론 자신의 가족까지 해칠 것이라는 판단을 굳게 하고 있었다. 이방원이 다시 이성계에게 요청했다. "형세가 매우 위급합니다. 장차 어찌하시렵니까?" 이에 이성계는 "죽고 사는 것은 하늘에 달렸으니 다만 순순히 따를 뿐이다"라고 하였다.

부자 간의 이 대화를 말 그대로 받아들인다면 이방원은 정몽주를 제거할 수밖에 없다는 의지를 갖고 이성계의 결단을 촉구한 것이다. 하지만 이성계는 하늘에 맡기겠다고 하였다. 이성계의 이 반응이 좀 뜻밖이다. 위급한 처지에서 하늘에 맡길 수 있는 상황이 아니었기 때문이다. 하늘에 맡겨도 자신 있다는 뜻인지, 아니면 이미 형세가 기울어 하늘에 맡길 수밖에 없다는 뜻인지 모호하다. 어쨌든 이성계는 정몽주의 제거를 명시적으로 허락하지 않았다. 이때 이방원은 친모 한씨의 상중에 있었지만 기어이 거사에 들어간다.

4월 4일, 이방원은 이화李和(이성계의 서제)와 이성계의 사위 이제李濟 그리고 이두란·이방과 등과 정몽주 제거 문제를 의논했다. 여기 이화는 요동정벌 당시 이성계 휘하의 조전원수로 참전하여 회군에도 가담했으며, 특히 궁궐을 무장해제시키고 우왕을 끌어내는 데도 참여했던 인물이다. 급박한 상황에서 이방원은 믿을 만한 친족들을 먼저 찾았던 모양이다. 이때 이두란은 이성계가 허락하지 않은 일을 할 수 없다며 정몽주 제거에 반대했다고 한다.

그런데 이원계(이성계의 서형)의 사위 변중량卞仲良이란 자가 정몽주에게 이 사실을 누설하고 만다. 친족들 사이에 정몽주 제거 모의가 새나갔던 것이다. 하지만 정몽주는 자신을 제거하려 한다는 정보를 입수하고도 이날 이성계의 사저를 방문했다. 사태를 엿보기 위해 그랬다고 사서에는 언급하고 있는데 이게 너무 이상하다. 자신을 제거할 계획을 알았다면 그에 대한 대책을 세워야 할 것인데 말이다. 정몽주의 이런 행동은 이성계가 자신을 죽이지 않을 것이라는 믿음 때문이었는지도 모른다. 또한 정몽주 자신도 이성계까지 제거할 생각은 아직 없었던 탓이라고 볼 수도 있다.

이성계는 방문한 정몽주를 예전처럼 대접했다. 정몽주는 이상한 낌새를 전혀 느끼지 못했던 것으로 보인다. 만약 이성계가 이방원에게 정몽주 제거를 암묵적이라도 허락했다면 이때 방문에서 두 사람의 대면이 그렇게 태연하게 이루어질 수는 없었을 것이다. 두 사람이 오랜만에 대면한 자리에서 정국이 엄중하니만큼 중요한 대화가 오갔을 것 같은데 대화 내용은 사서에 전하지 않고 있다.

정몽주의 동향을 주시하면서 소재를 파악한 이방원은 이때를 놓칠 수 없다고 결심하고 장정들에게 정몽주의 동리 근처에서 대기하게 하였다. 정몽주는 이성계의 사저를 나와 바로 귀가하지 않고 어떤 관리의 집으로 조문을 가는데 긴박함 속에서 동선 파악에 어려움을 겪기도 했다. 마침내 이방원은 집으로 돌아가던 정몽주를 문객 조영규趙英珪 등 4, 5명의 장정을 시켜 백주 노상에서 타살하고 만다. 1392년(공양왕 4) 4월 4일, 이성계가 왕위에 오르기 3개월 전이었다.

화난 이성계, 핀잔을 준 후첩 강씨

이방원의 지시를 받고 정몽주 타살의 현장에서 직접 가담한 자는 조영규를 비롯하여 조영무趙英茂·고여高呂·이부李敷 등 4명이었다. 조영규는 우왕 때 함흥에서 이성계와 함께 군사 활동을 한 것으로 보아 이성계의 측근 무장인 것 같은데, 조영무는 어떤 인물인지 어떻게 이방원과 관계되었는지 잘 드러나지 않는다. 고여는 우왕 때 하급 장교로서 조영규와 같은 시기 함흥에서 이성계와 함께한 인물이며, 이부는 조영무와 마찬가지로 잘 드러나지 않는다.

정몽주 타살에 직접 가담한 이들의 구성을 보면 네 사람 중 두 사람이 이성계와 밀착된 관계를 통해서 이방원에게 바로 연결되었음을 알 수 있다. 나머지 두 사람도 크게 다를 것 같지 않다. 아직 젊은 이방원이 독자적인 자신의 세력을 확실하게 구축하기 어려웠을 테니까 당연해 보인다. 이방원이 이성계의 측근 무장들을 동원하여 정몽주를 살해했다는 것은 생각해볼 부분이 많다. 게다가 이들 4인은 이성계가 왕위에 오른 후 모두 개국공신에 들어간다는 점도 그냥 지나칠 수 없는 일이다.

정몽주를 타살한 직후 조영무는 바로 달려가 이방원에게 보고하였다. 이방원은 다시 이성계의 사저로 달려가 보고하였다. 이후의 사태에 대응하기 위해서도 이성계에 대한 보고는 반드시 필요했을 것이다. 이때 이성계는 낙마 후 부상으로 아직 병석에 있었다. 정몽주 제거 소식을 들은 이성계의 첫 마디는 이랬다. "우리 집안은 본디 충효로써 세상에 알려졌는데 너희들이 마음대로 대신을 죽였으니 나라 사람들이 내가 이 일을 몰랐다고 하겠느냐? 부모가 자식에게 경서를 가르친 것은 그 자식이 충성하고 효도하기를 원한 것인데, 네가 감히 불효한 짓을 저질렀으니 내가 사약을 마시고 죽고 싶은 심정이다."

이방원은 이렇게 변명했다. "몽주 등이 장차 우리 집안을 해치려고 하는데, 어찌 앉아서 당하기만을 기다리겠습니까? 몽주를 살해한 것이 곧 효도인 것입니다."

이성계는 정몽주 제거의 배후로 자신이 지목되는 것을 가장 두려워했다. 어쩌면 그런 혐의를 도저히 피하기 어렵다는 것을 알고 화가 났을 것이다. 하지만 일국의 대신을 백주에 살해하고 부자 사이에 효·불효를 언급하는 것은 상황에 어울리지 않는다.

화가 잔뜩 난 이성계 곁에 후첩 강씨가 있었다. 그녀는 성난 이성계에게 어떤 말도 못하고 좌불안석이었다. 이에 이방원이 불만을 드러냈다. "어머니께서는 어찌 변명 한마디 해주지 않습니까?" 이방원의 불만에 정신이 들었는지 강씨는 갑자기 노기를 띠면서 이성계에게 핀잔을 줬다. "공(이성계)은 항상 대장군으로 자처했으면서 어찌 놀라고 두려워함이 이 지경입니까?"

실록의 내용을 그대로 옮긴 것이다. 짧지만 이 급박한 대화에서 강씨는 정몽주의 제거를 사전에 알았을 가능성이 많았다고 보인다. 정몽주 제거를 이성계가 허락하지 않자 이방원은 강씨에게는 사전에 알렸을 것 같고 어쩌면 동의를 받았는지도 모른다. 그래서 화를 낸 이성계에게 핀잔을 준 것이 아닌가 한다.

강씨의 개입 가능성은 다른 데서도 찾을 수 있다. 이방원이 정몽주 제거를 사전에 모의할 때 함께했던 이제는 바로 강씨의 사위였다. 이성계와 나중에 결혼한 강씨 사이에는 두 아들로 이방번李芳蕃·이방석李芳碩이 있고, 딸 하나가 있었는데 그 딸이 이제와 결혼했던 것이다. 정몽주 살해 직전에 이성계의 본처 한씨는 죽었다. 그러니까 강씨는 이성계가 왕위에 오르면 그다음 왕위는 자신의 소생이 물려받을 수 있을 것으로 기대하고 이때 정몽주 제거에 개입했을 가능성이 농후한 것이다. 실제 이성계가 왕위에 오르고 나중에 세자 책봉 문제가 생길 때 강씨는 자신도 개국에 공로가 있다고 주장하기도 하니까 여러 정황이 맞아 떨어진다.

이방원은 이성계의 성난 모습을 뒤로하고 사저를 나와 휘하의 사람들에게 변고에 대비할 태세를 갖추게 했다. 정몽주 제거로 혹시 모를 반격에 대비하려는 것이었다. 장사길張思吉 등을 불러 휘하 군사들을 거느리고 자신의 신변을 둘러싸고 지키게 하였다. 장사길은 의주 지방의 토착 무장으로 일찍부터 이성계 휘하로 들어와 심복이 되고 위화도 회군 직후에는 밀직부사로 발탁된 인물이다.

정몽주 제거 다음 날 7월 5일, 이성계는 황희석黃希碩을 시켜 정몽주가 대간을 동원하여 충량한 자들을 모함하다가 처형되었다고 공양왕에게 알리게 하였다. 아울러 유배된 조준·남은 등을 불러 대간과 대면 신문하도록 요청하게 하였다. 황희석은 평해(경북) 출신으로 승려였다가 환속한 인물인데 일찍부터 이성계의 측근 무장으로 들어와 성장하여 우왕 때는 이미 조정의 관직을 맡기도 했다.

이성계는 이미 저질러진 정몽주의 제거를 정당화시키기 위해 그런 지시를 내린 것 같다. 그래야만 했을 것이다. 하지만 지시를 받은 황희석은 주저하며 말없이 쳐다보고만 있었다. 이제가 곁에 있다가 성난 목소리로 꾸짖으면서 마지못해 황희석은 대궐에 나아가 공양왕에게 고하니 공양왕은 이렇게 말했다. "대간을 탄핵당한 사람들과 대면해서 변명하게 할 수는 없다. 내가 대간을 밖으로 내보낼 것이니 경들은 다시 말하지 말라."

공양왕은 대간을 쫓아낼 수는 있지만 유배된 조준과 남은 등을 다시 불러들일 수는 없다고 주장한 것이다. 정몽주 제거 소식을 듣고 사태의 심각성을 알고는 있지만 아직 항복할 생각은 아니었던 것 같다. 이때 이성계는 노기로 인하여 병이 더욱 심해지고 말을 할 수 없는 지경에 이르렀다고 한다. 이게 정몽주를 살해한 이방원을 향한 노기인지, 공양왕이 반발한 것에 대한 노기인지 분명치 않은데 양쪽이 겸해진 것이 아닌가 싶다.

이에 이방원이 사태 수습에 직접 나서는데 이 부분은 뒤에서 자세히 살펴보겠다. 여기서 강조하고 싶은 것은 정몽주 살해에 이성계의 측근 무장들이 동원되었다는 사실이다. 살해 현장에서 직접 행동에 나섰던 무장들과 살해 후 사태 수습에 나섰던 장사길과 황희석 등이 모두 그들이다. 이성계의 후첩 강씨는 사위 이제를 통해 생각보다 훨씬 깊숙이 정몽주 살해에 개입했을 가능성이 크다.

이런 사실들이 의미하는 것은 이성계가 왕위에 오르는 데 가장 방해되는 인물이 정몽주라는 사실에 대해 그 측근에서는 모두 합의했다는 뜻이다. 이 부분은 이성계도 인정하지 않을 수 없는 일이고, 그가 정몽주 살해를 직접 지시하지 않았을지라도 결코 이 문제에서 자유롭지 못하다는 뜻이다. 정몽주 제거 소식을 들은 이성계는 가슴속은 착잡했지만 머릿속은 개운하지 않았을까?

정몽주 죽음의 의미

이방원의 정몽주 타살은 당일 결정해서 갑자기 감행한 일이 아니었다. 벽란도로 달려가 이성계에게 위급한 상황을 보고할 때는 이미 정몽주 제거를 확고하게 결심한 후였다. 그럼 언제쯤 제거할 생각을 했을까? 그 시기는 조준·정도전·남은·윤소종 등 핵심 인물들이 유배당한 이해 4월 1일경으로 보인다. 이때는 정몽주가 타살되기 불과 며칠 전으로, 핵심 인물들에 대해 처형 논의까지 나온 시기였다. 이방원은 더이상 물러설 수 없다고 판단하고 정몽주 제거를 결심했을 것이다.

그렇다면 정도전은 정몽주 제거에 간여하지 않았을까? 관찬사서의 기록에는 그런 흔적이 전혀 보이지 않고 있다. 하지만 정도전이 향리에서 붙잡혀 하옥될 무렵에 이방원이 정몽주 제거를 생각했다면 의심해볼 수는 있다. 정도전을 하옥시킨 것은 분명히 정몽주였고, 그런 정도전이 정몽주에 대해 반감이나 반격을 생각하는 것은 당연해 보이기 때문이다. 정도전 외에도 어쩌면 이성계를 왕으로 추대할 생각을 했던 핵심 인물들, 조준·남은·윤소종 등도 이방원이 결심하는 데 어떤 식으로든 영향을 주었을지 모른다.

이방원이 정몽주 제거를 생각한 이유는 그를 살려두고서는 이성계의 야망을 도저히 달성할 수 없다고 판단한 때문이다. 이 점에서는 정도전·조준·남은·윤소종 등도 크게 다르지 않았을 것이다. 이건 마치 정몽주가 정도전을 살려두고서는 이성계의 야망을 끊을 수 없다고 판단한 것과 같은 맥락이다. 정몽주와 정도전은 양측의 핵심 인물로서 서로를 부정하고 제거 대상으로 삼았던 것인데, 정몽주는 전혀 예상치 못한 이방원에게 급습을 당한 것이었다.

이성계는 정몽주를 매우 무겁게 여겨 전장에서 종사관이나 조전원수로 여러 차례 함께했는데 얄궂게도 아들이 그를 살해했다. 이때 56세였다. 정몽주의 유학(성리학) 진흥과 업적에 대해서는 언급을 삼가겠다. 그는 뛰어난 학자들에게 부족하기 쉬운 배포가 큰 인물이었다. 정몽주의 성품에 대해 그의 열전에는 타고난 자질이 지극히 높고 '호매절륜豪邁絕倫'했다고 평하고 있다. 탁월한 자질의 학자이면서도 무인풍의 호방한 성품이었다고 그려진다.

이성계의 야망 실현 과정에서 정몽주의 타살은 큰 분수령이었다. 위화도 회군이 야망 실현의 관문이었다면, 그 관문에 들어선 후 이성계 측에서 가장 조심스럽게 상대한 인물이 정몽주였다. 수많은 반대자를 탄압하고 유배 보내면서도 정몽주에 대해서는 전혀 손을 쓰지 않고 오히려 우대했는데 결국 무참히 살해한 것이다. 그런 정몽주의 죽음에 대해 새 왕조 개창 과정에서 그 의미가 무엇인지 생각해볼 필요가 있다.

이성계의 핵심 측근들이 이성계를 왕으로 추대할 생각을 처음으로 했던 것은 위화도 회군이 성공할 무렵이었다는 것을 앞에서 얘기했다. 이어서 창왕을 폐위시킨 후 측근에서는 다시 이성계를 왕으로 추대할 생각을 했지만 여의치 않았다. 이후 이성계와 그 측근들은 공양왕으로부터 왕위를 선양禪讓받을 생각을 했다고 보인다. 그게 가장 명분을 세울 수 있고 순탄한 방법이었기 때문이다.

이성계 측에서 선양받을 생각을 했다는 증거는 여러 가지가 있는데, 가장 중요한 것은 이성계의 야망에 저항하는 자들을 폭력적으로 제거하지 않았다는 점이다. 수많은 사건을 조작하고 혹은 과장하여 저항 세력을 끈질기게 탄압하면서도 많은 사람을 죽이지는 않았다. 이 문제에 대해서는 이성계도 적극 동의하고 지켰던 것 같다. 옥사하거나 자결 혹은 의문사한 자들을 제외하고 중량급 인물로 사건의 와중에 지금까지 처형당한 자는 최영과 변안열 외에는 거의 없었다. 이는 이성계 측에서 폭력적인 살해를 애써 멀리한 결과로 보인다.

이성계 측이 무력으로 왕위를 찬탈할 생각이었다면 저항 세력에 대해 폭력적인 살해를 마다할 이유가 없다. 그들에게는 그럴 힘도 갖추고 있어 충분히 가능했다. 그럼에도 이를 회피한 이유는 폭력적인 찬탈이 아닌 선양이나 양위를 통해 야망을 실현하고 싶었기 때문이다. 하지만 정몽주에 대한 폭력적인 타살로 인해 이제 그 길은 끝나고 말았다. 어쩌면 애초부터 그 길은 이미 막혀 있었는지도 모르겠지만.

정몽주를 포섭하지 못하고 살해할 수밖에 없었다는 것은 이성계와 그 세력의 한계를 드러낸 것이었다. 말할 필요도 없이 이는 조선왕조 개창의 한계이면서 선양을 더이상 추구할 수 없게 만들었다. 정몽주가 살아있는 한 그를 중심으로 고려왕조는 당분간 지속할 여력을 충분히 보유하고 있었다. 그는 고려왕조를 상징하는 마지막 신하였다. 그런 정몽주의 타살은 폭력성을 여지없이 드러내고 만 것이었다. 이제 공양왕에게 양위를 받느냐, 찬탈이냐의 형식만 남아 있었다. 하지만 이 두 가지 형식은 내용상으로는 아무런 차이가 없었다. 정몽주의 죽음이 그렇게 만든 것이다.

그런데 이성계 측에서 정몽주를 살해함으로써 선양의 기회를 잃었지만 얻는 효과도 있었다. 그것은 이성계의 야망에 저항하는 자들에게 공포심을 심어준 것이다. 이성계 측에 저항했던 자들은 정몽주의 타살을

목도하면서 죽음을 무릅쓰지 않고서는 이제 누구도 나설 수 없게 되었다. 여기에 공양왕도 예외가 아니었으니 이성계의 야망 실현은 훨씬 빨리 올 수 있었다. 이성계 측에서 선양의 기회는 잃었지만 그에 못지않은 큰 실리를 챙긴 것이다.

또 하나, 정몽주를 타살한 이방원은 이성계의 즉위를 앞당기면서 왕조 개창의 가장 중요한 핵심 인물로 급부상했다. 누구도 감히 나설 수 없는 일을 거의 독단으로 실행하여 손에 피를 묻힘으로써 그를 무시할 수 있는 자는 아무도 없었다. 조선 초 왕자의 난은 여기서부터 비롯되었을 것이다.

다시 급반전

정몽주를 타살한 다음 날 1392년(공양왕 4) 4월 5일, 이방원은 숙부 이화와 의논하여 이방과를 입궐시켜 공양왕에게 이렇게 보고한다. "정몽주의 무리를 국문하지 않으면 신(이방원)이 벌을 받겠습니다." 이방원 자신이 나서지 않고 이방과를 보낸 것은 너무 엄청난 일을 저질러 두려움도 있었을 것이다.

이방원의 뜻은 정몽주의 무리를 국문하든지 정몽주를 죽인 자신을 벌하든지 두 가지 중 하나를 선택하라는 강압이었다. 여기에 저항할 수 있는 공양왕이 아니었다. 즉시 정몽주 측의 대간들을 순군옥에 가두고 국문할 필요 없이 유배 보내라고 하였다. 하지만 공양왕은 다시 명을 내려 배극렴·김주·김사형 등에게 이들을 국문하게 한다. 국문을 해야 그 배후 관련자까지 밝혀낼 수 있으니 이는 이성계 측에 더 유리한 조치로 갑자기 선회한 것이었다.

국문에서는 정몽주 측 대간의 중심에 있던 김진양에게 추궁이 집중되었다. 김진양은 별다른 저항 없이 정몽주·이색·우현보·이숭인·이종학 등을 배후 인물로 지목하였다. 이들이 이성계의 낙마 부상을 틈타서 그 측근을 먼저 제거한 후 이성계를 제거하려 했다는 것이다. 거론된 이들과 대간 10여 명은 모두 즉시 하옥되고 바로 이어서 유배당했다.

이때 이상하게도 이색과 우현보는 유배에서 제외된다. 앞서 정도전이 이 두 사람에 대한 처벌을 주장했다가 정몽주의 반격을 받아 곤경에 처했던 경험을 반복하지 않으려는 신중함으로 보인다. 또한 정몽주 타살 바로 직후라서 두 사람까지 유배 보내는 것은 정치적으로 부담이 되었을 테고, 이에 따른 여론의 향배도 가늠할 필요가 있었을 것이다.

그런데 형률을 담당한 법관 하나가 이성계에게, 김진양의 죄는 참형에 해당한다고 말한다. 이에 이성계는 자신은 살인을 즐겨하지 않는다고 하며 김진양은 정몽주의 사주를 받았을 뿐이라고 하였다. 다시 법관이 그렇다면 엄한 곤장이라도 내려야 한다고 하니, 이성계는 이미 그들을 용서했다고 말한다. 김진양이 국문을 받으며 정몽주·이색 등 배후 인물을 순순히 거명한 것은 이성계 측에 대한 저항을 포기한 것으로 볼 수 있는데, 이를 두고 한 말인 것 같다.

대사헌으로 있던 강회백은 정몽주가 조정을 장악하면서 그에 줄을 선 인물인데 이번에 연루되지 않았다. 그가 대간의 우두머리인 대사헌으로 재임했다는 점에서 조준·정도전 등을 유배 보낸 일에서 결코 자유롭지 못했지만 그랬다. 강회백의 동생이 공양왕의 사위였다는 사정이 반영된 것으로, 이는 이성계 측에서 공양왕을 배려했는지도 모른다. 그 정도의 여유는 있었을 것이다.

이어서 4월 5일, 조준을 불러들였다. 정도전과 남은은 제외되었는데 왜 그랬는지 모르겠다. 아마 관료집단의 반발을 많이 샀던 정도전과 남은에 대해서는 적당한 때를 기다린 것으로 보인다. 이런 문제를 성급하게 처리할 필요가 없었을 것이다. 관료집단의 분위기를 조심스레 관망했다고 볼 수 있다.

다음 날 4월 6일 새로운 인사를 단행하는데, 심덕부는 계속 문하시중으로 재임하고 죽은 정몽주의 수문하시중 자리는 배극렴이 차지했다. 그리고 조준을 문하찬성사로, 이두란을 지문하부사, 민개閔開를 대사헌으로 삼았다. 이성계의 최측근 장수 이두란은 위화도 회군에 가담한 후 주로 왜구를 토벌하는 전장에서 활동하다가 처음으로 조정에 들어온 것이다. 새로 대사헌에 발탁된 민개는 이전 행적이 별로 드러나지 않아 정확히 알 수 없지만 이성계 측에 선 인물은 전혀 아니었다는 점에서 의외였다.

민개뿐만 아니다. 이번 인사에서 이성계 측 인물들이 독점하지 않았다는 사례는 많다. 판삼사사에 오른 설장수는 그래도 중립적인 인물로 볼 수 있지만, 삼사좌사에 오른 이원굉이나 지밀직사사에 오른 윤사덕은 이성계 측에 저항한 인물이었다. 이원굉은 세자의 장인으로 공양왕과 사돈 간이고, 윤사덕은 이성계 제거 모의 사건에 연루되었다고 하여 유배되었던 인물이었다. 이들을 발탁한 이유는 회유를 위한 것으로 보인다.

또한 정몽주 측에 섰던 대간으로 유배된 자들의 빈자리를 메우는 인사도 있었는데 대부분 신진인사였다. 이성계 측의 인물로 독차지하지 않은 것이다. 이제 대간을 누구로 삼아도 큰 문제가 아니었기 때문이다. 정국이 반전과 재반전을 거듭하는 가운데 대간은 정치적으로 가장 심하게 휘둘리면서 충분히 길들여진 탓이었다. 여기에 이성계 측에 호응하는 인물들을 포섭하려는 의도도 작용했을 것이다.

인사 발령이 난 당일, 죽은 정몽주는 거리에 효수되었다. 그리고 머리 밑에 이런 방문이 붙여졌다. '없는 일을 꾸며서 대간을 꾀어 대신을 음해하고 국가를 요란케 하다飾虛事誘臺諫謀害大臣擾亂國家.' 타살도 억울할진대 다시 목이 잘려 효수되었으니 이런 무참한 일도 없을 것이다. 이왕 무참한 일을 저질러 후대 사가의 비판을 피할 수 없을 바에야 정치적으로 효과를 극대화시키고 싶었던 것일까.

정몽주를 타살하고 그 머리를 효수까지 한 것을 보면 이성계가 정몽주를 매우 중히 여겼다는 말은 헛말이라는 생각도 든다. 정적이니 죽임은 어쩔 수 없었다고 치더라도 존중했던 정몽주에 대한 예우가 전혀 아니기 때문이다. 그래서 정몽주 제거에 이성계가 동의하지 않았다는 것도 약간 의구심이 든다.

다시, 반대자 탄압

4월 7일, 이첨을 유배 보냈다. 이쪽저쪽 기웃거린 그를 단죄한 것이었다. 하지만 이첨은 이 열흘 후 바로 방면된 것으로 봐서 다시 이성계 측으로 돌아선 것으로 보인다. 이날 지용기는 방면된 유배지에서 죽는데 자연사인지 의문사인지 잘 판별이 안 된다. 왕안덕도 방면된 후 이보다 며칠 전에 죽는데 역시 의문이다.

그런데 한 가지 주목할 점은 지금까지 처형당한 자들은, 의문사까지 포함해서 거의 모두 무장 출신들이라는 사실이다. 무장이 아닌 자로 죽임을 당한 자는 정몽주가 유일했다. 이는 무엇을 말하는 것일까? 이성계 측에서 진짜 적대 세력으로 간주한 자들은 군사력을 지닌 무장 세력이었다는 뜻이다. 이는 달리 말하면 이인임 정권 이래 지금까지 무장 세력이 정국을 주도하고 있었다는 뜻이기도 하다.

이어서 4월 13일, 이색을 향리로 추방했다. 추방해도 이제 별다른 저항이 없을 것으로 판단한 것인데, 이게 그에게 몇 번째 추방인지도 잘 모르겠다. 끝까지 이성계의 야망에 동의하지 않은 결과였다. 그런데 그런 이색을 왜 죽이지 않았을까? 정몽주를 죽인 마당에 이색까지 죽이기에는 너무 정치적 부담이 커서 그러지 않았을까. 이렇게 보면 정몽주는 여러 사대부들의 목숨을 대신해서 희생되었다고 할 수도 있겠다.

그런데 4월 14일, 이성계 휘하의 무장들이 상소를 올려 정몽주의 가산을 적몰하고 그 무리들을 치죄하라고 주장한다. 사헌부나 대간의 상소가 아니라 이성계 휘하 무장들이 상소를 올린 것으로 매우 특별한 일이었다. 이는 공포 분위기를 조성하려 한 것으로 보인다. 이에 죽은 정몽주는 가산을 적몰당하고, 이색의 두 아들과 이숭인·김진양 등은 폐서인되었다.

이상 모든 일들은 정몽주가 죽임을 당한 직후 열흘 동안에 있었다. 정도전·조준·남은 등이 유배된 이후로부터는 보름 안의 일들이었다.

이렇게 짧은 기간에 정치적 급반전이 일어난 것도 우리 역사상 매우 드문 일이다. 반전에 반전을 거듭하면서 권력의 추는 이전보다 이성계 측에 훨씬 심하게 기울어 다시 뒤집기는 불가능했다. 오직 하나의 정치적 결말을 향해 달려가고 있었다.

4월 22일, 다시 인사가 있었다. 중요 내용은 문하시중 심덕부를 판문하부사로 옮기고 이성계가 다시 문하시중을 맡은 것이다. 여기에 정희계·이방원·이행·조인옥·조박 등 눈에 띄는 몇몇 인물이 새로 관직을 받았고, 대간에 대한 인사도 포함되었다.

정희계는 이성계 측에 저항했던 인물이었는데 이번에 발탁되었으니, 이는 회유를 위한 것이든지 이미 회유된 것으로 보인다. 이방원은 모친 상으로 자리를 비웠다가 다시 들어온 것이다. 이행과 조인옥은 이보다 2년 전에 공양왕에 의해 맨 먼저 축출되었던 이성계 측의 열성 인물인데 조정에 다시 들어온 것이다. 조박은 이방원의 동서로 정도전·조준 등과 함께 유배되었다가 들어온 것이었다.

그런데 1392년(공양왕 4) 5월 12일, 이성계는 다시 문하시중의 사직을 요청한다. 공양왕은 허락하지 않았지만 사흘 후 다시 요청하는데 역시 허락하지 않았다. 지금까지 이성계의 이런 사직 요청은 수없이 반복되었지만 이번에는 진심이었던 것 같다. 이성계가 욕심이 없어서가 아니라 이제 문하시중 자리는 그에게 의미가 없었기 때문이다. 왕위를 넘보는 그에게 문하시중 자리는 오히려 방해가 되었을 것이다.

5월 27일에는 신임 대사헌인 민개가 탄핵 상소를 올린다. 상소 내용은 조준의 공을 높이 사면서, 정몽주는 무리를 모아 난을 일으키고 사직을 위태롭게 했다고 하면서, 그 무리인 설장수 등 대여섯 명을 지목하여 국문하고 유배 보내라는 것이었다. 곧 바로 설장수는 향리로 축출 되었고 그 나머지는 먼 곳으로 유배당했다. 새로 대사헌을 맡은 민개가 뒤늦게 이성계 측에 가담하여 열성적으로 활약하는 모습은 권력투쟁에 서 흔히 볼 수 있는 익숙한 장면이다.

그 하루 뒤에는 김자수가 또 상소를 올려 강회백을 탄핵하였다. 강회 백은 정몽주에 의해 발탁된 민개 바로 앞의 대사헌으로, 그는 김진양 등의 무리와 죄가 같은데 홀로 그만 죄를 면했으니 유배 보내는 것이 마땅하다는 것이었다. 공양왕은 강회백을 비호하려 했지만 어쩔 수 없 이 결국 탄핵을 따랐다.

공양왕의 마지막 버티기, 우현보

절차를 거치지 않은 탄핵도 벌어진다. 1392년(공양왕 4) 6월 9일 도당에 서는 우현보와 그 다섯 아들, 종친 7명, 그리고 기타 관리 13명 등 총 25명을 얽어 모조리 유배에 처했다. 사유는 이들이 난을 일으키려 했 다는 것이었다.

우현보는 이색 등 정몽주와 공모한 자들이 모두 축출되는 상황에서 도 아직 건재하고 있었다. 공양왕의 비호를 받은 것인데, 이를 이용해 사건을 꾸미려다 들통난 것이었다. 사건이란 우현보가 중심이 되어 이 성계 측에 대한 반격을 도모했다는 것으로, 이게 사실인지 조작인지 잘 모르겠지만 이성계 측에 저항할 자는 이제 우현보밖에 없다는 것은 분 명했다.

그런데 문제는 도당에서 공양왕의 재가도 받지 않고 우현보 등을 유배 보냈다는 사실이다. 도당에서는 사건이 다급하여 사후에 보고했다고 하지만, 이는 이성계 측에서 공양왕과 우현보의 관계를 의식하여 도당을 앞세워 무단으로 선수를 친 것이었다. 공양왕의 권위를 도당이 완전히 무시한 처사였다. 문제는 공양왕이 우현보를 계속 비호하자 도당에서는 우현보를 죽이려고 작정했다는 점이다.

도당에서는 뒤늦게 정식으로 상소를 올려, 우현보는 그 죄악이 너무 커 죽음을 면할 수 없고 유배로만 그쳐서는 안심할 수 없으니 가산을 적몰하라고 주장하였다. 공양왕은 이를 듣지 않고 관직 삭탈과 유배로 그치게 했다. 도당의 주장을 그대로 받아들이지 않은 것인데 공양왕의 버티기가 다시 시작되고 있었다.

공양왕은 도당의 주장을 그대로 따르지 않으면서 6월 10일, 정도전과 남은을 방면하여 불러들였다. 조준은 정몽주가 타살된 다음 날 바로 소환되었는데, 정도전과 남은은 두 달이나 늦게 이제야 소환된 것이다. 왜 이렇게 되었는지 궁금한데, 이 문제는 우현보와 관련 있어 보인다. 도당에서 무단으로 우현보를 유배 보내놓고 계속해서 치죄를 주장한 것은 그의 영향력이 살아있었기 때문이라고 볼 수 있다. 즉 우현보가 정도전과 남은의 방면을 가로막고 있었다는 얘기다.

그래서 이런 추론을 해볼 수 있다. 도당에서 우현보가 난을 일으키려 했다고 공양왕의 재가도 없이 그 무리와 함께 유배 보낸 것이나, 이후에도 계속해서 우현보의 치죄를 밀어붙였던 것은 유배에서 아직 풀려나지 못한 정도전의 의지가 반영된 것이 아닐까 하는 것이다. 두 사람의 가문에 얽힌 악연까지 감안하면 충분히 그럴 만했다. 이보다 1년 전에 정도전이 배후에서 대간을 사주하여 끈질기게 우현보의 탄핵을 주장했던 상황이 그대로 재현되고 있었던 것이다.

공양왕에 대한 압박은 계속된다. 정도전·남은이 방면된 그날, 사헌부에서 갑자기 유만수에 대한 파면과 국문을 주장하였다. 유만수는 이성계의 측근 무장이었지만 이상하게도 공양왕의 비호를 받는 등 성향이 불분명했다. 사헌부에서 내세운 사유는 유만수가 불효하여 탄핵을 받았지만 공양왕이 비호하여 교만하고 포악하다는 것이었다. 이에 공양왕은 유만수에 대해 유배로 그치게 했다. 또한 이때 사헌부에서는 이미 탄핵을 받아 향리로 추방된 설장수의 처벌이 너무 가볍다고 주장하여 설장수는 다시 먼 곳으로 유배당했다.

문제는 우현보였다. 사헌부에서는 다시 우현보에 대한 탄핵 치죄를 주장했다. 이에 공양왕은 우현보의 관직만을 삭탈하고 유배 보냈다. 좀 이상한 점은 우현보는 이미 유배당했는데 계속된 탄핵 주장에도 삭탈 관직과 유배로만 처벌이 반복된다는 사실이다. 이는 우현보에 대한 그 이상의 강력한 처벌, 즉 처형을 요구했지만 공양왕이 이를 받아들이지 않은 탓으로 보인다. 공양왕은 그렇게 우현보를 마지막까지 붙들고 있었다.

이방원, 이성계 추대를 거론하다

우현보에 대한 탄핵 상소가 계속되는 가운데 1392년(공양왕 4) 6월 16일, 조준을 경기 좌우도 절제사, 남은을 경상도 절제사로 삼고, 전국 각도에도 이와 같은 방식으로 병마를 관장하게 하였다. 앞서, 전국의 군사를 전군, 후군, 중군의 3군으로 나누어 군통수권을 도총제사인 이성계가 장악하고 배극렴을 중군 총제사, 조준을 좌군 총제사, 정도전을 우군 총제사로 삼았었다. 이번 조치는 이에 대한 보완으로 보인다. 전국 단위가 아닌 각각 지방 단위로 좀 더 치밀하게 군사권을 장악하기 위한 조치였을 것이다.

그리고 6월 17일, 공양왕은 이성계의 사저를 방문한다. 이성계가 해주에서 낙마했다가 돌아온 뒤의 문병을 구실삼았지만 시국이 엄중하니만큼 그것만은 아니었을 것이다. 이즈음 끈질기게 계속되고 있던 우현보에 대한 탄핵을 중단해줄 것을 요청하기 위한 것이었는지도 모르겠다. 꼭 1년 만에 두 사람의 사적인 회동이기도 했다.

주연이 베풀어졌다. 이 자리에서 공양왕은 이성계에게, "내가 경을 비록 후하게 보답하지는 못했지만 어찌 그 덕을 잊을 수 있겠소"라고 말하며 눈물을 흘렸다. 공양왕의 이 말과 눈물의 의미는 무엇일까? 공양왕이 던진 말은 앞으로의 일을 부탁한 것처럼 들린다. 그것이 무엇인지는 모르겠지만, 일국의 국왕이 신하 앞에서 눈물을 흘렸으니 이미 국왕이 아니었다는 생각이 든다. 이즈음 공양왕은 마음을 비우지 않았을까?

주연이 끝날 무렵 공양왕은 거문고를 건네며, "병 중에 위안을 삼아 속히 치료하고 등청해서 과인을 위해서 일을 보시오"라고 말했다. 이런 말을 대하면 공양왕이 다시 냉정을 찾은 것 같기도 하다. 자신의 판단에 따라 왕조의 운명이 걸려 있으니 어떻게 해야 할지 머릿속이 복잡했으리라.

이때쯤 이방원을 비롯해 남은·조준·정도전·조인옥·조박 등과 이성계를 지지하는 세력 52명이 이성계를 추대하기 위한 논의에 들어갔다. 그 중심에 이방원이 있었다. 이방원은 위화도 회군 무렵, 남은이나 조인옥이 이성계를 왕으로 추대하려는 뜻을 드러내자 이를 입 밖에 내지 못하게 했었다. 하지만 이제 때가 이르렀다고 판단했는지 핵심 세력들에게 이렇게 말했다. "천명과 인심이 이미 돌아오고 있는데, 어찌 빨리 왕위에 오르기를 권하지 않고 있습니까?"

이방원이 이성계의 추대 문제를 재촉하고 있는데 이제 비밀스런 일이 아니었다. 이방원은 이성계 추대에 적극적인 남은과 먼저 계책을 정하고 이를 조준·정도전·조인옥·조박 등 52인과 추대 문제를 공개적으로 논의하였다. 《태조실록총서》에는 이성계 추대 논의에 참여했던 여기 50여 명의 관리 이름이 특별하게 하나하나 열거되어 있다. 이들이 이성계 추대에 나선 적극적인 지지자라고 할 수 있다.

고려 시대 관직에 대한 연구에 따르면 관원의 총수는 문반과 무반, 이속직이나 품외관, 중앙과 지방의 관리를 모두 합해 5,300여 명으로 추산하고 있다. 정원을 모두 채웠을 경우인데, 이성계의 추대에 적극 참여한 자는 전체 관리의 1퍼센트 정도였다고 보인다. 지방을 제외하고 중앙에 재직하는 문무품관만은 2,200여 명으로 이것만 대상으로 하면 2퍼센트 남짓이다. 물론 절대다수 대부분의 관리는 이성계의 추대를 보며 관망하는 태도를 취했겠지만 적극적인 지지자가 그리 많지 않았다는 것을 알 수 있다.

그런데 문제는 이성계를 설득하는 일이었다. 실록에는 이성계가 진노할 것이 두려워 감히 추대 문제를 알리지 못했다고 한다. 이방원뿐만 아니라 누구도 그 일을 이성계에게 알리지 못했다는 것이다. 이를 그대로 믿는다면 이성계는 아직 왕위에 오를 뜻이 없었다고 볼 수 있다. 그렇다면 지금까지 해온 일은 무엇이란 말인가? 이게 진실은 아닐 것이다.

이방원은 할 수 없이 추대 문제를 서모 강씨에게 알리도록 부탁했다. 하지만 강씨도 이 문제를 이성계에게 말하지 못했다. 이에 이방원은 남은과 함께 먼저 즉위 의식을 갖춘 후에 추대를 권고하는 쪽으로 결정하였다. 그러니까 이성계가 모르는 상태에서 추대 준비에 들어갔던 것이다. 이제 이성계를 어떠한 형식과 절차를 거쳐 왕위에 앉힐지의 문제만 남았다.

여기서 눈여겨볼 대목은 적극적인 이방원의 모습이다. 이성계 측의 핵심 인물들 가운데 그는 이제 이성계 추대의 중심에 우뚝 서 있었다. 백전노장의 쟁쟁한 정치가들 속에서 젊은 이방원이 이를 주도한 것이다. 이는 《태조실록》이 태종 이방원 대에 편찬되어 그의 활동을 과장한 결과로 볼 수도 있고, 이성계의 아들이라는 후광이 작용한 것일 수도 있다. 하지만 이방원의 무모할 정도의 용의주도함은 정몽주 타살로 이미 증명된 것이었으니 그 사건의 위력이 그를 추대의 중심에 서게 만든 것이었다.

이성계가 왕위에 오르는 것은 그 측근에서 누구나 당연하다고 생각하고 있었지만, 이를 언제 어떻게 실행할 것인지에 대해서는 누구도 입밖에 내기 쉽지 않은 문제이기도 했다. 단 한 걸음을 내밀지 못하고 머뭇거리는 그 어려운 백척간두에서 이방원은 주저하지 않고, 때에 맞춰, 정확하게 정면으로 나아간 것이었다.

마지막 인사 발령

공양왕이 이성계의 사저를 방문하고 이틀 후인 6월 19일, 다시 인사가 있었다. 며칠 후 이에 대한 보완으로 추가 인사도 있었는데 모두 합해 30명 이상의 대폭 인사였다. 이 속에는 이성계 측의 인물도 있었지만 이성계 측에 저항했던 인물도 다수 있었다.

이성계 측의 인물로는 조준이 판삼사사, 이방과는 삼사우사, 남은은 동지밀직사사를 제수받았다. 한 가지 눈에 띄는 점은 이번 인사에서도 정도전이 빠졌다는 사실이다. 함께 방면된 남은은 재상급으로 들어왔는데 말이다. 정도전에 대한 관료사회의 반감을 고려한 것인지, 아니면 또 다른 흑막이 있는지 모르겠다. 그가 관직을 받아 다시 조정에 들어오는 것은 조급하게 서두를 일이 아니었을지도 모르겠다.

그리고 이성계 측에 저항했던 인물도 많이 들어있었다. 찬성사에 임명된 권중화, 판개성부사에 임명된 이인민, 문하평리에 정희계, 판밀직사사에 윤사덕 등이다. 권중화와 이인민은 윤이·이초 사건에 연루되어 유배된 적이 있었고, 정희계와 윤사덕은 이성계 제거 모의 사건에 연루되어 유배된 적이 있었던 인물이다. 이들을 기용한 것은 회유를 위한 것이든지 이미 회유된 결과로 보인다.

또 언급할 사람이 있는데 성석린이다. 그는 처음에는 이성계 측에 적극 가담한 인물이었지만 조준·정도전이 유배된 후 정몽주에게 발탁되었는데, 그가 이번에 찬성사에 오른 것이다. 성석린을 이성계 측에 저항한 인물로 본다면 이 역시 회유를 위한 발탁으로 보인다. 성석린은 공양왕이 폐위된 직후 유배되는 것으로 보아 이성계 측으로 돌아서지 않은 것으로 보인다.

그 밖의 대다수 인물들은 성향이 별로 강하지 않은, 혹은 지금까지 활동이 별로 없어 성향을 정확히 알 수 없는 자들로 중립적인 인물들이었다. 그래서 이번 인사는 공양왕의 의지가 상당히 반영된 것이 아닌가 하는 생각도 든다. 만약 그렇다면 여기에는 이성계 측의 동의나 양보가 있어서 그러지 않았을까 생각한다.

그런데 이번 인사는 공양왕의 마지막 인사가 되고 만다. 한 달 뒤에는 이성계가 왕위를 차지하기 때문이다. 그래서 이성계 측에서는 강력하게 인사권을 독점할 필요가 없었고 자파 일색으로 인사를 채우지도 않았던 것 같다. 그런 점에서 공양왕의 뜻을 배려했다고 할 수 있다. 이제 누구를 어느 자리에 앉히고, 누구를 어떤 성향인지 판별하는 것은 중요하지 않다는 뜻이다. 그렇다면 이번 인사는 별 의미가 없었다고 보인다.

한편, 우현보에 대한 탄핵 상소는 중단되지 않았다. 이에 공양왕은 상소문을 궁중에 방치하는 등 저항을 멈추지 않는다. 그래도 대간에서는 우현보 처벌을 계속 요구하는데 처형을 반드시 관철시키겠다는 의지였다. 그래도 탄핵을 멈추지 않으니 공양왕은 자신을 강압하지 말라며 반발하기도 했다. 우현보를 이렇게까지 비호한 것을 보면 공양왕에게 또 다른 의도가 있지 않았나 의심도 드는데, 인척관계 외에는 드러난 것이 없어 달리 설명할 동기가 없다.

6월 25일, 공양왕은 마지못해 우현보의 두 아들 우홍수와 우홍부를 관직을 삭탈하여 유배 보내고 영구히 관직에 들어오지 못하도록 조치를 내렸다. 우현보의 처형을 끝까지 저지하면서 두 아들에 대한 처벌로 이를 대신한 것으로 보인다. 마지막까지 이런 뒷심이 어떻게 발휘되었는지 공양왕도 참 대단하다는 생각이 든다.

고려왕조의 마지막 사신

1392년(공양왕 4) 6월 27일, 문하평리 김주를 명에 사신으로 파견한다. 이번 사신은 태조 주원장에게 고명誥命을 요청하기 위한 것이었다. 고명은 황제의 임명장 같은 것으로, 공양왕에 대한 왕위 승인, 즉 책명을 받기 위한 것이었다. 그래서 당연히 이를 요청하는 정식 표문을 가지고 갔다.

그런데 공양왕에 대한 왕위 승인을 요청하는 사신 파견은 공양왕이 즉위한 후 이게 처음이었다. 김주가 가지고 간 표문에 의하면 종실인 왕방王昉을 보내 이미 책명을 요청한 지 4년이 지났다고 언급하고 있는데, 이는 사실을 왜곡한 것으로 보인다. 1389년(공양왕 1) 11월 왕방이 명에 사신으로 파견된 것은 사실이지만 그때 책명을 정식으로 요청하지도 않았고 이를 요청하는 표문도 없었다. 오히려 이때 왕방과 함께 사신으로 들어간 조반에 의해 엉뚱한 윤이·이초 사건이 폭로되면서 정치적 파란만 불러왔었다.

이성계 측에서는 공양왕의 왕위 승인에 대해서 관심이 없었고, 그래서 정식으로 명에 책명을 요청하는 사신을 보낸 적도 없었다. 앞에서 얘기했지만, 이는 자신들의 야망 실현에 방해된다고 생각했기 때문이다. 즉 공양왕을 임시 국왕 정도로 치부했던 것이다. 그렇다면 이제야 정식으로 공양왕의 왕위 승인을 요청하는 사신을 보낸 이유는 뭘까?

이성계 측에서 공양왕의 왕위 승인을 어떻게든 받아내기 위한 것은 결코 아니었다. 책명을 요청하는 사신 김주를 파견한 시점을 주목할 필요가 있는데, 여기서 한 달도 못 되어 이성계는 왕위를 차지했다. 그러니까 이때의 사신 파견은 목적 달성을 위한 사신이 아니라 그냥 시도해본 것에 불과하다고 본다. 사신으로 파견된 김주는 중국까지 들어갔다가 공양왕의 폐위 소식을 접하고 되돌아오고 말았으니 재미있는 일이 아닐 수 없다.

아니면, 이런 추측도 해볼 수 있다. 이성계와 그 핵심 측근에서는 후대의 비판을 모면하기 위해 형식적으로 책명 사신을 파견했을 수 있다. 이성계 측에서 자신들의 야망을 실현하는 과정에서 가장 신경 쓴 부분은 왕위를 찬탈했다는 비난을 받는 것이었다. 이를 회피하려면 책명을 받기 위한 노력을 드러낼 필요가 있었을 것이다. 이즈음 왕위를 거의 접수했다고 판단했을 테니까 그 정도의 여유는 있었을 것이다.

공양왕의 맹서 요구

1392년(공양왕 4) 7월 5일, 공양왕은 이방원과 조용趙庸을 조용히 불렀다. 이때 이방원은 국왕 비서관인 밀직제학으로 있었고, 조용은 성균관의 사예司藝(종4품)로 있었다. 두 사람을 부른 것은 중대한 일 때문인데, 조용은 여기서 처음 등장하니 설명이 좀 필요하다.

조용은 과거를 통해 관직에 나온 인물로, 1390년 세자시학을 맡는 것으로 보아 공양왕의 신임을 받은 것 같고, 이후 사헌부의 지평(종4품)으로 대간을 맡기도 한다. 조용은 공양왕에게 발탁되면서 이성계 측에 가담한 인물은 아니었다고 할 수 있다. 그러니까 공양왕이 이방원과 조용을 함께 부른 것은, 이성계 측의 핵심인 이방원과 자신을 대변해줄 수 있는 조용을 고려하여 선택한 것이었다.

공양왕과 이 두 사람의 대화를 그대로 옮겨보겠다.

공양왕: 내가 장차 이 시중과 함께 동맹同盟하고자 하니 경들은 나의 말을 시중에게 전하고 시중의 말을 들어 맹서하는 글을 기초하여 오라. 반드시 이와 관련된 고사故事가 있을 것이다.

조용: 맹서는 존중할 만한 것이 아니어서 성인들이 싫어한 것입니다. 열국 간의 동맹은 옛날에 있었으나 임금과 신하 사이의 동맹은 경적經籍이나 고사에 그 근거가 없습니다.

공양왕: 그렇더라도 어떻게든 만들어보라.

공양왕은 왕위에서 물러날 생각을 이미 굳힌 것 같다. 그러면서 이성계와 동맹을 맺고자 했다. 조용이 군신 간의 동맹은 근거가 없음을 들어 반대했지만 그래도 맹서하는 초안을 만들라고 강요하다시피 했다. 공양왕은 이성계와 무슨 동맹을 하려는 것이었을까?

이방원과 조용은 함께 이성계를 찾아가 공양왕의 말을 그대로 전했다. 이성계는 이렇게 말했다. "내가 무슨 말을 하겠느냐, 네가 마땅히 명령받은 대로 기초해보라." 이성계는 이제 올 것이 왔다고 생각했겠지만 그렇게 말할 수밖에 없었을 것이다. 이에 조용은 맹서의 초안을 작성했는데 이런 내용이었다. 이 부분은 중요한 내용이니 원사료까지 그대로 인용해보겠다.

경이 없었다면 내가 어찌 여기에 이르렀겠는가. 경의 공과 덕을 내 어찌 잊으랴. 황천후토가 위에 있고 곁에 있으니 대대로 자손은 서로 해치지 않을 것이다. 내가 경을 저버리면 이 맹서와 같을 것이다不有卿子焉至此卿之功與德子敢忘 諸皇天后土在上在旁 世世子孫無相害也 子所有負於卿者有如此盟 (《고려사》 46, 세가. 공양왕 4년 7월 갑신).

조용은 이방원과 함께 이와 같은 맹서의 초안을 공양왕에게 올렸다. 공양왕은 좋다고 하였다. 공양왕이 마지막까지 걱정했던 것은 자신과 후손에 대한 신변 안전이었던 것이다.

그런데 공양왕이 왕위에서 물러나겠다는 언급은 어디에도 없다. 하지만 조용은 그것을 전제로 맹서의 글을 기초했다. 조용은 공양왕이 왕위에서 물러나는 것을 기정사실로 받아들이고 문서를 작성한 것이다. 그래서 이 맹서는 공양왕이 왕위에서 물러나겠다는 결심을 하고 이성계에게 신변의 안전을 요구받기 위한 것이었다. 조용과 함께 공양왕을 대면했던 이방원이나, 조용으로부터 공양왕의 뜻을 전달받은 이성계는 이제 곧 공양왕이 왕위에서 물러나리라는 것을 확실하게 알아차렸다는 얘기다.

그렇다면 공양왕은 언제쯤 그런 생각을 했을까? 이보다 정확히 3개월 전에 있었던 정몽주 타살이었다고 본다. 정몽주 타살은 공양왕에게, 나도 죽을 수가 있겠구나 하는 두려움을 심어주었을 것이다. 그 무참한 사건을 접하고 왕위에서 물러날 것을 결심했다고 보는데, 마음을 결정하고 나니 이제 왕위에서 물러난 이후가 다시 걱정되었다. 이성계를 향한 공양왕의 맹서는 그래서 나왔던 것이다. 정몽주를 타살한 장본인 이방원을 불러놓고 말이다.

그런데 중요한 점은 공양왕의 이 맹서에 대해 이성계가 확답을 하지 않았다는 사실이다. 맹서에 대한 확답을 받아야 안심하고 왕위에서 물러날 수 있는데, 이제 이 문제가 남아 있었다.

공양왕의 마지막 장면

7월 6일, 정도전을 봉화군충의군奉化郡忠義君으로 제수하고 조반을 지밀직사사로 삼았다. 정도전은 이보다 한 달 전에 유배에서 소환되었다가 실직은 아니지만 이제 복권된 것이다. 그에게 관직은 그리 중요하지 않았을 것이다. 조반은 이 전년 10월에 윤이·이초 사건을 폭로하여 분란을 일으켰다고 유배된 이후의 복직이었다. 왕위에서 물러날 결심을 한 공양왕에게 이런 인사 내용은 별 관심이 없었을 것이다.

그리고 7월 12일, 공양왕은 이성계의 사저를 방문하여 함께 동맹의 초안을 놓고 맹서를 받으려고 준비하고 있었다. 미리 연락을 띄웠는지 이성계 사저에서는 주연 자리까지 준비되어 있었다. 이때쯤에는 공양왕이 왕위에서 물러날 것이라는 소문이 조정에 이미 퍼졌던 것 같다.

그런데 이성계의 사저로 가기 위해 북천동궁北泉洞宮 대전을 나오던 공양왕은 깜짝 놀라고 만다. 의장을 갖춘 군대가 열병해 있고 문무백관이 나열하여 대기하고 있었다. 그 엄숙한 위용에 마음대로 움직일 수 있는 분위기가 아니었다. 공양왕은 자신의 의지와 다르게 이미 퇴위 절차가 진행되고 있음을 알아채고 다시 대전으로 들어갈 수밖에 없었다.

이날, 우시중 배극렴이 중심이 되어 왕대비(정비 안씨)에게 이렇게 고했다. "지금 왕이 혼암昏暗(어리석음)하여 군도君道를 이미 잃고 인심도 이미 떠났으니 사직과 생령의 주인이 될 수 없나이다. 청컨대 폐위하소서." 양위가 아닌 폐위 절차에 들어간 것이다. 이때 왕대비가 어떤 대응을 했으며 어떤 반응을 보였는지 사서에 아무런 언급이 없고, 왕대비의 교지를 받들어 폐위를 이미 결정하였다고 기록하고 있다.

이어서 남은과 정희계가 교지를 가지고 시좌궁時坐宮으로 가서 우부대언 한상교韓尙敎에게 교지를 읽게 하니, 공양왕은 엎드려 이를 듣고 눈물을 흘렸다고 한다. 시좌궁은 폐위 당사자인 공양왕의 임시 거처였다. 헌납 송인宋因에게는 문무백관에게 교지를 읽어 깨우쳐 알리게 했다. 문무백관들이 어떤 반응을 보였는지도 역시 아무런 기록이 없다.

공양왕은 그렇게 폐위되었다. 재위 4년 만으로 이때 50세였다. 폐위된 공양왕은 당일 곧바로 원주로 추방되고 왕비와 세자 여러 비빈이 뒤를 따랐다. 뒤에 간성군으로 옮기는데, 폐위 2년 후인 1394년(조선 태조 3) 삼척에서 죽는다.

왜, 양위가 아닌 폐위를 택했을까

공양왕이 왕위에서 물러나는 마지막 장면을 역사 기록 그대로 받아들인다면, 공양왕은 스스로 왕위에서 물러난 것이 아니고 왕대비의 교지에 따라 폐위당한 것이다. 이 마지막 장면에서 한 가지 의문이 든다. 공양왕에게 스스로 물러날 수 있는 양위의 기회를 줄 수 있었는데 이성계 측에서는 왜 그 길을 막았을까? 이성계의 사저를 방문하여 이미 마련된 맹서의 초안을 서로 약속했다면 그게 가능했기 때문이다.

이성계 측에서는 폐위시키는 것보다는 양위를 받는 게 명분에서 유리했다. 이미 되돌릴 수 없는 권력관계나 사태 추이로 봤을 때 폐위나 양위나 내용상 별 차이가 없었지만 절차상의 의례나 형식에는 큰 차이가 있다. 폐위는 그 절차상의 형식에서 당연히 강제된 것이니 후대의 비난을 피할 수 없다. 이성계가 왕위를 찬탈했다고 말이다. 그래서 더욱 의문인 것이다.

폐위와 양위는 절차상의 차이만 있는 것이 아니라 또 하나 중요한 차이가 있었다. 폐위에서는 후계 국왕을 누구로 할 것인지 거론할 필요가 없지만 양위에서는 양위와 동시에 후계 국왕을 내세워야 한다. 고려 시대에는 보통 물러나는 국왕이 양위 교서를 반포하면서 후계 국왕을 누구로 하겠다는 뜻을 포함시킨다. 그게 양위의 본래 뜻이고, 가장 흔한 사례가 재위 중인 국왕이 아들 세자에게 양위하는 경우이다.

공양왕이 양위를 통해 물러난다면 후계 국왕을 지명해야 했다. 이성계 측에서 양위가 아닌 폐위를 택한 것은 이성계가 공양왕으로부터 후계 국왕으로 지명되는 것을 회피한 때문이었다. 그런 양위를 통한 지명이야말로 후대의 비난을 면할 수 없다고 판단한 것이다. 공양왕으로부터 후계 국왕으로 지명받는다는 것은 누가 보더라도 자의가 아닌 힘에 의한 강요된 양위로 볼 수밖에 없기 때문이다. 이는 찬탈과 내용상 별 차이가 없는 것으로 당대 사람들 누구나, 그리고 이성계 측의 핵심 인물들도 인식하고 있었다.

이성계와 그 핵심 인사들은 공양왕으로부터 양위받는 게 아니라, 공양왕을 폐위시킨 후 따로 문무백관의 추대를 받아 왕위에 오를 생각을 했다. 그게 더 명분을 세울 수 있고 후대의 비난을 피할 수 있으며, 새 왕조 개창이라는 역사적 정당성도 확보할 수 있다고 생각했던 것이다. 이 문제는 이성계가 왕위에 오르는 과정을 지켜보면 자연스레 드러날 일이다.

폐위된 그날 문무백관이 국새를 받들어 왕대비전에 두고 왕대비가 국왕을 임시 대행했다. 그리고 도당에서는 전국 각 지방에 유배된 자들을 모두 옥에 가두고 죄상의 판정을 기다리게 했다. 이는 이성계의 즉위에 저항했던 자들을 마지막으로 심사하여 선별하려는 작업으로 보인다. 이제 이성계가 왕위에 오르는 형식만 남았으니 마지막 회유 절차였을 것이다.

그리고 공양왕이 폐위된 당일, 우성범과 강회계를 회빈문 밖에서 참수한다. 두 사람은 공양왕의 사위인데, 폐위 과정에서 저항했거나 이성계가 왕위에 오르는 절차를 밟아가는 데 저항 세력으로 보았기 때문이다. 아울러 그럴 가능성이 있는 다른 사람들에 대한 전시 효과도 노렸을 것이다. 이때 이성계는 참수 소식을 듣고 중지시키려 했지만 미치지 못했다고 한다.

또한 성석린·이원굉 등을 유배 보냈다. 성석린은 이색의 당으로 몰려 유배당했는데, 그는 한때 이성계의 핵심 측근에 근접할 정도로 활약이 많았던 인물이다. 이원굉은 세자의 장인으로 공양왕의 사돈이니 유배를 피할 수 없었을 것이다. 공양왕이 폐위된 이틀 후인 7월 14일에는 또다시 몇몇 관리들을 유배 보낸다. 공양왕 폐위 직후에 있었던 친인척에 대한 참수나 연달아 내려진 유배 조치는 폐위에 대한 반발이 의외로 만만치 않았음을 짐작케 한다.

공양왕에 대한 관찬사서의 평가는 매우 부정적이다. 폐위시킨 국왕을 조선왕조에 들어와 편찬된 사서에서 긍정적으로 평가할 리가 없지만 좀 생각할 부분이 있어 그대로 옮겨보겠다.

> ……이에 공양왕이 헌석軒席 위를 떠나지 않고 일어나 보위에 오르니 왕씨의 제사가 이미 끊어졌다가 다시 계속되었고 왕씨의 나라가 이미 망했다가 다시 일어났다. 이에 마땅히 정성을 다해 어진 자를 훈상하고 충간忠諫을 용납하여 서로 유신의 다스림을 함께 도모해야 할 것인데, 어찌 오직 친인척의 감정을 낀 호소와 환관이나 아녀자의 요청만을 듣고 믿어 공신을 멀리하고 시기하며 충량忠良을 모해하여 정사를 어지럽혔는가. 인심과 천명天命이 스스로 떠나 왕씨 500년의 종사를 누리지 못하고 홀연히 망하게 하였던가. 슬프도다(《고려사》 46, 세가. 공양왕 4년 7월, 사신 찬).

《고려사》 세가의 제일 끝부분에 나오는 사신史臣의 논평이다. 우왕과 창왕을 왕씨가 아니라는 이유로 폐위시키고, 왕씨인 공양왕을 다시 폐위시킨 것은 인심과 천명이 떠났기 때문이라고 하였다. 하지만 인심과 천명이 떠났다는 것은 이성계와 그 핵심 측근들만의 판단이 아니었을까?

밑줄 친 부분은 폐위의 정당성을 주장하기 위한 것이겠지만 폐위의 명분으로는 부족했다고 보인다. 또한 공양왕에 대한 정당한 논평도 아니다. 친인척이나 환관 혹은 아녀자의 요청만을 들었다는 것은 공양왕에 대한 사실무근의 비하일 뿐이다. 조선왕조에 들어와 내려진 평가라는 것을 감안하더라도 인심과 천명이 떠난 근거로는 설득력이 약하고 사실에도 정확히 부합하지 않은 것이다. 공양왕은 그렇게 무능하거나 불량한 국왕이 아니었다는 생각이다.

공양왕은 이성계 세력에 시달리느라 국정을 차분히 돌볼 틈이 없어서 업적이나 성과는 드러낼 만한 게 없지만, 정치 역량에서는 고려 시대 평균치의 국왕 정도는 도달했다고 본다. 왜구의 침략도 줄어들고 명과의 관계도 별 문제가 없어서 우왕 때보다도 안정적이었다. 그리 유약한 국왕도 결코 아니었다. 심하게 기울어진 권력 판도에서 이성계 세력에 저항과 타협을 반복하면서 4년이나 재위한 것이 오히려 대단한 일이었다.

만약 이성계가 죽었다면

이성계는 해주에서 사냥하다가 낙마하여 큰 부상을 입었는데, 만약 그때 죽었다면 어떻게 되었을까? 부상으로 그쳐 잠시의 부재중에도 극적인 반전이 이루어졌으니 만약 죽었다면 역사가 전혀 다른 모습으로 전개되지 않았을까 하는 상상을 해볼 수 있다. 역사에서 가정은 의미 없다지만 만약의 가정도 당시 상황을 이해하는 데 보탬이 될 수 있어 이 문제를 여담으로 살펴보고자 한다.

먼저, 이성계가 죽었다면 새 왕조 개창 작업은 당장 벽에 부딪힐 수밖에 없었다는 생각이 든다. 왕으로 세울 인물이 사라졌으니 당연한 결과로 어렵지 않게 예측할 수 있는 일이다. 그러면 공양왕은 계속 국왕의 자리에 있었을 테고 고려왕조는 지속되었을 것이다. 이 경우 정몽주를 비롯해 지금까지 이성계 측에 저항했던 세력이 이성계 세력을 완전 제압하고 권력을 장악해야만 가능하다.

아니면, 이성계의 죽음에도 불구하고 왕조 개창 작업을 계속할 수 있는 길을 생각해볼 수 있다. 이 경우에는 반드시 이성계를 대신할 새로운 주군이 세워져야만 가능할 것이다. 이성계의 대안으로 누가 어떻게 등장할지 관건이겠지만 어쨌든 왕조 개창 작업을 계속 진행하려면 새로운 주군의 등장은 필수 요건이다.

전자와 후자 가운데 어느 쪽이 개연성이 클까? 분명한 것은 이성계의 죽음에도 불구하고 양측의 권력투쟁은 당장 끝나지 않고 계속 되리라는 점이다. 그것은 이성계 측에서 그동안 추진했던 개창 작업이 폭넓게 진척되어 포기할 수 없고, 이에 저항했던 정몽주 측에서는 이성계의 죽음을 계기로 더욱 강력하게 공격할 것이기 때문이다. 결국, 이성계가 죽더라도 권력투쟁은 계속될 수밖에 없고 여기서 누가 승리할 것인가의 문제이다.

이렇게 생각할 때 후자 쪽에 더 가능성이 많다고 본다. 즉, 이성계가 죽었더라도 새 왕조 개창은 어떻게든 이루어졌을 것으로 본다는 뜻이다. 다만 시간이 좀 더 지체될 수는 있을 것이다. 해서, 만약 이성계가 죽었다면 그의 사후 양측의 권력투쟁이 어떻게 전개되었을지 살펴보는 것은 무의미한 일만은 아니라는 생각이 든다. 이를 위해 지난 사건을 잠시 되짚어볼 필요가 있다.

① 1391년(공양왕 3) 7월 5일: 정몽주의 요청으로 지난 다섯 가지 사건에
  대한 재심 결정
② 9월 13일: 이성계의 문하시중 사퇴 요청을 전격 수용하여 판문하부사
  로, 정도전은 평양부윤으로 좌천
③ 9월 20일: 정도전을 봉화현으로 추방
④ 9월 26일: 재심 결정이 실행에 옮겨져 유배된 우인열·왕안덕·박위
  등에게 외방 거주 허용
⑤ 10월 22일: 정도전 나주 유배, 그의 두 아들 직첩 삭탈
⑥ 11월~12월: 이색과 우현보 등이 복직하고, 정몽주 계열의 인물들이
  다시 대간을 차지함
⑦ 1392년(공양왕 4) 1월: 우인열·왕안덕·박위 등 사면, 지용기에게 외
  방 거주 허용, 이숭인 복직
⑧ 2월 3일: 정몽주가 새로운 형법 《신정률》을 공양왕에게 헌정
⑨ 3월 17일: 해주에서 이성계 낙마 부상
⑩ 4월 1일: 조준·남은·윤소종·조박·남재의 관직을 삭탈하고 유배, 정
  도전은 유배지에서 압송되어 하옥
⑪ 4월 2일: 이성계 개경 사저로 돌아옴
⑫ 4월 4일: 정몽주 타살

이성계가 낙마하여 부상당하기(⑨) 이전에 정몽주에 의해 정국의 반
전이 이미 진행되고 있었다. 그 계기는 지난 사건에 대한 재심 결정이

었다(①). 그 결과 이성계가 수상에서 물러나고 정도전은 좌천된 후(②) 향리로 추방되었다가(③) 마침내 유배당했다(⑤). 또한 지난 사건 연루자들이 풀려났고(④) 이색과 우현보 등의 복직도 이루어졌으며 과거 이성계 측에 핍박받던 대간들도 돌아왔다(⑥). 이어서 지난 사건 연루자들은 사면 복직되고(⑦) 정몽주는《신정률》을 헌정하여(⑧) 정국을 장악할 준비를 하고 있었다.

이성계의 낙마 부상은 ⑩에서 보듯이 정도전뿐만 아니라 조준·남은·윤소종·조박·남재 등 이성계의 핵심 측근들까지 유배당하는 계기가 되었다. 만약 ⑨에서 이성계가 죽었다면 ⑩의 사건은 더욱 강력하고 폭넓게 진행되었을 가능성이 많다. 이후 정몽주에 의한 정국 장악이 더욱 확고해지고 이성계 세력에 대한 대대적인 숙청이나 탄압이 이루어졌을 것이다.

문제는 이런 정몽주의 반격과 정국 장악이 얼마나 지속될 수 있었을까 하는 점이다. 즉 정몽주가 이성계 세력을 완전히 제압하여 권력 장악에 성공할 수 있었을까 하는 점이다. 이게 쉽지 않았을 것이라는 생각이 든다. 왜냐면 권력을 장악하고 유지하려면 무력기반이 필수인데 정몽주 측에 가담할 무장이 별로 없었기 때문이다. ④에 보이는 우인열·왕안덕·박위 등 그동안 이성계 측에 핍박받던 무장들이 정몽주 측에 가담할 수도 있겠지만 이들은 이미 군사 지휘권을 상실하여 큰 힘이 될 수 없었다. 그래서 정몽주 측에서 잠시 권력 장악은 가능해도 이를 지속할 수 없었을 것으로 본다.

반면, ⑨에서 이성계가 죽었다면 ⑩의 사건이 더욱 강력하게 진행되면서 최소한 정도전을 비롯한 몇몇은 죽음을 피하기 어려운 상황으로 내몰릴 수 있다. 여기서 이성계 측에서는 우선 살아남기 위해서라도 극적인 반전을 반드시 시도했을 것이다. 그것은 ⑫와 같이 정몽주를 제거하는 것이다. 실제 일어났던 이방원에 의한 정몽주 제거는 ⑩의 사건이 결정적인 계기였다.

그래서 관심의 대상은 이방원이다. 그는 이성계를 비롯한 주변의 여러 반대를 무릅쓰고 정몽주를 거의 독단으로 제거한 인물이다. 만약 이성계가 죽었다면 이방원은 더욱 신속하게 정몽주 제거에 나섰을 가능성이 많다. 그 길만이 상황을 역전시킬 수 있는 유일한 길이기 때문이다. 이성계 측에는 정몽주 측에 없는 무력기반도 있으니 이후의 반전은 시간문제일 뿐이라는 생각이 든다. 그래서 이방원을 중심으로 반격에 나서고, 바로 그 이방원이 이성계의 대안으로 세워질 가능성이 크다고 본다.

다만, 이 경우 이성계 세력이 새로운 주군인 이방원을 어떻게 판단할지 문제가 될 수 있다. 이방원을 주군으로 인정한다면 별 문제 없이 왕조 개창 작업으로 이어지겠지만 반발한다면 뜻밖의 복잡한 국면으로 접어들 것이다. 하지만 새로운 주군을 세우고 그를 중심으로 뭉쳐야만 살아남을 수 있는 상황이라면, 싫든 좋든 이방원을 일단 새로운 주군으로 받아들일 수밖에 없지 않았을까?

따라서 만약 이성계가 죽었더라도 여러 우여곡절을 겪기는 하겠지만 새 왕조 개창 작업은 계속 진행되었으리라고 본다. 그러면 당연히 이방원이 왕위에 올랐을 테고 조선왕조 초기의 역사도 딴판으로 전개되었을 것이다. 이성계가 죽었더라도 새 왕조 개창이 가능했다면 이는 역사의 필연이라기보다는 왕조 개창 작업이 그 시점에서 거의 마무리 단계에 이르렀기 때문이다.

만약의 가정 아래 내린 이런 얘기들은 허구에 불과하니 쓸데없는 짓이라고 탓할 수 있다. 하지만 뜻밖의 상상을 불러일으키면서 역사에 대한 호기심과 흥미를 더해주니 그 유혹을 피하기 어려워 사족을 달아본 것이다.

3. 추대받은 이성계, 고려의 마지막 왕

이성계의 첫 장면

1392년(태조 1) 7월 13일, 공양왕이 폐위된 다음 날 왕대비가 교지를 내려 이성계를 감록국사監錄國事로 삼았다. 임시 국정 담당자를 뜻한다. 이어서 7월 16일, 배극렴을 중심으로 한 50여 명의 대소 신료와 문무관리가 국새를 받들고 이성계의 사저로 향했다. 이성계를 국왕으로 추대하려는 것으로 이들은 한 달 전 이방원을 중심으로 한 공개적인 추대 논의에 참여했던 자들이다.

배극렴이 국새를 받들고 50여 명의 문무관리를 대동하여 이성계의 사저를 향하는데 동리 안의 골목마다 사람들로 가득 차 있었다. 이들도 이성계의 즉위를 환영하는 무리로 볼 수 있을지 모르겠다. 이성계는 문을 닫고 들어오지 못하게 하였다. 얼마나 시간이 흘렀는지 해 질 무렵에야 배극렴 등은 문을 밀치고 바로 내정으로 들어가 국새를 들였다.

이성계가 몸을 가누지 못하고 겨우 부축을 받아 밖으로 나오니, 관리들은 늘어서서 절하고 북을 치면서 만세를 불렀다. 이성계는 어찌할 바를 모르는데 배극렴 등이 이렇게 외치며 왕위에 오르기를 권고하였다. "군국의 사무는 지극히 번거롭고 중대하므로 하루라도 통솔이 없어서는 아니 될 것입니다. 마땅히 왕위에 올라 신과 사람의 기대에 부응하소서." 이성계는 애써 거절하면서 이렇게 말했다. "예로부터 제왕이라는 것은 천명을 받지 않으면 될 수 없다. 나는 실로 덕이 없는 사람인데 어찌 감히 이를 감당하겠는가?"

이에 대소 신료 등이 이성계를 부축하고 호위하면서 왕위에 오르기를 다시 권고하였다. 이들은 이성계의 사저에서 물러서지 않고 이성계의 대답이 나올 때까지 계속 권고하였다. 이런 장면을 보고 이성계가 정말 왕위에 오를 생각이 없었다고 본다면 우스운 일이다.

다음 날 7월 17일 아침, 이성계는 마지못한 듯 수창궁壽昌宮으로 향했다. 문무관리들이 궁문 서쪽에서 줄을 지어 영접하고, 이성계는 말에서 내려 대전으로 걸어 들어갔다. 이성계는 어좌에 앉지 않고 대전 안에 서서 여러 신하들의 조하를 받았다. 육조의 판서 이상의 관리는 전상에 오르고 이성계의 입에서는 다음과 같은 즉위 일성이 나왔다. "내가 수상으로도 오히려 두려운 생각을 가지고 항상 직책을 다하지 못할까 염려했는데, 어찌 오늘날 이런 일을 볼 것이라 생각했겠는가? 내가 만약 몸만 건강하다면 필마로도 피할 수 있지마는, 마침 지금은 병에 걸려 손발을 제대로 쓸 수 없는 지경에 이르렀으니, 경들은 마땅히 각자가 마음과 힘을 합하여 덕이 부족한 사람을 보좌하라."

낙마로 인한 부상에서 아직 회복되지 못한 탓인지, 엄청난 일에 몸을 가누지 못한 탓인지 즉위 일성치고는 너무 싱겁다. 신하로서 갑자기 왕위에 올랐으니 어리둥절했을 것이다. 지금의 민주국가에서 국민이 투표로 뽑는 대통령도 청와대에 첫발을 들이면 생소할 것이니 이해할 만한 일이다. 이성계는 그렇게 1392년(태조 1) 7월 17일 왕위에 올랐다. 우왕과 창왕, 두 왕을 왕씨가 아니라는 이유로 폐위하고, 공양왕은 진짜 왕씨라고 자신들이 추대했음에도 다시 폐위하고, 이씨가 고려 왕위에 오른 것이다. 이때 58세였다.

이어서 이성계는 고려왕조의 중앙과 지방의 문무관리들에게 예전대로 변함없이 정무를 보게 하고, 이날 자신의 사저로 돌아왔다. 왕위에 오른 이성계가 즉위한 당일 맨 먼저 내린 조치가 이것이다. 문무관리들의 관직을 그대로 유지하고 고려의 국정을 지속하겠다는 뜻이었다. 그래서 이성계는 고려왕조의 마지막 왕이었다고 할 수 있다.

즉위, 둘째 날

7월 18일 즉위 둘째 날, 도당의 요청에 따라 이성계가 왕위에 올랐음을 보고하기 위해 조반을 명에 파견하였다. 아주 신속한 조치였다. 이성계가 즉위하고 바로 다음 날 제일 먼저 내린 조치가 사신 파견이었다는 것은 이성계를 추대한 세력이 대명관계를 얼마나 중시했는지를 보여준다. 하지만 이때 사신은 이성계의 왕위 승인을 요청하는 것이 아니었다. 왕위 승인을 정식으로 요청하기 위한 사신은 이보다 한 달 뒤인 8월 29일 따로 파견한다.

왕위 승인을 요청하는 사신을 파견하기 전에, 왕위에 올랐음을 보고하는 사신을 따로 먼저 파견한 이유는 이 문제가 대명관계에서 대단히 민감했기 때문이다. 앞서 우왕 때부터 왕위 승인을 위한 책명을 받는 것은 대명관계에서 중요한 문제였지만, 이제는 이씨가 왕위에 올랐다는 점에서 더 중요했다. 게다가 우왕과 창왕을 왕씨가 아니라는 이유로 폐위시켰던 이성계 측에서는 명의 주원장이 이 문제에 대해 어떻게 나올지가 초미의 관심사였다. 그래서 일단 이성계의 즉위를 먼저 알리고 나중에 왕위 승인을 다시 요청하려는 것이었다.

이성계의 즉위를 보고하기 위한 사신 조반이 가져간 문서에는 보고 주체가 도당과 대소 신료로 되어 있고, 이성계에 대해 '문하시중 이성계'라는 직함으로 호칭하고 있다. 아직 승인을 받지 못한 상태였으니 당연했지만 매우 신중하면서도 조심스럽게 접근했다는 것을 알 수 있다. 이성계에 대한 왕위 승인 문제는 뒤에 다시 언급할 것이다.

즉위 둘째 날, 명에 사신을 파견한 후 다음으로 내린 조치가 군통수권 조정 문제였다. 도총중외제군사부都摠中外諸軍事府를 폐지하고 새로이 의흥친군위義興親軍衛를 설치한 것이다. 앞서 이성계 측에서는 군통수권을 장악하기 위해 도총제부를 설치하여 이성계가 도총제사를 맡고, 배극렴·조준·정도전을 중·좌·우군의 총제사로 삼았었다. 폐지한 도총중외제군사부는 이를 말하는 것 같다.

이성계가 왕위에 올랐으니 국왕으로서 실직을 맡기가 곤란했고, 그래서 도총제사를 맡을 수 없어 폐지한 것으로 보인다. 하지만 군통수권은 워낙 중요한 문제여서 놓칠 수 없었다. 이때 설치한 의흥친군위는 국왕으로서 이성계의 친위군을 강화하면서 이 점을 보완하기 위한 것으로 보인다. 즉 의흥친군위를 설치하여 중앙군의 핵심 군사력으로 만든 것인데 즉위 직후라서 저항 세력에도 대비한 친위군이었을 것이다.

의흥친군위를 중앙군의 핵심으로 설치한 후 바로 지방의 군사에 대한 조치도 내려진다. 종친과 대신에게 여러 도의 군사를 나누어 거느리게 한 것이다. 여기 종친은 이성계의 친족을 말하는 것이고 대신은 이성계를 국왕으로 추대한 공신들, 즉 조준·정도전·배극렴 등을 가리키는 것으로 보인다. 이 조치를 의흥친군위 설치와 함께 생각해보면, 국왕 친위군을 핵심으로 한 중앙군(의흥친군위)은 이성계가 장악하고, 지방군은 종친과 공신들이 나누어 관장했다는 뜻이다.

이러한 조치는 군사권을 국왕과 공신·친족이 분점하기 위한 장치로 볼 수 있다. 군사권 문제는 국왕에게도 중요한 문제였지만 이성계를 국왕으로 추대한 공신 세력들에게도 중요한 관심사였다. 이후에도 군사권에 대한 조정과 변천이 자주 일어나는데 이 때문이었다.

즉위 둘째 날 내려진 또 하나의 중요한 조치가 있었다. 문무백관에게 하명하여 고려왕조의 정령政令이나 법제法制의 장단점과 변천되어온 내력을 사목事目으로 상세히 기록하여 보고하도록 한 것이다. 이는 내정에 대한 조치로서 고려왕조의 여러 행정제도를 개혁하려는 시도로 보인다.

앞서 이성계는 즉위한 당일 고려왕조의 중앙과 지방의 문무관리들에게 예전대로 변함없이 정무를 보라고 하여 국정을 지속하겠다는 뜻을 밝혔다. 그다음 날 이런 조치를 내린 것은 그게 임시적인 조치였고 이제 새로운 제도개혁에 착수하겠다는 뜻이었다. 이 역시 매우 적극적이고 신속한 조치였다.

이성계가 왕위에 오른 둘째 날, 가장 중요한 외교·군사·행정에 대한 이런 신속한 조치들은 이성계를 국왕으로 추대한 세력들의 국정 운영에 대한 자신감을 드러낸 것으로 보인다. 하지만 고려왕조의 정령과 법제는 당분간 계속되었고, 이를 바꾸고 새롭게 제정하기 위한 창업 사업은 더욱 오랫동안 지속해야 했다.

국정 운영의 중심 도당, 정도전

7월 20일, 정도전에게 도당(도평의사사)의 기무機務에 참여케 하면서 상서사尙瑞司의 사무를 관장하게 하였다. 정도전은 유배에서 풀려난 후 복권은 되었지만 아직 관직이 없었다. 그런 그에게 도당에 참여하도록 한 것은 이 기구가 여전히 국정 운영의 중심에 있었기 때문인데, 당연히 정도전에게 힘을 실어주려는 것이기도 했다.

도당이 국정 운영의 중심에 섰던 것은 이인임 정권이 집단지도체제 형식을 빙자하여 권력을 장악하기 위한 수단으로 시작된 일이었다. 이인임 정권이 무너지고 위화도 회군이 성공하면서 그 기능이 예전같지는 않았지만 공양왕 때도 대강 그 기조를 유지하였다. 이성계가 왕위에 오른 직후에 정도전을 도당의 기무에 참여케 한 것은 도당의 기능을 당분간 그대로 유지하겠다는 뜻이었다.

그리고 상서사는 위화도 회군 직후 정방을 완전 폐지하고 설치했던 인사 행정기구이다. 이 상서사를 정도전에게 관장하도록 했다는 것은 그가 인사권의 중심에도 섰다는 뜻이니, 이성계의 신임이 얼마나 컸는지를 알 수 있다. 이성계가 즉위한 직후 정도전을 국정 운영의 중심인 도당의 기무에 참여케 하고 인사권을 관장하도록 했다는 것에서 앞으로 정도전의 영향력이 계속되리라는 것을 알 수 있다.

이날, 사헌부에서는 장문의 상소를 올린다. 열 가지 내용인데 나열해보면 이런 것이다. ① 기강을 바로 세워라, ② 상과 벌을 분명하게 하라, ③ 소인을 멀리하라, ④ 간언을 받아들여라, ⑤ 참언을 근절하라, ⑥ 안일과 욕망을 근절하라, ⑦ 절약과 검소를 숭상하라, ⑧ 환관을 물리쳐라, ⑨ 승려를 도태시켜라, ⑩ 궁궐을 엄중히 경계하라, 등이었다.

이성계가 왕위에 오른 후 최초의 상소인데 대부분 상투적이고 추상적인 내용이다. 이에 대해 이성계는 환관과 승려를 도태시키라는 것에 대해서는 즉위 초라 시행할 수 없고 그 나머지는 모두 상소대로 시행하라고 하였다. 이성계가 왜 환관과 승려 문제만 제외했는지는 잘 모르겠다.

이성계가 사헌부의 상소에서 환관과 승려 이 두 가지 문제만 제외하고 시행하라는 이유는, 이를 제외한 그 나머지 문제들은 해도 그만 안 해도 그만인 별 의미 없는 상소였기 때문이다. 아마 환관 문제나 승려 문제는 왕위에 오른 이성계가 실행에 옮기기 어려운 사정이 있었을 것이다. 특히 환관 문제는 왕권 행사와 관련 있어 그러지 않았을까 싶은데, 사헌부의 이 상소에서 생각해볼 부분은 다른 데 있다.

이성계가 왕위에 오른 불과 며칠 후 왜 이런 상소가 올라왔을까? 이런 생각이 든다. 신하의 추대에 의해 왕위에 오른 이성계의 왕권이 즉위 초에 의외로 허약하지 않았을까 하는 점이다. 공양왕도 추대를 받아 왕위에 오르면서 그 굴레를 벗어나지 못했지만, 이성계는 그 정도는 아니더라도 즉위 직후 왕권 행사에서 많은 제약을 받았다고 판단할 수 있는 것이다. 이런 상소는 공양왕 때 대간에서 국왕을 압박하기 위한 상소와 비슷한 성향을 보이고 있는데, 아마 국정 운영의 기조가 그 연장선상에서 계속된 탓으로 볼 수 있을 것이다.

고려의 종친 왕씨 문제

7월 20일 이날, 사헌부 대사헌 민개 등이 고려왕조의 왕씨를 외방에 두기를 요청했다. 외방에 두라는 것은 유배나 축출을 말하는 것으로 고려왕실의 종친에 대한 처리 문제였다. 이성계가 즉위함으로써 이제 그들은 왕족도 아니었고 종친도 아니었으니 당연한 나올 수 있는 조치였다. 하지만 누구나 쉽게 주장할 수 있는 일도 아니었다. 공양왕이 폐위되고 며칠도 지나지 않은 때라 의리상 이 문제를 앞장서서 주장하기에는 모두들 꺼려 했기 때문이다.

이런 주장을 한 대사헌 민개는 이성계가 즉위하기 바로 전날 하마터면 죽을 뻔했던 사람이다. 배극렴이 50여 명의 문무관리를 대동하고 이성계의 사저를 향해 출발하는데 민개는 여기에 참여하지 않았고 불편한 기색을 드러냈던 것이다. 고려왕조가 끝나는 순간인데 이런 사람 하나쯤 없다면 그게 이상한 일일지도 모른다. 대사헌이라는 중책을 맡은 그가 여기에 동참하지 않으니 바로 눈에 띄었던 것이고, 이를 알아챈 남은이 그를 죽이려고 했지만 주변에서 만류하여 그만두었다. 그런 민개가 이제 앞장서서 고려 왕실의 종친을 외방으로 추방하자고 주장하고 있으니 재미있는 일이 아닐 수 없다.

왕씨들을 외방으로 축출하라는 민개의 요청에 대해 이성계는, 순흥군順興君 왕승王昇과 그 아들 왕강王康은 나라에 공로가 있으며, 정양군定陽君 왕우王瑀와 그의 아들 왕조王珇·왕관王琯은 장차 고려왕조의 제사를 받들게 할 것이니 논하지 말고, 그 나머지는 모두 강화와 거제에 거처하게 하였다. 이성계가 공로가 있다고 언급한 왕승은 우왕 초에 북원의 사신으로 파견된 적이 있었고, 그 아들 왕강은 공민왕 말년에 과거에 급제하여 관직에 나온 후 공양왕 때는 3도 체찰사로서 활동한 적이 있다. 그리고 왕우는 공양왕의 친동생으로서 영삼사사에까지 오른 것으로 보아 공양왕 때 고위 관직을 계속 유지했던 인물로 보인다. 이들이 추방에서 제외된 것은 생각해볼 것도 없이 이성계의 즉위를 묵인했거나 협조했기 때문이다.

그리고 이성계는 왕씨 문제를 더이상 거론하지 말 것을 주문했다. 하지만 며칠 후 외방으로 쫓겨나지 않고 남겨진 왕강이 탄핵되는 것으로 보아 이성계의 이 주문은 그대로 지켜지지 않았다. 왕씨 문제는 이후에도 계속 거론되면서 한때 육지로 나와 생업에 종사하도록 하거나, 재주가 있는 자는 관직에 서용하라는 이성계의 지시가 있기도 했다. 이후 왕씨들이 역모에 연루되었다는 설이 나오면서 다시 섬으로 축출되기를 반복했다.

역모 사건에 왕씨와 함께 자주 거론된 인물이 바로 박위였다. 박위는 이성계 제거 모의 사건에 연루되었다고 하여 유배된 후 풀려난 인물인데 이성계가 왕이 된 이후에도 이를 승복하지 않은 탓으로 보인다. 역모 사건에 왕씨와 함께 거론된 자로 이첨도 있다. 그 역시 이성계의 즉위를 달가워하지 않았던 것으로 보인다. 고려 왕실의 종친과 이성계에게 저항했던 양쪽을 엮어 제거하려는 책동이었다.

이성계는 대체로 왕씨 문제에 온건하고 관용적인 태도를 보였지만 결국 모두 제거당했다. 1394년(태조 3) 4월 17일 삼척에 안치된 공양왕과 그의 두 아들을 역모 사건에 연루되었다는 이유로 교살하고 만다. 이후 강화도와 거제도로 추방했던 왕씨들을 바다에 빠뜨려 죽였으며, 이에 그치지 않고 중앙과 각 지방에서 왕씨의 남은 자손들을 모조리 수색하여 처형하는 일까지 벌인다. 게다가 고려 왕족이 아니더라도 왕씨 성을 가진 자는 어머니 성을 따르게 하였으니 '왕씨'라는 성씨 자체를 금기시했다는 것을 알 수 있다.

이성계가 왕씨 문제에 대해 온건하고 관용적 태도를 보인 것처럼 기록된《태조실록》의 내용은 사실 여부를 떠나 실제 일어난 일에 비추어 보면 전혀 부합하지 않는다. 이성계의 성품이 실제 그랬는지는 모르겠지만, 중요한 점은 그런 이성계의 관용적인 조치가 현실에서는 전혀 먹혀들지 않았다는 사실이다. 이를 알면서도 이성계가 그런 모습을 계속 지켰다는 것은 왕위를 차지한 이성계 개인에 대한 미화라고 볼 수밖에 없을 것이다.

즉위 교서, 천명의 정당화

1392년(태조 1) 7월 28일, 이성계는 즉위 교서를 반포한다. 즉위한 지 10여 일 만이니 이 역시 신속한 대응이었다. 일반적으로 즉위 교서는 즉위한 국왕의 정책 방향이나 기조를 가늠해볼 수 있는 것으로 중요한데, 이번 교서는 고려왕조에서 이씨가 왕위에 올랐다는 점에서 그 메시지에 대해 더욱 관심을 기울일 필요가 있다. 교서는 정도전이 작성했는데 총론과 함께 각론 격인 시행세칙을 따로 두고 있어 특별하기도 했다.

교서에서 총론의 첫머리 부분만 제시해 보겠다.

왕은 이르노라. 하늘이 백성을 낳고 통치자를 세우는 것은 서로 살도록 기르고 서로 편안하도록 다스리기 위한 것이다. 그러므로 군도君道에 득실이 있거나 인심이 복종하거나 배반하는 것은 천명天命이 떠나거나 돌아오는 것과 관계있다. 이것은 당연한 이치다. 홍무洪武 25년(1392) 7월 16일 을미에 도평의사사와 대소 신료들이 모두 함께 왕위에 오르기를 권고하기를, …… (《태조실록》 권1. 태조 1년 7월 28일 정미)

교서의 첫머리에서 공양왕의 폐위와 이성계 즉위에 대한 정당성을 설파하고 있다. 이는 즉위 교서에서 당연히 나올 수 있는 내용이라 생각하지만, 이를 주장하면서 천명天命을 거론했다는 점이 눈길을 끈다. 즉 천명이 떠나거나, 천명을 얻는 것은 군왕의 잘잘못에 있다는 것이다. 말하자면 공양왕은 천명이 떠나 폐위된 것이고 이성계는 천명을 얻어 즉위했다는 식이다.

군왕의 잘못으로 하늘의 명, 즉 천명이 바뀌는 것을 혁명革命이라고 하는데 《맹자》에 나오는 사상이다. 이를 바탕으로 군왕이 악정이나 폭정을 저지르면 강제로 폐위할 수 있는 근거가 되었다. 즉위 교서에서 천명을 거론한 것은 공양왕의 폐위와 이성계의 즉위를 혁명으로 보았다는 뜻이다. 교서에서 혁명이라는 표현을 직접 언급하지는 않았지만 이 용어는 교서가 나오기 이전에 앞서 사헌부의 상소문에서 이미 언급된 적이 있었고 이후에도 자주 거론되었다. 그러니까 이성계의 즉위를 처음부터 혁명으로 인식했던 것이다. 그 인물이 바로 정도전이었고, 그래서 이 교서는《맹자》에 심취했던 정도전이 작성했다는 것을 바로 알 수 있다.

그런데 이성계의 즉위를 혁명이라고 보는 정도전의 판단은 합당하지 않은 것으로 보인다. 이성계가 왕위에 오르기까지 끈질긴 권력투쟁은 차치하더라도, 정도전 자신이 이색의 처형을 강력히 주장했고 이방원이 정몽주를 타살한 것 등, 한두 가지만 놓고 보더라도 이는 설득력이 약하다. 이색이나 정몽주는 공양왕을 적극 옹호한 인물이니 공양왕이 폭정이나 악정을 저질러 천명이 떠났다고 보기 어렵기 때문이다. 또한 이성계의 즉위에 많은 사람들이 끈질기게 저항했다는 것은 천명이 이성계에게 돌아갔다고 보기도 당연히 어렵게 만든다. 이성계의 즉위를 혁명으로 보는 것은 정도전의 소신일 뿐이다.

하지만, 이성계가 왕위에 오른 이후 바뀐 새 왕조에서 어떤 면모를 보이느냐에 따라 혁명으로 판단할 여지는 충분히 있다고 본다. 정도전이 이성계의 즉위를 혁명이라고 판단한 것은 여기에 중점을 두고 자신의 의지를 드러낸 것으로 볼 수 있다는 얘기다. 즉 새로운 왕조가 개창된 후에 혁명에 부응해보겠다는 포부라고 할 수 있는데, 그렇다면 이는 얼마든지 정도전의 판단을 긍정적으로 받아들일 수 있을 것이다.

교서에서 또 하나 눈에 띄는 대목은 고려의 전통을 그대로 계승하겠다고 선언한 부분이다. 내용 중에 이런 언급이 있었다. '국호는 예전대로 고려라 하고, 의장儀章과 법제法制는 하나같이 고려의 고사故事에 의거한다.' 이성계가 즉위 당일 제일성으로 던진 말, 문무관리들은 예전대로 변함없이 정무를 보라는 것과 일맥상통한 것이었다. 교서에서도 당분간 고려왕조의 문물제도를 따르겠다고 천명한 것이다.

그렇게 할 수밖에 없었다. 역사에서 단절이나 초월은 불가능하다. 어느 날 갑자기 구왕조의 모든 전통을 부정하거나 폐기하고 맨바닥에서 시작할 수 없기 때문이다. 게다가 갑작스런 이성계의 즉위에 저항하는 세력이 만만치 않았을 것인데, 이들을 무마하고 회유하기 위해서라도 고려의 전통을 유지하겠다는 선언은 꼭 필요했을 것이다.

그리고 즉위 교서의 각론 부분에서는 14개 조목의 구체적인 시행사항을 나열하고 있는데, 기존 정책을 바꾸거나 보완하는 것이었다. 예를 들면 종묘 문제, 문무 과거 문제, 관혼상제 문제, 수령 문제 등에서부터, 기인 문제, 충신효자 문제, 경상도의 공물 징수 문제 등 아주 세세한 사항까지 어떻게 할 것인지를 언급하고 있다. 이 역시 정도전의 생각이 반영된 것으로 보이는데 국정에 대한 그의 영향력이 대단하다는 생각이 든다.

그런데 각론의 마지막에서 엉뚱한 내용이 하나 들어 있다. 이색·우현보·설장수 등 56명에 대한 처벌 내용으로, 여기에는 강회백·이숭인·이종학·김진영·이첨·성석린 등이 포함되었고, 우현보의 다섯 아들은 모두 빠짐없이 들어가 있다. 이들을 최고 곤장 1백 대에 원지 유배로부터, 최하 향리 축출까지 처벌한다는 것이었다. 이성계가 즉위하기 전부터 반대 성향을 보였던 인물들을 전부 망라하여 내린 최종 단죄였다. 이 부분도 이성계가 천명을 받아 즉위했다는 정도전의 판단과는 어울리지 않는다.

　재미있는 사실은, 교서에 이런 내용이 들어있다는 사실을 이성계가 자세히 몰랐다는 점이다. 도승지에게 교서를 읽게 하면서 이를 알아챈 이성계는 이들을 논죄하지 말 것을 주문했지만, 정도전은 형량을 감등해서라도 처벌할 것을 주장했다. 이성계는 다시 이색·우현보·설장수에 대해서는 그것도 허용할 수 없다고 했다. 이성계가 이 세 사람만을 왜 비호했는지 모르겠는데, 정도전이 다시 처벌을 요구하여 며칠 후 이색·우현보·설장수와 그 나머지에 대해 유배를 결국 관철시킨다.

　실록의 이런 내용은 뭘 의미하는 것일까? 우선 즉위 교서를 정도전이 거의 독단으로 작성했다는 것을 보여준다. 또한 저항 세력에 대해 이성계는 관용을 주문했지만 정도전은 단죄를 주장하면서 생각 차이를 드러내고 있는데, 그 과정에서 정도전이 이성계에게 결코 밀리지 않고 있다는 점이 흥미롭다. 이는 마치 정도전이 공양왕을 압박하던 모습을 연상케 하면서 정도전의 정치적 위상이 예사롭지 않다는 생각이 든다. 이성계를 자신이 세운 국왕이라고 생각해서 그랬을까?

최초의 인사

즉위 교서를 반포한 그날 7월 28일, 문무백관의 관제를 새로 제정하여 발표했다. 정1품에서 종9품까지 18단계의 품계는 고려왕조의 그것을 그대로 유지했지만 각 품관의 명칭은 완전히 바뀌었다. 또한 도평의사사의 직제도 완전 새롭게 개편했다. 뿐만 아니라 문하부·삼사·중추원

등 중앙 모든 관부와 이하 대소 관청에 대한 직제와 기능을 새롭게 편제했다.

이런 과정에서 고려의 전통을 그대로 유지한 것도 있었고 새롭게 고친 것도 있었다. 하지만 놓칠 수 없는 사실은 이런 자세한 국가의 관계 조직 개편 작업을 이성계의 즉위 10여 일 만에 신속히 마련해 발표했다는 점이다. 이는 이성계가 즉위하기 훨씬 전부터 준비했기 때문에 가능했고 그 작업의 중심에 정도전이 있었다고 보인다. 정도전이 이성계에게 밀리지 않는 이유를 알 수 있는데, 달리 말하면 이성계는 정도전 1인에게 국정을 너무 의존하고 있었다고 볼 수도 있다.

문무백관의 관제 발표에 이어서 바로 인사 발령이 있었다. 이성계가 왕위에 오른 후 최초의 인사였다. 번거롭지만 실록에 언급된 인물 전체를 그대로 옮겨보겠다.

① 홍영통: 판문하부사(정1품)

② 안종원: 영삼사사(정1품)

③ 배극렴: 익대보조공신, 문하좌시중(정1품)

④ 조준: 좌명개국공신, 문하우시중(정1품)

⑤ 이화: 좌명개국공신, 상의문하부사(정2품), 의흥친군위 도절제사

⑥ 윤호: 판삼사사(종1품)

⑦ 김사형: 좌명공신, 문하시랑찬성사(종1품), 의흥친군위 절제사

⑧ 정도전: 좌명공신, 문하시랑찬성사(종1품), 의흥친군위 절제사

⑨ 정희계: 좌명공신, 참찬문하부사(정2품)

⑩ 이지란: 보조공신, 참찬문하부사(정2품), 의흥친군위 절제사

⑪ 남은: 좌명공신, 판중추원사(정2품), 의흥친군위 동지절제사

⑫ 김인찬: 보조공신, 중추원사(종2품), 의흥친군위 동지절제사

⑬ 장사길: 보조공신, 지중추원사(종2품), 의흥친군위 동지절제사

⑭ 정총: 보조공신, 첨서중추원사(종2품)

⑮ 조기: 보조공신, 동지중추원사(종2품), 의흥친군위 동지절제사

⑯ 조인옥: 보조공신, 중추원부사(종2품)

⑰ 황희석: 상의중추원사(종2품)

⑱ 남재: 좌명공신, 중추원학사(종2품) 겸 사헌부 대사헌(종2품)

실록에는 2품 이상만 실렸지만 그 이하 관직에 대해서도 인사가 있었을 것이다. 대부분 앞에서 한 번쯤 언급된 인물인데 여기서 처음 나온 인물은 ⑫김인찬金仁贊·⑮조기趙琦이다. 김인찬은 이성계와 일찍부터 동북면에서 인연을 맺은 무인으로 공양왕 때 조정에 들어와 활동한 인물이고, 조기는 군졸에서 시작하여 최영 휘하의 무장으로 활동하다가 위화도 회군 이후 이성계 측에 가담한 인물이었다.

이 첫 번째 인사에서 ①홍영통·②안종원 등의 발탁은 의외이다. 이들은 이성계 측에 적극 호응했던 인물이 아니기 때문이다. 홍영통은 이성계 측에 의해 공양왕 때 파면까지 당했고 안종원은 탄압을 받지는 않았지만 결코 적극 호응하지도 않았었다. 비록 명예직에 불과하지만 이들이 관직 서열 1, 2위에 오른 것이다. 이성계의 즉위에 즈음하여 포용한 것으로 볼 수 있는데 이후 이성계의 즉위에 부응할 수밖에 없었을 것이다.

그리고 배극렴과 조준이 좌우 시중으로 실질적인 수상에 올랐다. 조

준은 그 공로로 보아 충분히 그럴 만했지만 배극렴이 조준 위의 좌시중에 오른 것은 전혀 예상밖이다. 배극렴은 뒤늦게 이성계 측에 가담한 인물인데다 그 공로에 있어서도 특출한 것이 없기 때문이다. 마지막 단계에서 이성계의 추대에 적극 앞장선 결과로 보인다. 어쩌면 무장들의 동향을 고려하여 신망받던 무장 출신을 맨 윗자리에 세웠는지도 모르겠다.

누구보다도 가장 주목할 인물은 ⑨정희계이다. 그는 김저 사건과 김종연 사건에 연루되어 이성계 측의 심한 핍박을 받았던 인물이었지만 고위 관직에 오르고 공신에까지 책정되었다. 정희계의 아내는 이성계의 부인 강씨의 삼촌 질녀이기도 했는데 이런 인척관계로 인해 결국 이성계 측에 적극 가담했는지 모른다. 이성계의 즉위를 반대했던 인물들은 이성계가 재위한 기간에도 조정에 참여하지만 이후 정종·태종 재위 기간까지 포함하면 헤아릴 수도 없이 많다. 즉위 교서에서 고려왕조의 전통을 유지하겠다고 선언했으니 이는 당연한 추세였을 것이다.

그리고 의흥친군위의 직책을 맡은 자들을 주목할 필요가 있다. 이들이 실질적인 군사 지휘권을 장악했다고 볼 수 있다. 관직과 함께 의흥친군위의 군사권을 겸한 이들은 정도전과 김사형을 제외하고 모두 이성계와 변방에서 인연을 맺은 무장들이었다. 궁궐과 신변 호위를 맡는 친위군을 가장 믿을 만한 그들에게 맡긴 것이다.

공신 책정

이번 인사의 또 하나 특징은 관직 제수와 함께 공신을 책정한 점이다. 이게 최초의 공신 책정이었다. 이성계가 왕위에 오르고 10여 일 만이니 너무 이르다는 생각이 들 정도로 매우 신속한 결정이었다.

공신의 서열이 매겨져 있지 않지만 공신의 명호를 보면 그 서열을 다음과 같이 대강 정리해볼 수 있다.

① 좌명개국공신(1등): 조준, 이화(2명)
② 좌명공신(2등): 김사형, 정도전, 정희계, 남은, 남재(5명)
③ 익대보조공신(3등): 배극렴(1명)
④ 보조공신(4등): 이지란, 김인찬, 장사길, 정총, 조기, 조인옥(6명)

총 14명인데 너무 수가 적어 좀 뜻밖이다. 2품 이상의 관직 제수자에 해당된 공신만 나열해서 그런지, 아니면 실제 이 14명만 공신으로 책정한 결과인지 분간하기 어렵다. 즉위 초 공신 책정은 대단히 민감하고 중요한 문제라서 일단 확실하게 공적이 드러난 이 14명만 책정했다고 짐작해볼 수 있다. 아마 즉위 초라 방대하게 공신을 책정하기 어려운 사정이 있었을 것이다.

이 최초의 공신 책정에서 조준이 1등 공신인 좌명개국공신에 들어가고 정도전이 그 아래 좌명공신이라는 사실이 주목된다. 조준의 전제개혁은 새 왕조 개창 과정에서 가장 중요한 사업이었으니까 그 공로를 인정한 것으로 볼 수 있다. 정도전이 여기에 큰 불만을 드러내지 않았던 것으로 보아 그에게는 이성계가 왕위에 오른 이후 새 왕조에서 더 중요한 역할이 주어졌을 것이다.

그런데 이 해 8월 공신도감을 설치하고 이어서 다시 공신 책정을 단행한다. 최초의 공신 책정에서 한 달 만에 다시 두 번째 공신 책정이었다. 이때 공신의 명호를 모두 '개국공신'으로 통칭하고 있으며 그 위차(서열)를 정하였다. 실록에는 그 서열이 명백히 드러나지 않았지만 공신 이름을 나열한 순서로 짐작해보면 이때 1, 2, 3등으로 분류한 것 같다. 두 번째 책정된 개국공신을 서열대로 나열하면 이랬다.

① 1등 공신: 배극렴, 조준, 김사형, 정도전, 이제, 이화, 정희계, 이지란,
   남은, 장사길, 정총, 조인옥, 남재, 조박, 오몽을, 정탁, 김인찬(17명)
② 2등 공신: 윤호 등 11명
③ 3등 공신: 안경공 등 16명

1등 공신 17명은 실록의 기록 그대로 이름을 모두 나열했으며, 2·3등 공신은 생소한 인물이 많아 숫자만 제시한 것이다. 이를 보면 앞서의 최초 14명 공신이 모두 여기 1등 공신에 든 것을 알 수 있고 그때 공신을 14명만 책정했다는 것은 확실해 보인다. 최초 14명 공신 가운데 이번 1등 공신에서 제외된 자는 조기 한 사람인데, 그 이유는 잘 모르겠지만 그는 이번에 2등 공신으로 강등 책정되었다.

그리고 이번에 새롭게 1등 공신에 들어온 인물로 조박·오몽을吳蒙乙·정탁鄭擢 세 사람이 있다. 조박은 앞에서 여러 차례 언급했던 이방원의 동서이고, 오몽을은 이성계 즉위 전의 행적을 전혀 알 수 없지만 이방

원에 의해 정도전이 제거당할 때 함께 주살된 것으로 보아 정도전과 가까웠던 인물로 보인다. 정탁은 이방원에게 정몽주를 제거하라고 적극 주장했던 인물이었다. 조박이나 정탁이 이번에 새롭게 1등 공신에 들어온 것은 이번 공신 책정에 이방원의 입김이 작용했다고 짐작해볼 수 있다.

그렇게 두 번째로 책정된 공신은 총 44명이었다. 이것으로 미흡했던지 이 해 10월에는 7명의 공신을 추가 책정했는데 대간에서 추가 책정을 반대하고 나선다. 이성계가 이를 수용하지 않았다는 것으로 보아 이성계의 의지가 반영된 추가 책정이었던 것 같다. 왕위를 차지한 이성계의 처지에서는 가능하면 공신의 수를 확대하고 싶었을 것이다. 그게 지지기반을 확장하는 길이었기 때문이다.

7명의 공신을 추가한 후, 바로 이어서 개국공신의 명호와 서열을 다시 정했다. 1등은 좌명개국佐命開國이라 하고, 2등은 협찬개국協贊開國이라 하며, 3등은 익대개국翊戴開國이라 하였다. 새로 추가된 7명의 공신은 3등인 익대개국공신에 들어간 것으로 추측된다. 그래서 여기까지 공신에 책정된 자는 모두 51명이었다.

그런데 공신 책정은 이것으로 끝나지 않는다. 같은 해 10월, 유만수·윤사덕 등 26인에게 원종공신原從功臣이란 새로운 명호로 또 공신이 책정되고, 바로 이어서 다시 213명이나 원종공신에 추가된다. 원종공신에 들어간 유만수는 본래 이성계 측의 인물이었는데 개인적 비리와 공양왕과도 가까운 성향을 보이면서 탄핵된 적이 있었다. 윤사덕은 이성계 제거 모의 사건에 연루되어 핍박받았던 인물인데 공신에 들어간 것이다. 이 원종공신을 4등 공신으로 볼 수 있는데 모두 239명이다. 원종공신은 그 수가 많아 일일이 확인할 수 없지만 상당수가 이성계 즉위 이후의 활동을 통해 공신으로 들어간 것으로 보인다.

이렇게 이성계가 즉위한 그해 10월까지 공신에 책정된 인원은 앞의 1·2·3등 개국공신 51명과 원종공신 239명을 합해 모두 290명이었다. 이는 대단히 방대한 규모로서 공신 책정에 대한 불만 기류나 이성계의 즉위에 따른 이반을 막기 위한 회유용이었다고 판단할 수 있다. 공신 책정이 순수하게 그 공로만을 계산하여 이루어진 것이 아니고 정치적 계산도 작용했다는 뜻이다.

이후에도 공신에 몇몇 사람이 추가되기도 하고 혹은 추가 책정에 반대하는 일도 벌어진다. 새 왕조 개창에서 논공행상은 대단히 민감한 문제로서 공신 책정을 놓고 갈등이 계속되고 있었다는 것을 알 수 있다. 이 해 12월, 공신 책정과 공신들에 대한 포상을 규정하기 위한 임시 관청으로 개국공신도감開國功臣都監을 설치한 것은 이 때문이었을 것이다.

1393년(태조 2) 7월에는 회군공신回軍功臣이라는 별도의 명호로 1등 16명, 2등 24명, 3등 15명으로 모두 55명이 다시 책정된다. 위화도 회군에 참여한 자들을 별도의 회군공신으로 책정한 것인데, 여기에는 앞의 개국공신에 포함된 자들이 중복된 경우도 있고 회군에 참여하지 않은 자가 들어간 경우도 있다. 재미있는 것은 조민수·변안열·왕안덕·지용기·정지·최공철 등 이성계에 저항했던 무장들이 회군공신에 추가로 들어간 점이다. 이중 변안열은 처형당했었고 나머지는 이미 사망한 자들이었는데 그 유가족을 무마하거나 민심 회유용이었다고 보인다.

한 가지 이상한 점은 윤소종이 초기 개국공신 책정에서 빠졌다는 점이다. 윤소종은 조준·남은·조인옥 등과 함께 회군 당시부터 이성계의 핵심 측근으로 들어와 열성적으로 활약한 인물이었지만 빠진 것이다. 윤소종은 나중에야 회군공신에 추가로 들어가는데 그의 활약에 비하면 의문이 아닐 수 없다.

정도전의 복수, 이성계의 관용

7월 30일, 도당에서 이색·우현보·설장수 등 즉위 교서에서 거론된 56명의 처벌 대상자들을 먼 섬으로 유배 보내라고 주장하였다. 이성계는 다시 반대했지만 결국 우현보를 해양(광주), 이색을 장흥(전남), 설장수를 장기(경북 영일)로 유배 조치한다. 그나마 섬이 아닌 내륙으로 그친 것이다. 3인 외의 나머지 인물들은 각각의 유배지로 관리를 보내 곤장도 함께 집행하게 하였다. 우현보·이색·설장수 3인에 대해서는 이 해 10월 종편從便, 즉 편의대로 살라는 방면 조치가 내려진다.

그런데 이해 8월 23일, 경상도에 유배된 이종학, 전라도에 유배된 우홍수·이숭인·김진양·우홍명, 양광도로 유배된 이확, 강원도에 유배된 우홍득 등 8인이 유배지에서 죽고 말았다. 이들은 모두 곤장 집행관 황거정黃居正과 손흥종孫興宗에 의해 등골을 맞아 죽었는데, 정도전과 남은이 이들 곤장 집행관을 사주하여 죽게 만들었다고 한다. 정도전은 이색도 섬으로 유배되면 사람을 시켜 물에 빠뜨려 죽이려고 했지만 내륙으로 유배되면서 성사되지 못했다고 한다.

이성계는 이 소식을 듣고 노하여 곤장을 맞은 사람이 어떻게 죽을 수 있냐고 반문했다고 한다. 이숭인의 죽임에 대해 실록에는, 조준이 이숭인을 미워했는데 정도전이 그 조준과 가까워지면서 이숭인을 죽였다고 기록하고 있다. 정도전을 관련시키기에는 좀 모호한 내용이다. 우현보 아들들의 죽임에 대해서는 정도전과 우현보 가문의 신분적 악연 때문에 정도전이 남은과 모의하여 죽였다고 한다. 그럴 듯하지만 모함의 가능성을 배제할 수 없다. 이숭인과 우현보의 아들들 외에 곤장 맞고 죽은 그 나머지 인물들에 대해서는 아무런 설명이 없다.

그래서 이와 같은 실록의 기록에 대해 의문을 제기할 수 있다. 《태조실록》은 이성계가 죽은 다음에 아들 태종(이방원) 대에 편찬된 것이고, 이방원은 정도전을 제거한 인물이니까, 그런 정도전을 사악한 인물로 기록했을 수 있다. 하지만 실록의 기록을 조작된 것으로 판단하여 정도전이 개입하지 않았다고 하더라도 이들이 강제로 죽임을 당했다는 사실에는 변함없다.

그래서 중요한 것은, 정도전이 곤장 집행관을 사주하여 이들의 죽음에 간여했는지의 사실 여부가 아니다. 이숭인이나 우현보의 아들을 죽게 만든 자는 분명히 이성계 측의 핵심 인물이었다는 것이 중요하다. 그게 실록의 내용대로 정도전이나 남은일 수도 있고, 아니면 이방원이 사주했을 수도 있으며, 혹은 다른 이성계 측근 인물이 사주했을 수도 있는 것이다. 이색과 그 아들이나 이숭인·우현보 등은 공양왕 때부터 일관되게 이성계의 야망에 반대했던 인물이기 때문에 이성계 측의 핵심 인물이 아니고서는 이들을 죽게 할 아무런 동기가 없는 것이다. 산골에서 노루가 죽으면 그게 호랑이 짓이지 토끼 짓이겠는가.

문제는, 유배지에서 곤장 맞아 죽은 이숭인과 우현보의 아들이 누구의 사주를 받아 죽게 되었는지 그 진범을 찾는 일이 아니고, 이들 죽음에 대한 논란이 태종 대, 즉 이방원이 왕위에 오른 후에 본격적으로 일어난다는 사실이다. 이때 정도전과 남은은 이미 이방원에게 제거당한 뒤였다. 이미 죽은 이 두 사람이 당시 곤장 집행관이었던 황거정과 손흥종을 사주한 배후 인물로 지목되어 격렬한 논죄 대상이 되었던 것이다. 중요한 것은 바로 이 대목이다. 참고로 손흥종은 이방원의 정몽주 제거에도 관련되어 3등 공신에 책정되었고, 황거정은 나중에 3등 공신에 추가된 인물이다.

정도전과 남은은 처음부터 이성계 측의 핵심 인물이었고 그래서 이성계가 즉위한 후 당연히 개국공신에 책봉되었다. 이런 개국공신들은 이방원이 야망을 실현하는 과정에서 가장 큰 걸림돌이었다. 이들은 아버지 이성계의 공신이었을 뿐이지 이방원 자신에게는 공신이 될 수 없었던 것이다. 정도전과 남은은 그래서 제거될 수밖에 없었다. 이방원이 왕위에 오르고 이숭인과 우현보의 아들 죽음의 배후로 이들을 논죄 대상으로 올렸던 것은 이들의 제거를 합리화하면서 아울러 개국공신에 대한 격하운동이라고 볼 수 있다.

또 하나, 즉위한 이후 이성계는 처음부터 이숭인이나 이색의 아들, 우현보의 아들 등 반대자에 대해 처벌을 반대했다는 점을 생각해볼 필요가 있다. 하지만 이성계 측의 핵심 인물 중에서 누군가가 주동이 되어 이들을 죽일 수밖에 없었는데, 이방원이 집권한 후에 왜 이들을 죽였냐고 문제를 제기한 것이다. 쉽게 말해서, 이성계는 관용을 베풀어 죽이지 말 것을 주장했는데도 억지로 죽였으니 그 죽인 자들이 죄를 받아야 한다는 식이다. 이를 통해 이성계의 관용을 다시 드러낼 수 있었을 테니 과거 사건을 거론하면서 덤으로 얻는 효과였다.

정도전과 관련된 이런 사건은 창업을 위한 권력투쟁이 태종 이방원 시대까지 계속되었다는 뜻이다. 이성계가 왕위에 오르면서 모든 일이 정리되어 마무리되었던 것이 아니었다. 이방원이 권력을 장악할 즈음에는 공신 세력과 이방원의 권력투쟁으로 양상이 달라졌을 뿐이다.

이성계가 즉위한 후에도 저항 세력은 방치할 수 없었고 누군가는 나서서 제거해야 했다. 하지만 이성계의 즉위가 천명을 받은 것으로 선전하기 위해 이성계는 저항 세력에 대해 항상 관용을 주장했다. 그 관용에 어긋나는 행동을 감행한 자들은 이제 논죄 대상이 되었던 것이다. 이성계의 즉위에 대해 천명을 받은 것으로 판단했던 정도전이 오히려 그 논죄 대상이 되었으니 역사의 아이러니가 아닐 수 없다.

대민 선전관, 수령

이성계의 즉위에 반대했던 이색·우현보 등을 축출한 직후인 8월 2일, 수령의 전최법殿最法을 제정하였다. 전최법은 수령의 임기를 30개월로 한정하고 각도의 감사(관찰사)가 그 직무 능력과 성적을 평가하여 유능한 수령을 발탁하기 위한 것이었다. 그런 구실을 내세웠지만 이는 지방 수령들을 교체하기 위한 사전 작업으로 보인다.

이성계가 왕위에 오른 지 보름이 지났지만 아직도 전국 각 지방의 백성들은 이성계의 즉위를 정확히 몰랐을 것이다. 어쩌면 이성계의 즉위는 중앙의 권력집단에서 이루어진 변화일 뿐이고 지방 백성들에게는 관심사 밖의 일이었는지도 모른다. 전국 각 지방 백성들이 이성계의 즉위에 대해 어떤 반응을 보일지는 이성계와 그 공신들에게 중요한 관심사였을 것이다.

고려왕조에서 국왕이 이씨로 바뀐 이 중대한 사실을 전국의 백성들에게 알리고 그 정당성을 선전해줄 자는 수령밖에 없었다. 수령은 대민 접촉의 최전선을 담당하고 있는 목민관이기 때문이다. 그래서 이성계의 즉위에 대한 수령의 판단과 행동이 대단히 중요했다. 직무 능력과 성적을 평가하여 유능한 수령을 발탁하겠다는 수령 전최법은 이 문제를 통제하면서 대처하려는 것이었다.

그런데 전최법이 제정된 바로 며칠 후 8월 7일, 각도의 수령과 유학 교수관儒學教授官과 역승驛丞에게 본직을 그대로 보전하게 해주는 조치가 내려진다. 이런 조치는 전최법 제정이 오히려 수령을 비롯한 지방 관리들의 동요를 자칫 유발할 수 있다는 우려 때문으로 보인다. 하지만 이게 눈가림의 임시 조치였다는 것은 바로 드러난다.

8월 8일, 함부림咸傅霖을 경상·전라·양광도에 보내어 수령의 능력과 백성의 기쁘고 근심되는 것을 살피게 하였다. 이는 각 지방의 수령을 감독하기 위한 것이고 아울러 백성들의 동향을 살피겠다는 뜻이었다. 애초의 수령 전최법에서 수령의 자리를 그대로 보전해주는 대신 감시와 통제를 강화한 것이다.

그런데 수령을 감독하기 위해 파견된 함부림은 수령을 감시·통제하는 관찰사의 자격이 아니었다. 그는 일종의 국왕 특사였다. 그런 그가 수령을 바라보는 가장 중요한 관심사는 이성계의 즉위를 어떻게 백성들에게 선전하는가의 문제였다. 그에 따른 백성들의 동향은 수령의 능력을 평가하는 기준이었을 것이다. 여기 함부림은 이전 전력이 잘 드러나지 않은데, 이 일 직후에 있었던 공신 책정에서 개국공신 3등에 든다. 이를 보면 공신 책정은 이성계 즉위 후의 활동도 감안해서 결정했다고 볼 수 있다.

이후에도 지방 수령에 대한 감시·감독은 계속 강화되었다. 그런 권한을 관찰사에게 부여하여 이를 정착시키고 제도화시켰다. 이게 중앙집권체제의 강화로 나타났는데, 이성계가 왕위에 오른 직후에는 새 왕조 개창에 따른 민심 동향이 더 중요한 관심사였던 것이다.

한편, 8월 13일 이성계는 도당에 명령을 내려 한양으로 도읍을 옮기게 한다. 바로 이틀 후에는 관리를 한양에 파견하여 궁실을 수습하게 하였다. 한양은 고려 말부터 줄곧 천도 후보지로 올랐었고 우왕이나 공양왕은 한양으로 이어하여 수개월 이상 거처한 적도 있어 대강의 궁실이 이미 갖추어져 있었다. 이를 보수하여 천도하려는 것으로 보인다.

그런데 한양 천도는 공신들이 반대하면서 무산되었다. 이후 천도 문제는 상당히 복잡하게 오랫동안 전개되는데, 1395(태조 4) 10월에야 한양에 여러 궁궐을 조영하고 이름을 붙이면서 일단 마무리했다. 하지만 천도 문제는 이게 끝이 아니었다. 이방원이 즉위하면서 다시 개경 환도가 단행되어 한양 천도는 물거품이 되고 만다. 이후 천도 논의는 원점에서 다시 시작하는데, 이 문제는 중요하니 장을 달리하여 따로 살필 예정이다.

공신들이 주도한 세자 책봉

1392년(태조1) 8월 20일에는 이성계의 막내아들 이방석을 세워서 왕세자로 삼았다. 즉위 한 달여 만이니 좀 성급했다고 할 수 있다.

세자 책봉에 먼저 적극적이었던 사람은 신덕왕후 강씨였다. 신의왕후 한씨는 이미 죽고 없으니 유일한 왕비로서 자신의 소생을 하루속히 세자로 세우고 싶었을 것이다. 이성계도 강씨 소생의 이방번을 지극히 사랑했다고 하니까 신덕왕후와 생각이 크게 다르지 않았던 것 같다. 신덕왕후는 자신도 개국에 공로가 있다고 하여 세자 책봉을 졸랐다고 한다.

이에 이성계는 조준·배극렴·김사형·정도전·남은 등을 불러 세자 문제를 논의한다. 공신들의 의사를 무시할 수 없었기 때문이다. 대전에서 이루어진 이성계와 이들 공신들의 대화를 그대로 옮겨보겠다. 이성계가 누구를 세자로 세울 것인가를 묻자, 먼저 배극렴이 대답한다.

배극렴: 적장자를 세우는 것이 고금을 통한 의리입니다.

이성계: (조준을 가리키며) 경의 뜻은 어떠한가?

조준: 세상이 태평하면 적장자를 앞세우고, 세상이 혼란하면 공이 있는 자를 앞세우니, 원컨대 다시 세 번 생각하소서.

배극렴은 원론적인 대답을 했다. 이성계는 기대했던 대답이 아니라서 그랬는지 다시 조준에게 물었지만, 조준은 명확한 대답을 회피하고 조심스레 이성계에게 판단을 미루고 있다. 배극렴의 말은 분위기를 파악하지 못한 미련한 대답이고, 조준의 반응은 이 문제가 얼마나 민감하고 중차대한 문제인지 알고서 자신의 생각을 분명하게 드러내지 않았던 것이다.

그런데 이성계는 그 자리에 합석한 정도전이나 남은 등에게는 왜 묻지 않았을까? 이들은 이미 이성계와 세자 책봉에서 뜻을 함께했기 때문으로 보인다. 이 대화 이전에 공신들은 사석에서 이미 세자 문제를 거론하고 있었다. 이를 주도한 인물이 정도전이었다고 보인다. 이성계의 후계 국왕을 누구로 할 것인가의 문제는 중대하니 당연히 그랬을 것이다. 이성계가 이방번을 세자로 생각하고 있다는 것도 알고 있었던 것 같다. 하지만 공신들은 강씨 소생이어야 한다면 이방석이 더 좋겠다는 판단을 해두고 있었다. 이 대전의 대화는 배극렴과 조준의 생각을 정도전이나 남은 등과 일치시켜 이성계의 의지를 관철시키려는 자리였다고 보인다. 그러니 배극렴이나 조준의 대답은 이성계의 기대에 부응하지 못한 것이다.

대전의 대화를 엿듣고 강씨의 우는 소리가 밖에까지 들렸다고 하니까 배극렴과 조준의 대답에 그녀 역시 크게 실망했던 모양이다. 마땅히 자신의 소생을 세자로 세우자고 주장할 것으로 알았다는 뜻이다. 이성계도 그럴 생각이었고 정도전이나 남은도 같은 생각이었으니 굳게 믿었던 것 같다. 그러니까 세자 책봉 문제에서 배극렴과 조준은 다른 공신들과 조금 다른 생각을 보였던 것이다.

이성계는 종이와 붓을 조준에게 주며 이방번의 이름을 쓰게 했지만 조준은 땅에 엎드려 쓰지 않았다. 조준은 끝내 이방번을 세자로 세우는데 동의하지 않았다는 뜻이다. 배극렴은 나중에 생각을 바꿔 막내 이방석이 좋겠다고 다시 의견을 개진했다니까 정도전의 뜻을 따른 것으로 보인다.

결국 이성계가 강씨의 어린 아들 이방석을 세자로 삼았고 조준은 감히 다시 말하지 못하였다. 아마 조준이 이방번을 세자로 받아들이지 않자 그 대신 이방석을 세자로 세우지 않았나 싶다. 이방번을 지극히 사랑했다는 이성계의 뜻에는 살짝 벗어났지만, 신덕왕후 강씨나 정도전·남은 등은 별 상관이 없었을 것이다. 신의왕후 한씨 소생의 장성한 아들, 특히 이방원을 피할 수 있다면 큰 문제가 아니라고 판단했기 때문이다.

조준과 정도전의 생각이 미묘하게 엇갈리고 있음을 주목할 필요가 있다. 이성계가 즉위하기 전에는 함께 행동할 수밖에 없었지만 이제 그 일이 성공한 후에는 공신으로서 라이벌 관계를 피할 수 없다는 생각이 든다. 세자 책봉에서 정도전과 남은은 이방원을 회피하기 위해 강씨 부인과 이성계의 뜻을 따른 것이고, 조준은 그 이방원을 염두에 두고 이성계에게 조심스런 반응을 보였다고 할 수 있다.

그런데 정도전 등의 공신들이 장성한 아들들을 세자에서 배척하려는 것은 그럴 만하지만 이성계는 왜 그랬을까? 이는 신의왕후 한씨는 이미 죽고 신덕왕후 강씨가 살아있었기 때문이다. 일국의 왕이나 장삼이사나, 남자는 늙으면 가장 무서운 존재가 바로 곁의 부인이 아니겠는가. 하지만 이런 가벼운 설명으로는 충분치 않다. 이성계는 자신을 국왕으로 추대한 공신들의 의사를 무시할 수 없었을 것이다. 국정 운영의 중심은 그들 공신에게 있었기 때문이다.

공신들은 이성계의 즉위 초에 정국을 완전히 주도하고 있었다. 특히 정도전의 주도는 눈부셨고 이성계 역시 이를 인정하고 있었다. 반면 조준은 조심스런 기색이 역력했다. 어쩌면 이성계가 즉위한 후 조준보다는 정도전에게 의도적으로 더 힘을 실어주었는지도 모르겠다. 그래서 공신들의 중심에는 정도전이 있었고 이성계가 왕위에 오르긴 했지만 그 공신들이 구축한 구도 안에서 벗어나기 어려웠을 것이다. 이방석의 세자 책봉은 그런 정국 상황을 그대로 반영하고 있었다.

잘 알려져 있듯이 이방석의 세자 책봉은 후일 이방원에 의한 왕자의 난을 불러왔다. 그럼 이성계는 이를 예측하지 못했을까? 무자비한 살상까지는 예측하지 못했을지라도 문제를 일으킬 수 있다는 점은 예측하지 못했을 리가 없다. 하지만 즉위 초의 세자 책봉 당시에는 이방원에 대한 경계심보다 공신들의 영향력이 더 크게 다가왔을 것이다. 만약 이방원을 세자로 책봉했다면 정도전을 중심으로 한 공신 세력은 당장 이성계와 적대관계로 돌아설 뿐만 아니라, 새로운 권력투쟁에 휩싸이면서 아무 일도 할 수 없는 혼미한 정국으로 빠져들 가능성이 매우 컸다. 즉위한 직후 이성계는 이 문제를 고려하지 않을 수 없었던 것이다.

이런 생각도 든다. 이성계는 아들 이방원의 성향을 국왕으로서 적절치 않다고 판단했을 수 있다. 왕조 개창 초기의 국왕이라면 포용적이고 너그러운 면이 있어야 하는데 이방원에게는 그 점이 부족하다고 생각했을 것이다. 정도전을 중심으로 한 공신들은 이 점에서 이성계와 생각이 일치하지 않았을까?

대명외교, 왕위 승인 문제

1392년(태조1) 8월 29일, 밀직사 조림趙琳을 명에 파견하여 이성계의 왕위 승인을 정식으로 요청한다. 앞서 즉위 이틀째 조반을 명에 보내 이성계의 즉위를 알렸던 것에 대한 후속 조치였다. 왕위 승인을 요청하기 위해 조림이 가져간 표문에는 그 주체가 이성계인데 '권지고려국사 신 모權知高麗國事 臣某'로 호칭하고 있었다.

그런데 명에서는 이성계의 즉위에 대해 문제삼지 않았다. 고려왕조에서 이씨가 왕위에 올랐음에도 그랬던 것이니 이는 한가닥 의문이 아닐 수 없다. 명 태조 주원장은 위화도 회군 이후 이성계에 대해 대체적으로 부정적이지 않았다는 생각이 든다. 위화도 회군은 친명사대를 명분으로 최영의 요동정벌을 부정하고 타도했으니 적대적일 필요가 전혀 없었던 것이다. 공양왕 때 대명외교에 큰 문제가 없었던 것은 그런 영향도 작용했다고 보인다.

또한 공양왕 재위 동안에 이성계의 핵심 측근들은 명에 사신으로 여러 차례 파견된 적이 있었다. 이방우·이방원 형제도 파견되었고 정도전이나 조준도 파견된 적이 있었다. 이들 사신들은 이성계의 핵심 인물들이니 고려의 정국 상황에 대해 자세하고 내밀한 이면도 명측에 알렸을 것이다. 이를 통해 주원장은 국정을 장악한 이성계가 결국 왕위에 오를 것이라는 예측을 충분히 할 수 있었다고 보인다. 이성계의 즉위에 대해 문제삼지 않은 것은 이런 영향도 미쳤을 것이다.

조림보다 먼저 명에 파견되었던 조반은 이해 10월 22일 환국하면서 명나라 예부의 차부箚付를 받아온다. 황제의 성지를 받아 작성한 그 문서에는 이런 표현이 있었다. '삼한의 신민이 이미 이씨를 높이고 백성들에게 병화가 없으며 사람마다 각기 하늘의 낙을 즐기니 이는 곧 상제上帝의 명인 것이다.' 이성계의 즉위는 상제, 즉 하늘의 명령이라고 한 것이다. 이성계로서는 이보다 더 좋을 수 없었다.

나중에 왕위 승인을 요청하러 들어간 조림은 11월 27일 돌아오는데, 그 역시 매우 중요한 예부의 자문咨文과 주원장의 선유宣諭를 함께 받아온다. 예부의 자문에는 이런 내용이 있었다. '변방의 혼란을 발생시키지 않는다면 사절이 왕래할 것이니 실로 그 나라의 복이다. 문서가 도착하는 날에 국호를 어떻게 고칠 것인가를 신속하게 보고해야 할 것이다.' 왕위 승인 요청에 대해서는 아무런 언급을 하지 않고 국호를 개정하여 보고하라는 것이었다. 국호 개정에 대해서는 조금 뒤에 살필 예정이지만 왕위 승인에 대해 응답이 없다는 것은 이성계 측에 실망이었을 것이다.

그런데 황제의 선유문에는 왕위 승인 요청에 대해 이렇게 언급하고 있다.

……공민왕이 죽고 그 아들이 있다고 이를 세우기를 요청하였으나 나중에는 그렇지 않다(아들이 아니다)고 말하였다. 또 왕요(공양왕)를 왕실의 정통이라 하여 세우기를 요청했다가 지금 또 축출하였다. 두세 번 사신을 보내왔으나 대개 스스로 왕이 되기를 요청한 것이다. 나는 다른 말로 묻지 않을 것이니 스스로 왕이 되고 스스로 구해야 할 것이다. 백성들을 편안하게 하고 서로 통하여 왕래하게 한다(《태조실록》 권2. 태조 1년 11월 갑진).

주원장의 이런 표현은 이성계의 즉위를 인정하지 않겠다는 뜻으로 읽을 수도 있다. 이 선유문에서 주원장은 이성계를 爾(이, 너 혹은 그대라는 뜻의 2인칭 대명사)로 호칭하여 무시하는 것 같은 표현도 서슴지 않고 있으니 충분히 그럴 만하다. 특히 이성계의 즉위를 책명을 통해 정식으로 승인하지 않았다는 점에서 이성계의 요청을 거부한 것으로 볼 수 있다.

하지만 주원장의 이 글은 이성계의 즉위에 대해 문제를 삼지 않겠다는 뜻으로 읽는 것이 정확할 것 같다. 이성계의 즉위를 문제삼거나 혹은 부정했다면 상제의 명령이라는 표현이나 사신 왕래를 허용하겠다고 언급하지 않았을 것이다. 그러니까 주원장은 변방의 왕위에 대해서는 관심도 없고 문제삼지도 않을 것이니 너희 스스로 알아서 하라는 것이었다. 주원장 특유의 냉소적인 반응을 그대로 보여주고 있는 것이다.

주원장의 이런 태도는 처음이 아니었다. 위화도 회군 후 우왕을 폐위하고 창왕을 세웠을 때도 주원장은 그런 태도를 보인 적이 있었다. 그 이전 공민왕이 죽고 우왕이 즉위한 후에는 고려의 끈질긴 승인 요청에 마지못해 책명을 내리기도 했다. 이 과정에서 주원장은 고려를 매우 성가신 존재로 인식하는 태도를 노골적으로 드러냈던 것이다. 이후 우왕을 폐위하고 창왕, 창왕을 다시 폐위하고 공양왕, 그리고 그 공양왕마저 폐위하고 이성계가 즉위한 지금, 다시 왕위 승인을 요청하자 주원장이 그런 냉소적인 반응을 보인 것은 어쩌면 당연하다는 생각이 든다.

이성계의 즉위에 대해 표문을 올려 왕위 승인을 요청했지만 주원장으로부터 책명을 받지 못했다는 것은 대명외교의 실패였다. 하지만 따로 문제를 삼지도 않았다는 것은 절반의 성공이었다. 실제로는 이성계의 즉위를 인정한 것으로 보아도 크게 어긋나지 않다고 생각한다. 다만 이성계에 대한 책명을 받는 고명誥命은 우여곡절을 겪으며 조금 더 시간을 필요로 한다.

국호를 조선으로

조림이 환국하면서 가져온 예부의 자문에서 왕위 승인 못지않게 중요한 점은 새로운 국호를 정하여 보고하라는 내용이었다. 이 부분이 좀 의외이다. 이성계 측에서 먼저 국호 개정을 요청한 것이 아니었기 때문이다. 조림이 가져간 표문에는 그런 요청이 없었지만 혹시 황제를 대면한 자리에서 구두로 요청했을 수도 있을 것이다.

조림이 환국하기 전인, 그해 9월 황태자(주원장의 아들)의 죽음을 조문하기 위해 사신이 파견되었고, 그해 10월에는 정도전이 사은사로 파견된 적도 있었다. 이들 사신들이 주원장을 대면한 자리에서 국호 개정을 구두로 요청했을 수도 있다. 하지만 그런 중요한 사안을 구두로 요청했을까 하는 의문이 들기도 한다. 어쨌든 이성계 측에서 문서를 통해 국호 개정을 먼저 요청한 적은 없었다.

태조 주원장이 국호 개정을 적극 주문했다는 점에서 이는 주목할 만한 일이었다. 국호 개정을 명에서 적극 주문했다는 것은 이성계의 즉위를 새로운 왕조의 시작으로 보겠다는 뜻이니, 이성계와 그 핵심 인물들에게는 더없이 고무적인 일이 아닐 수 없는 것이다. 이를 보면 주원장은 이성계의 즉위에 대해서도 책명을 보내지 않았을 뿐이지 승인한 것이나 다름없다고 봐도 무방할 것 같다.

조림이 환국한 당일 문무백관과 원로들은 도당에 모여 새로운 국호를 논의한다. 그 이틀 후 바로 한상질韓尙質을 사신으로 파견하여 '朝鮮'과 '和寧' 중에서 하나를 선택해줄 것을 요청했다. '朝鮮'은 단군왕검의 (고)조선에서 따온 것이 분명해 보이고, '和寧'은 이성계가 태어난 곳의 원래 지명(함남 영흥)이었다. 도당에서 국호를 논의하는 과정에 대한 상세한 설명이 없어 어떻게 '朝鮮'과 '和寧'이라는 두 국호가 선정되었는지 알 수가 없다는 점이 좀 아쉽다. 그리고 왜 두 개를 선정하여 결정하도록 했는지도 궁금한데, 주원장에게 선택권을 부여하여 만족시키려는 의도였는지도 모르겠다.

한상질은 이듬해 환국하면서, 두 가지 국호 중에서 '朝鮮'이 좋겠다는 주원장의 성지를 받든 예부의 자문을 받아왔다. 그 자문에 따르면 주원장은 '朝鮮'이라는 국호가 아름답고 또한 유래가 오래되었다고 하여 '和寧'이 아닌 '朝鮮'으로 결정한 이유까지 밝히고 있다. '和寧'이 이성계의 태생지와 관련된 지명에서 왔다면 주원장에게나 역사적인 관점에서나 '朝鮮'이 더 매력적인 국호라는 생각이 든다.

1393년(태조 2) 2월 15일, 한상질이 환국한 바로 그날 이성계는 당장 교서를 반포하여 국호를 '朝鮮'으로 결정하였다. 교서에서, 지금부터 '高麗'란 나라 이름은 없애고 '朝鮮'의 국호를 쓰겠다고 천명하였다. 이로써 '朝鮮'이라는 새로운 왕조가 시작되는데, 이성계가 왕위에 오른 지 7개월이 지난 뒤였다. 비로소 고려왕조에서 조선왕조로 바뀌는 새 왕조가 열린 것이다.

이성계가 명으로부터 국왕으로 인정받고 국호도 조선으로 바뀌어 외형상 일단 새로운 왕조가 출범했지만 그 이후에도 여러 문제가 남아 있었다. 가장 중요한 문제가 명으로부터 책명을 받는 일이었다. 하지만 이 문제는 갑자기 표전 문제가 발생하면서 난관에 봉착하고, 여기에 정도전에 의해 요동 공격까지 거론되면서 이성계 재위 동안에는 해결되지 못했다. 그리고 한양 천도 문제도 우여곡절을 겪으며 쉽사리 결정하지 못했다. 이 장에서는 대외 문제로서 명과의 관계와, 대내 문제로서 한양 천도에 대해서만 한정해서 살펴보겠다.

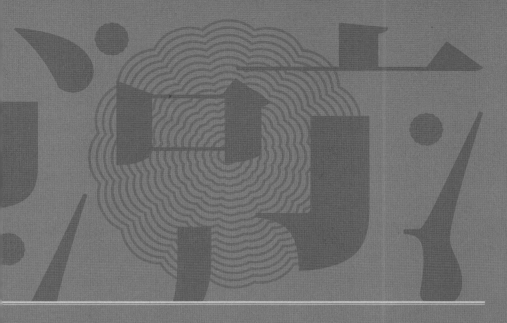

보론

왕조 개창, 그 후

1. 대명외교와 권력의 추이

문제의 발단, 여진 문제

이성계의 즉위를 실질적으로 인정한 주원장은 국호 개정도 적극 주문하여 조선으로 결정했지만 이후 명과의 관계가 순탄치만은 않았다. 문제의 발단은 여진인 5백여 명이 압록강을 넘어 조선에 투항해 들어온 사건에서 비롯되었다. 이 사건이 언제 발생한 일인지는 드러나 있지 않지만, 이 문제를 항의하기 위해 1393년(태조 2) 5월 23일 명에서 사신을 파견하면서 양국 사이에 갈등이 시작되었다.

명의 사신이 항의하는 내용 가운데 중요한 것은 다음과 같은 세 가지였다. ① 요동에 사람을 보내 우리 변방 장수에게 금은이나 포백으로 뇌물을 바쳐 유혹하였다. ② 여진인 5백여 명이 압록강을 넘어 도망쳐 들어갔다. ③ 조공으로 보내는 말이 형편없다.

이런 문제들은 고려 말부터 계속된 양국의 현안이었는데, 특히 ③의 말 조공 문제는 공민왕 때 친명사대가 결정되면서부터 시작된 오래된 감정이었다. 대명외교가 시작되면서 제기된 양국 사이의 이런 문제가 새 왕조가 들어선 후에도 갈등 요인으로 작용하고 있는 것이다. 이는 양국 사이의 이런 현안들이 단시간 내에 해결할 수 없는 구조적인 문제라는 점을 말해주기도 한다.

관심이 가는 문제는 ②의 사건이다. 여진인 5백여 명이 왜 이 무렵 갑자기 조선에 들어왔는지 궁금한 것이다. 주원장은 이를 조선에서 유혹하여 끌어들였다고 판단한 것이었다. 이 문제는 이성계가 왕위에 오르는 과정과 관련 있어 보인다. 이성계가 즉위하기 직전부터 갑자기 여진족 추장들이 내조來朝하거나 조공을 바치는 등 교류가 빈번하게 나타나기 때문이다.

여진인은 1391년(공양왕 3) 7월에 3백여 명이 귀순한다. 명의 사신이 항의한 것은 이 사건을 두고 한 말인지 모르겠다. 이 귀순은 이성계의 적극적인 건의로 동여진에 사신을 보내 이들을 회유하면서 일어난 일이었다. 쉽게 말해서 이성계가 불러들인 것으로 볼 수 있는 것이다. 이 때는 정몽주에 의해 지난 사건에 대한 재심이 이루어지고 정국의 반전이 시작되면서 이성계 측에 어려운 시기였다. 그래서 혹시 이성계가 여진족을 국내 정치에 활용하기 위해 끌어들인 것이 아니었을까 추측해 볼 수 있다.

이후 여진족 추장들이 고려에 내조하며 자주 들락거렸다. 그런 추장 중에 올량합兀良合(우랑카)과 알도리斡都里가 있었다. 이들은 공양왕을 알현하기도 하고 토산물을 바치는 등 내조를 이어갔다. 1392년(공양왕 4) 3월에는 이성계가 자신의 사저로 이 두 추장을 초대하여 잔치까지 벌인다. 바로 이어서 여러 추장들에게 만호·천호·백호라는 무관의 직첩을 내리고 선물을 하사하며 모두 고려 경내로 들어와 울타리가 되도록 주문하는데 역시 이성계가 나선 일이었다.

이 무렵 정몽주의 주도로 지난 사건의 연루자들이 유배에서 풀려나고 이색·우현보 등이 복직하였으며, 이 해 3월 17일에는 이성계가 낙마 부상하면서 그에게는 가장 어려운 시기였다. 그래서 여진족 추장들에 대한 그런 우호적인 시혜나 유대를 강화하는 조치는 그 주체가 바로 이성계였고, 이들을 정치적으로 활용하기 위한 것으로 판단할 수 있는 것이다. 이는 물론 이성계의 출신기반이 처음부터 여진과 친연성이 강했기 때문에 가능한 일이었다.

그런데 이성계가 왕위에 오른 이후에도 앞서 여진족 추장들의 내조는 이어지고 이성계는 이들에게 의복을 하사하는 등 교류를 중단하지 않았다. 1393년(태조 2) 정월 초하루에는 추장 알도리가 살아있는 호랑이를 이성계에게 선물로 바치기도 하였다. 이성계의 즉위를 축하하면서 신년 하례용이었다. 이 해 5월 17일에는 왕위에 오른 이성계의 명령으로 추장 올량합에게 변방을 관리하는 상만호의 직첩을 내리기도 했다. 이쯤이면 여진족과 이성계의 긴밀한 유대관계가 범상치 않다고 짐작할 수 있을 것이다.

여진족을 유혹하여 5백여 명이 압록강을 넘어 들어갔다는 명의 주장은 이런 과정에서 일어난 문제였다고 보인다. 그러니까 주원장은 뒤늦게 여진족의 귀순을 알아채고 조선에 사신을 파견하여 항의했던 것이다. 여기에는 여진족의 귀순뿐만 아니라 변경 문제 등 양국의 경계 지역에 대한 관할 문제가 결부되어 있었다. 주원장은 조선에서 군사로써 변경을 어지럽힌다고 판단했던 것이다.

주원장의 항의 사신을 접한 조선에서는 이 해 5월 25일 즉각 압록강 유역의 이성과 강계 지역에서 들어온 여진족을 돌려보내도록 조치하였다. 이때 이성계는 주원장을 향한 불만을 노골적으로 드러냈다. 주원장이 작은 나라를 업신여기고 군대를 일으켰다고 위협까지 한다면서, 이는 어린아이에게 공갈하는 것과 다를 바 없다고 측근의 도승지에게 속마음을 털어놓기도 했다. 하지만 왕조 개창 초기의 이성계 처지에서는 자세를 낮추고 주원장의 비위를 맞추어야 한다는 것쯤은 모르지 않았을 것이다.

명에서는 이 해 7월 요동도지휘사에 명령을 내려 변경을 잘 수호하도록 하고 조선 사신의 입경을 못하게 막아버렸다. 이런 일도 있었다. 사은사로 들어갔던 사신 이염李恬은 꿇어앉는 자세가 바르지 못하다고 곤장을 맞고 이 해 8월 돌아오기도 했다. 그는 요동을 거쳐 환국하면서 역마를 주지 않아 걸어서 들어왔다. 명에서는 작심하고 홀대한 것이었다.

이후 조선에서는 여러 차례 사신을 파견하지만 요동에서 되돌아오고 만다. 우왕 때 요동 입국을 막아버렸던 전례를 다시 반복하고 있는 것이다. 그때도 고려에서 변경을 소란케 한다는 이유로 교류를 중단시켰는데 그 무렵 철령위가 설치되었던 것이다.

그렇게 대명외교는 조선왕조 개창 초기부터 벽에 부딪히고 있었다. 왕위에 오른 이성계가 우선 해결해야 할 외교적 난제였다. 주원장이 이성계의 즉위를 인정하고 즉시 조선이라는 국호를 결정토록 했다는 사실이 신통한 일이었다.

이방원을 파견하다

1394년(태조 3) 1월, 요동도지휘사의 좌군도독부에서 주원장의 성지를 받든 자문을 조선에 보내온다. 그 내용은 이런 것이었다. '작년 11월 고려인 불한당 한 명이 산동 지역에서 붙잡혔는데 그의 진술에 의하면, 이성계가 여진 소속의 만호·천호·백호 등을 무장시켜 배 10여 척에 수백 명을 동원하여 장사하는 배로 가장하고 요동을 공격할 것이라고 말하였다. 이를 알려주는 것이니 잘 새겨야 할 것이다.'

간단히 말해서 이성계가 여진족 무장들을 사주하여 요동을 공격하려 했다는 것이었다. 좌군도독부에서 문서로써 이를 조선에 알린 것은 강력한 경고 메시지였다. 앞서, 이성계는 왕위에 오르기 직전에 여진 무장들에게 만호·천호·백호라는 직첩을 내리고 변경의 울타리가 되어달라는 주문을 한 적이 있었으니 위 자문은 사실인 것 같기도 하다. 문서에는 여진 무장들의 이름까지 하나하나 나열하고 있어 신빙성을 더해준다.

하지만 즉위 초의 이성계가 요동을 그런 식으로 공격할 이유는 전혀 없으니 의심하지 않을 수 없다. 추측건대 사로잡힌 그 불한당이 이성계로부터 무관의 직첩을 받은 여진 무장을 시기하여 모함하지 않았나 싶다. 여진족 내부의 이권이나 주도권 다툼이 이성계의 즉위를 계기로 드러나는 양상으로 볼 수도 있고, 어쩌면 왕조 개창이나 이성계의 즉위에 대한 변경 주민의 불만도 함께 작용하지 않았을까 하는 생각도 든다.

어쨌든 왕조 개창 초기의 이성계로서는 곤혹스런 일이 아닐 수 없었다. 일은 여기서 그치지 않았다. 1394년(태조 3) 4월에는 다시 좌군도독부에서 자문을 보내와 또 다른 정탐활동을 문제삼으면서 추가로 관련된 여진 무장들의 이름을 나열하고, 앞서 자문에서 나열된 무장들과 함께 압송하라고 요구하였다. 그러면서 압송에는 반드시 이성계의 아들이 들어와야 한다고도 했다.

그리하여 6월 7일, 이방원이 명으로 들어가게 된다. 이성계로서는 주원장의 의심을 해소하는 데 이방원이 적격이라고 판단했던 것이다. 명의 사신으로 이방원을 지목한 것은 이성계였지만 이방원 역시 매우 적극적이었다. 여기에는 이방원 나름대로의 계산이 있었던 것 같은데 이 부분은 뒤에 다시 언급할 것이다. 이방원이 사신으로 적극 나서자 여기에 함께 동반하겠다고 나선 인물이 남재였다. 그래서 이방원과 남재 그리고 조반이 동행하게 되었다.

이때 주원장에게 보내는 표문에는, 그동안 여러 차례 사신을 보냈으나 요동에서 길을 막아 들어가지 못했음을 알리면서, 압송하라고 요구한 자들의 성명이 일치하는 자가 없어 불확실한 경우가 많고, 붙잡힌 자들의 진술에 거짓이 있다고 하였다. 그리하여 소수의 인원만 압송해 보내는데 이들은 이방원보다 앞세워 요동으로 보냈다.

이때의 표문에서는 이성계에 대한 호칭 문제도 거론했다. 국호는 요구를 받아 이미 조선으로 결정했지만 국왕의 작호爵號에 대해서는 내려준 결정이 없어 '국왕'이라 칭하지 못하고 '권지국사'로 칭하고 있다는 점을 강조하였다. 이성계가 외교문서에 조선 국왕이 아니라 권지국사로 칭한 것은 정식 책명을 받지 못한 탓이었고, 이를 거론한 것은 이성계의 왕위 승인을 요청하는 것이었다.

그리고 앞서 들어갔던 압송자들은 이 해 6월 말에 별 탈 없이 돌아온다. 요동도지휘사에서 심문했지만 별다른 혐의점을 찾지 못했던 것 같다. 또한 바로 이어서 다시 요동의 교통로도 재개되었다. 귀순한 여진인을 다시 돌려보낸 조치에 만족했는지 모르겠지만 신속한 교섭 재개는 조금 뜻밖이었다. 하지만 뒤에 다시 이 문제가 거론되는 것으로 봐서 완전히 해소된 것은 아니고 여기서 일단 접었던 것 같다.

명으로 들어간 이방원은 가는 도중 북경에서 연왕燕王(후의 영락제)을 만나 후한 대접을 받기도 했다. 여기 연왕은 주원장의 넷째 아들로 후에 조카(2대 건문제)의 제위를 빼앗은 인물이다. 나중에 이방원도 왕위에 오르면서 영락제永樂帝의 치세기간과 거의 겹치면서 양국의 관계도 조금 나아지는데 어쩌면 이때 잠깐의 인연이 보탬이 되었는지도 모르겠다. 이방원 일행은 이 해 11월 19일 환국하였다.

이방원은 명으로 들어가 주원장과 두세 차례나 면담하며 우대를 받았다. 여진의 귀순 사건을 꼬투리 잡아 문제삼지 않은 것만도 다행인데 뜻밖이었다. 이방원은 창왕이 막 즉위하고 이색의 서장관으로 명에 파견된 적이 있어 주원장과 구면이었고, 주원장은 아마 이성계가 가장 신임하는 아들을 보냈다는 점에서 신뢰했던 것으로 보인다. 이방원의 사신 발탁은 중요한 시기에 이성계가 정확히 판단을 잘했다는 생각이 든다.

이방원으로서도 얻는 게 많은 사행이었다. 그가 대명외교에 나서면서 여진 문제가 더이상 확대되지 않은 것만도 성과였다고 할 수 있다. 이방원은 명의 관리들로부터 세자 대접까지 받았다고 하니까 명의 조정이나 주원장에게 주목도 받았음을 알 수 있다. 세자 책봉에서 제외되어 이 무렵 어려운 시기였던 이방원이 대명외교에 나서면서 국내 정치에서 새로운 전기를 마련하고 있었다.

이후 대명외교는 별 문제 없이 진행되는 듯이 보였다. 정기적인 사절단은 시기마다 정확히 파견되었고 양국 관계에서 별 탈이 없었다. 하지만 이게 1년 정도로 그치고 만다. 전혀 예상치 못한 새로운 문제가 갑자기 불거진 것이다.

표전 문제

1395년(태조 4) 10월 10일, 태학사 유구柳珣와 한성윤 정신의鄭臣義를 명년 새해를 축하하는 하정사로 파견한다. 이때 표문이 문제가 되었던 것이다. 이들 사신은 그해 연말 남경에 도착하여 표문을 올리고 새해 정단에 하례하는데, 황제한테 올리는 표문의 글귀가 불손하다는 질책을 받았다. 명 조정에서는 이를 문제삼아 두 사신을 억류하고 표문을 작성한 자를 보내 해명하라고 결정하였다. 이때 사신 유구에 의해 표문 작성자는 정도전이라고 이미 알려진다.

조선에서는 그런 사정도 모른 채 이 해 11월 11일, 국왕의 고명誥命과 인신印信을 요청하기 위해 정총을 사신으로 파견했다. 아직 책명을 받지 못한 이성계의 왕위 승인을 정식으로 요청하는 것이었다. 하지만 정총이 환국하기도 전에 명의 질책 사신이 먼저 들어온다.

다음 해 1396년(태조 5) 2월 9일, 표전을 문제삼는 명의 사신이 당도하였다. 이들이 전하는 내용은, 지난번에도 변경에서 혼란을 일으켜 틈을 만들었고 이번에는 또 표문表文과 전문箋文에 명을 희롱하고 모멸하는 글귀가 있으니 이를 지은 자를 압송하라는 것이었다. 그러면서 군대를 보내 징벌하고 싶지만 작성자를 압송하면 억류된 사신을 돌려보내 겠다고 하였다.

이들 사신이 전하는 내용에 의하면 앞서의 변경 문제도 완전히 해소되지 않았다는 것을 알 수 있다. 여기에 표전 문제가 겹친 것이니 일이 고약하게 꼬이고 있었다. 표문과 전문은 신하가 임금에게 올리는 글의 형식인데, 두 가지 글이 어떤 차이가 있는지 정확히 잘 모르겠지만, 아마 표문은 황제 주원장에게 올리는 글이고 전문은 태손(태자는 먼저 죽음)에게 올리는 글이 아니었나 싶다. 이들 표전문의 어떤 부분이 문제가 되었는지 궁금하지만 실록에는 그 내용이 전하지 않고 있다.

명 사신의 강경한 태도를 접한 조선에서는 2월 15일 즉시 판전교시사 김약항金若恒을 압송하여 보냈다. 명의 사신을 접한 지 불과 며칠 만이니 신속한 대응이었다. 김약항이 전문을 작성했고, 표문을 작성한 성균 대사성 정탁鄭擢은 질병으로 압송할 수 없다고 하였다. 그러면서 문제를 삼은 표전문의 내용에 대해서는 이렇게 변명했다. 글자와 소리가 중국과 달라서 반드시 통역에 의해서만 겨우 문자의 뜻을 전달하는데, 조선에서는 문자의 사용이 서툴고 표전문의 체제를 정확히 알지 못하여 문장이 경박하게 되었다고 하였다.

정탁을 질병 때문에 압송할 수 없다고 한 점이 주목할 부분이다. 정탁은 이방원에게 정몽주 제거를 적극 주장했던 인물이니 그가 압송에서 제외된 것은 이방원의 비호를 받지 않았을까 하는 생각이 들어서다. 그리고 정도전의 이름은 거론조차 하지 않았다. 표전문 작성자로 명에 이미 알려진 정도전을 의도적으로 제외했다고 볼 수밖에 없는데 그는 누가 뭐래도 권력의 핵심에 있었기 때문이다.

표문이나 전문 같은 중요한 외교문서는 혼자서 작업하는 것이 아니라 여러 사람이 참여하여 완성했던 모양이다. 정도전은 그의 정치적 위상으로 볼 때 외교문서 작성의 총책임을 맡았을 것이고, 그래서 그의 이름이 처음부터 거론되었다고 보인다. 압송된 김약항은 그 과정에서 어떤 식으로든 참여했다고 생각되지만 그가 표전문 작성에서 중심 역할을 했다고 보기는 어렵다. 그러니까 김약항은 정도전이나 정탁을 대신해서 들어갔다고 생각할 수 있다.

　김약항이 명으로 들어가고, 3월에는 고명을 요청하러 들어갔던 정총의 일행이 고명과 인신을 허락할 수 없다는 주원장의 답변을 가지고 환국하였다. 하지만 정총은 억류당하고 그 종사관만 돌아온 것이었다. 이어서 6월, 명에서는 다시 사신을 파견하여 표문을 작성한 정도전과 정탁의 이름을 거론하여 압송하라고 재차 요구하고, 아울러 사신으로 들어가 억류된 유구의 가족까지 보내라고 하였다. 유구의 가족을 왜 보내라고 했는지 모르겠는데, 이는 압송이라기보다는 아마 그곳 억류생활의 편의를 위한 조치가 아닌가 싶다.

　이 해 7월, 조선에서는 다시 표전문 관련자로 예문춘추관 학사 권근과 우승지 정탁, 그리고 노인도盧仁度 등 3명을 지목해서 이들과 함께 하윤을 계품사로 삼아 명으로 보냈다. 그러면서 이렇게 해명했다. 전문은 김약항이 지었고 표문은 정탁이 지었으며 그 교정은 정총과 권근·노인도가 했다는 것이다. 그리고 정도전은 표전의 작성이나 교정에 간여하지 않았다고 하였다. 하급 관리인 노인도는 앞의 김약항처럼 표전문 작성의 보조 역할이나 했을 텐데 관련자로 보낸 것이다. 그래서 이미 보낸 김약항과 역류된 정총을 제외한 3명을 다시 보낸 것이다. 그리고 유구의 가족을 보내라는 요구에는 그가 이미 억류된 마당에 그 가족이 놀라고 슬퍼하여 보내기 어렵다고 하였다.

주원장이 표전문을 문제삼아 그 관련자를 압송하라고 계속 압박한 것은 왕조 개창 초기의 이성계를 길들이기 위한 수법이라 볼 수 있다. 정도전을 거론한 것은 그가 이성계의 최측근 인물로 권력의 핵심을 차지하고 있다는 사실을 알아차린 결과였다. 하지만 이것만이 아니라, 여기에는 개국 초기 조선 조정에서 벌어지는 은밀한 암투가 작용하고 있었다고 보인다.

권근은 본인이 적극 요청해서 들어간 것이었다. 처음에 이성계는 주원장이 그의 이름을 거론하지 않았다는 이유로 반대했지만 권근이 재삼 요청해서 표전문 작성에 관련된 자로 인정하고 자청한 것이다. 이때 정도전은 권근이 명으로 들어가는 것을 강력히 반대했다. 왜 반대했는지는 다음에 드러나지만 정도전은 권근을 의심한 것이다.

그런데 조선의 해명에 의하면 정도전은 표전에 간여하지 않았다고 하면서 또한 질병이 있다는 사실을 다시 언급하고 있었다. 이는 작성에 간여하지 않아서 보내지 않겠다는 것인지, 작성에 간여했지만 병이 있어 보낼 수 없다는 것인지 애매한 해명이었다. 정도전을 계속 비호하고 있다는 인상을 주기에 충분했다. 중요한 점은 그가 대명외교에 적극 나설 수 없는 처지에 빠지고 있었다는 사실이다.

하윤과 정탁은 이 해 11월 4일 바로 돌아왔다. 함께 들어간 권근과 노인도는 제외되었는데 이게 무슨 이유인지는 드러나지 않고 있다. 그리고 11월 6일에는 애초 문제의 표전을 가지고 들어갔다가 억류된 유구와 정신의도 돌아왔다. 이제 억류된 자는 정총·권근·김약항·노인도 등

4인인데, 11월 20일에는 이들의 가족까지 호송하여 남경으로 보낸다. 명에 억류된 자의 가족까지 보낸 것은 그곳 생활의 편의를 위한 것이라면 배려라고 볼 수 있지만 정확한 이유는 잘 모르겠다.

권근의 활약, 곤경에 처한 정도전

4명 가운데 권근은 다음 해 1397년(태조 6) 3월 억류에서 풀려 돌아왔다. 하지만 정총·김약항·노인도 3인은 계속 억류되어 있었다. 방환되어 돌아온 자와 계속 억류된 자가 무슨 차이 때문인지 궁금한데 권근이 들고 온 주원장의 성지聖旨를 통해 이를 짐작해볼 수 있다.

주원장은 성지에서, 작은 나라가 큰 나라를 섬기는 것은 지성을 다해야 하는데 국왕을 섬기는 조선의 문사들이 농간을 부려 두 나라 사이가 바르지 못했다고 지적하였다. 그리고 4인 문사 중에서 권근이 노숙하고 진실하기에 돌려보낸다고 하면서, 앞으로 사신으로 들어오는 자들은 반드시 한어漢語를 할 줄 아는 자를 보내라고 하였다.

그러니까 권근을 돌려보내는 것은 그가 국왕을 섬기는 진실한 신하라고 판단해서 그랬다는 뜻이다. 또한 사신의 한어 구사 능력을 거론한 것으로 보아 권근은 한어도 어느 정도 구사했던 모양이다. 당연히 주원장의 심문에도 적절히 응답을 잘했을 것이다. 권근의 학식을 알아본 주원장은 이때 3편의 시까지 지어주었고 권근 또한 24편의 응제시應製詩를 지었다.

권근은 공양왕 때 이성계 측에 맞선 자였고 이성계의 즉위에도 반대한 인물이다. 당연히 개국공신에도 들어가지 못했는데 그런 그가 이성 계를 보좌하는 진실한 문사로 평가받았다는 것은 눈여겨볼 부분이다. 권근은 주원장의 응제시에서 이성계의 회군 공로와 사대하는 정성을 칭송하기도 했으니 주원장의 비위를 적절하게 잘 맞췄던 것 같다.

그런데 1397년(태조 6) 4월 17일, 먼저 사은사로 들어갔던 설장수가 돌아오면서 주원장의 의지를 담은 자문을 가져왔는데 여기에 아주 민 감한 내용이 들어있었다. 정도전을 비난하며 그를 화의 근원이라고 한 것이다. 또한 정총·김약항·노인도 등이 조선에 있다면 정도전 편에 서 서 더욱 화를 불렀을 것이라고 하면서, 아울러 이성계에게도 화를 부르 지 않도록 잘 살필 것을 경고하였다. 대명외교가 주원장에 의해 국내 정치로 비화되고 정도전이 문제의 핵심 인물로 거론되고 있었다.

정도전은 왜 그렇게 주원장에게 찍혔을까? 이는 정도전 개인의 정치 적 위상 탓도 있겠지만, 추측을 허락해준다면 앞서 명으로 들어간 이방 원이 영향을 미치지 않았을까 하는 생각이 든다. 이방원이 세자에서 제 외된 것이 정도전 때문이라는 점은 천하가 다 아는 사실이었다. 이방원 이 그런 정도전을 곱게 보았을 리 없다. 이방원이 여진족 귀순 문제로 명에 들어갔을 때 주원장에게 그런 정도전을 위험한 인물로 인식시켰 을 가능성이 많다고 보인다.

권근이 돌아온 후 주원장은 다시 정도전을 부르지 않았다. 다시 불러 도 그가 들어오지 않을 것이라고 판단했던 모양이다. 그러니까 권근은 정도전 대신 자청해서 명으로 들어가 대강 자신의 역할을 해낸 것으로 볼 수 있다. 왕조 개창 초기에 권근이 대명외교에 적극적으로 참여하는 모습을 읽을 수 있는데, 그런 권근의 배후에 이방원의 존재를 생각하지 않을 수 없는 것이다. 당연히 권근의 정치적 위상이 제고되었다. 이를 견제한 자가 바로 정도전이었다.

이 해 4월 20일, 정도전은 사헌부의 관리를 사주하여 환국한 설장수와 권근을 탄핵하였다. 탄핵의 사유는 정총 등 3인은 계속 억류된 상황에서 권근 혼자 방환되어 돌아왔다는 것이었다. 그게 탄핵의 사유가 될 만도 했지만 진짜 이유는 그의 정치적 부상을 견제하려는 것이었다. 설장수는 정도전을 향한 주원장의 경고가 계기가 되어 탄핵 대상이 되었다고 보인다.

권근이 명에 들어가려고 자청할 때부터 정도전은 그를 못마땅해 하면서 반대했다. 반대한 이유를 이성계에게 이렇게 말했다. "권근은 이색이 사랑하던 제자인데 이색이 일찍이 기사년 무렵(1389)에 주상(이성계)을 황제에게 고자질하다가 뜻을 얻지 못하였는데, 지금 권근이 자청해서 가는 것은 반드시 이상한 일이 일어날 것이니 권근을 보내지 마소서."

이색은 위화도 회군 직후 수상에 올라 1388년에 명의 사신으로 자청해 들어가 다음 해 환국하는데 이를 두고 정도전은 이색을 의심한 것이었다. 그 이색의 제자인 권근도 믿을 수 없다고 한 것이다. 그때 이색의 언행에 대해서는 앞 장에서 자세히 언급했듯이 이성계 측으로서는 충분히 의심할 만한 정황이 있었다.

하지만 이성계는 정도전의 반대를 받아들이지 않았고, 결국 권근은 명으로 들어가 주원장의 우대를 받고 환국한 것이다. 권근이 명으로 향할 때 이성계는 특별히 사람을 시켜 황금으로 노자까지 전달했다. 이 노자를 주원장이 준 것으로 오해한 정도전은 이 문제까지 거론하며 권근에 대한 국문까지 주장했지만 이성계는 정도전의 주장을 들어주지 않았다.

이성계는 정도전의 탄핵 주장에 반대하면서 이렇게 말했다. "천자가 진노하니 자청해서 들어가 그 의심을 풀게 하였고 이에 경을 부르지 않았으니 나라에도 공로가 있고 경에게도 은혜가 있다. 나는 상을 주려 하는데 도리어 죄주기를 청하는가?" 정도전으로서는 머쓱할 일이었다. 자신의 속마음만 들키고 만 것이다. 정도전의 입지가 나라 안팎에서 어려워지고 있었다.

정도전의 진법 훈련과 출병 주장

이 무렵 정도전은 명과 일전을 치를 생각을 하고 있었다. 1397년(태조 6) 6월 14일, 정도전·남은 등은 이성계에게 건의하여 군사를 일으켜 국경으로 출병할 것을 주장하였다. 이때 정도전은 의흥삼군부의 판사로서 군사권을 쥐고 있었으니까 이성계의 허락만 떨어지면 출병이 어려운 것은 아니었다. 출병을 단행한다면 이는 물론 명과의 전쟁으로 치닫는 일이었다. 그게 실현될지는 모르겠지만.

정도전의 이런 생각에 반대한 인물이 조준이다. 조준은 출병에 대해 사대의 예에 어긋나 명분이 없고 현실적으로 승산도 없으며 뜻밖의 변란이 생길까 염려된다고 하였다. 이성계는 조준의 이런 뜻을 반겨 했다니까 그 역시 출병을 달가워하지 않았다는 것을 알 수 있다. 조준이 말한 '뜻밖의 변'이 무엇을 의미하는지 분명치 않지만 위화도 회군이 연상되는 것은 자연스럽다. 이 일로 정도전·남은은 조준과 완전히 틈이 벌어졌다고 한다.

그런데 정도전이 군사를 훈련하고 양성한 것은 이보다 훨씬 이전이었다. 정도전은 1393(태조 2) 11월에 이성계에게 건의하여 진법陣法을 가르치게 하고 이어서 군사 훈련에 들어갔다. 그러면서 정도전의 주도아래 군제를 개편한다. 앞 장에서 이성계가 즉위한 이튿째 도총중외제군사부를 폐지하고 의흥친군위를 설치했다는 얘기를 했었는데, 여기의흥친군위를 다시 확대개편하여 의흥삼군부를 만든 것이다. 이게1394년(태조 3) 2월 무렵인데 이때 정도전이 의흥삼군부의 판사를 맡아군사권을 장악했다.

이후 정도전의 주도로 군사 훈련과 진법 강습에 매진하는데 여기에는 특별한 정치적 의도가 있었다. 그것은 진법 훈련을 명분으로 왕실종친들이 보유한 사병을 혁파하려는 것인데 사병을 국가의 군대로 전환하려는 의도였다. 이방원이 거느린 사병은 특히 경계의 대상이었다. 이방원이 보유한 사병의 규모가 어느 정도였는지 분명치 않지만 정도전으로서는 이를 용납할 수 없었을 것이다. 이성계 역시 정도전의 이런사병 혁파 의지를 밀어주고 있었다.

그러던 중에 표전 문제가 생기면서 정도전이 주원장의 호출을 받은것이다. 표전 문제를 이유로 정도전을 불러들였지만 주원장은 정도전이 주도하는 군사 훈련을 이미 알아차리고 실제는 이 문제를 이유로 호출했을 가능성이 많다. 또한 이 문제를 주원장에게 귀띔한 인물이 이방원일 가능성이 매우 농후하다. 군사 훈련은 애초에 명과는 무관한 일이었지만 여진족의 귀순으로 변경 문제에 민감하던 주원장은 정도전을심하게 의심할 수밖에 없었다. 그리고 정도전을 화의 근원이라고 지목하면서 그에 대한 극도의 경계심을 드러냈던 것이다.

정도전의 출병 주장은 그래서 나왔지만, 이게 먹혀들지 않으면서 정도전의 처지만 더욱 어려워졌다. 하지만 정도전은 진법 훈련을 멈추지 않고 군사 훈련을 계속했다. 이제 자신이 믿는 바는 그 길밖에 없다고 생각했을 것이다. 명과의 관계가 특별히 호전될 기미도 없었으니 군사 훈련이나 출병의 명분도 계속 효력을 유지하고 있었다.

주원장, 조선 사신을 처단하다

그러던 중, 1397년(태조 6) 11월 명에 억류되어 있던 정총·김약항·노인도 3인을 처형했다는 소식이 전해졌다. 성절사로 들어갔던 사신이 환국하면서 보고한 것이었다.

이 사신은 처음에 처형 사실을 이성계에게 말하지 못하고 그 가족에게만 알렸다. 그만큼 이성계에게 숨기고 싶은 충격적인 사건이었던 것이다. 명과의 관계가 곤경에 처했던 지난 이인임 정권에서도 사신 유배는 있었지만 처형은 없던 일이었다. 왕조 개창 초기의 조정에 충격이 아닐 수 없었다. 가족들이 상을 치르면서 이성계도 알게 되었는데, 처음에 이성계는 이 말을 믿지 않았고 상을 치르는 일도 못하게 막았다고 한다.

어떻게 이러한 외교상 최악의 경우가 발생했을까? 그리고 이런 사건이 의미하는 바는 무엇일까? 이 문제를 일단 머릿속에 남겨두고 우선 처형된 경위부터 좀 살펴볼 필요가 있다.

참사의 계기는 정총에 의해 만들어졌던 것 같다. 정총·김약항·노인도 등이 명에 억류되어 있는 동안 1396년(태조 5) 8월 13일 신덕왕후 강씨가 죽었다. 이때는 권근도 함께 억류되어 있었다. 조선의 왕비가 죽었으니 정총은 당연히 상복을 입고 예를 차리겠다고 주장했다. 명 조정에서는 이를 저지했다. 당시에는 조선에서 사신이 들어오면 명 조정에서 내리는 의관으로 갈아입고 공식 일정에 참석했던 모양이다. 하지만 정총은 상복으로 흰옷을 입고 활동하다가 주원장의 눈에 띄고 말았다. 분노한 주원장의 명령으로 당장 국문이 이루어지고 처형에까지 이르게 된 것이었다. 그리고 상복을 입지 않은 권근은 억류에서 풀려나 돌아올 수 있었다. 정총과 함께 처형당한 김약항이나 노인도는 왜 죽게 되었는지 실록에는 분명한 언급이 없지만, 이들이 정총 때문에 화를 입었다는 것으로 보아 그를 비호하거나 변명하려다 함께 참화를 입은 것으로 보인다.

정총은 우왕 초에 과거에 장원급제하여 관직에 나온 인물로 대간을 맡으면서 이성계 측에 가담한 인물이었다. 왕조 개창에 공로가 상당히 컸던지 개국공신 1등에 책정되었다. 하지만 그에게 빼놓을 수 없는 업적은 정도전과 함께 관찬사서 《고려사》를 찬술했다는 사실이다. 문장과 학문에서 권근에 못지않은 학자였다는 뜻이다. 명에 들어가서 권근과 더불어 주원장과 주고받는 시문을 짓기도 했다니까 그의 자질을 충분히 엿볼 수 있을 것이다.

김약항은 공민왕 말년에 정총보다 먼저 과거에 급제하여 관직에 나온 인물인데 개국공신에 들어가지 않은 것으로 보아 왕조 개창에서는 관망하거나 중립적인 태도를 지녔던 것 같다. 하지만 그도 문장과 학식이 뛰어나 문한 직과 대간을 두루 맡아 새 왕조에서 활동이 두드러지고 있었다. 노인도에 대해서는 특별한 기록이 없다. 이런 사람들이 왕조 개창 초기에 외교적 참사를 당했으니 안타까운 일이 아닐 수 없는데 생각해볼 부분이 좀 있다.

우선, 정총이 개국공신 1등이었다는 사실을 주목할 필요가 있다. 그가 명에서 굳이 상복을 고집한 것은 그런 정치적 위상과 관련 있어 보인다. 다시 말해서 이성계만을 생각하려다가 주원장의 비위를 상하게 만들었던 것이다. 이게 개국공신의 한계였다. 주원장이 정도전과 이성계에 대한 경계심을 두고 있는 가운데 정총의 이런 돌출 행동은 주원장을 더욱 자극했고 결국 죽음에 이르렀다고 할 수 있다.

하지만 권근은 이성계 측의 반대편에 섰고 이성계의 즉위에 대해서도 반대했던 인물로 당연히 개국공신에도 들어가지 못했다. 그래서 정총처럼 고집스런 행동을 할 필요가 없었다. 주원장은 그런 권근을 노숙하고 진실하다고 하면서 이성계를 보좌할 문사로 추켜세웠던 것이다. 이는 정도전을 화근으로 지목한 것과 정반대 평가로서 주원장이 당시 조선 정국을 어떻게 바라보고 있는가를 그대로 드러내고 있었다.

다음으로 짚어야 할 점은, 주원장이 보낸 성지에 의하면 정총이나 김약항·노인도 등을 정도전의 무리라고 비난한 부분이다. 이들을 왜 정도전의 무리라고 보았는지 주원장은 분명하게 설명하지 않았지만, 확실한 것은 이들의 배후 인물로 정도전을 단정한 것이다. 다시 말해서 이들이 끝까지 억류에서 풀려나지 못하고 결국 죽음에 이르렀던 것은 정도전과 무관치 않다는 뜻이다.

그래서 표전 문제는 정도전의 압송을 요구하면서 그를 압박하기 위한 구실이었을 뿐이라는 생각이 다시 든다. 그렇게 정도전이 주원장에게 표적이 되었던 것은 진즉부터 그가 주도하는 군사 훈련 때문이었다. 이방원이 명으로 파견되면서 그런 국내 사정을 주원장에게 제공하여 경계심을 자극하지 않았을까 생각한다.

여기서 왕조 개창 초기에 대명외교를 둘러싼 암투를 엿볼 수 있다. 그 계기는 이방원이 대명외교에 투입되면서 마련되었다고 보인다. 그리고 표전문 사건이 일어나고 정도전의 손발이 묶이면서 대명외교에 나선 자들은 주로 이방원과 가까운 하윤·권근·정탁·설장수 등이었다. 정도전을 핵심으로 한 개국공신 중심의 권력 판도에 변화의 조짐이 일어나고 있었던 것이다. 이런 조짐은 권력투쟁으로 나타날 수밖에 없다. 주원장에 의한 조선 사신의 처단은 그런 전조가 아니었을까?

또다시 억류당한 사신

표전문 문제가 발생한 후 명에서는 정기적인 사행에서 표문이나 전문을 따로 보낼 필요가 없다고 하였다. 그래서 조선에서 표문 대신 보내는 문서가 계본啓本이었다. 계본이 표문과 어떻게 다른 것인지 잘 모르겠지만 계본은 황제한테 올리는 글이 아니라 명 조정의 해당 관청에 전달하는 글이 아닌가 싶다. 하지만 명에서는 이 계본을 또 문제삼는다.

1397년(태조 6) 12월 18일, 명에서는 천추사로 들어갔던 사신 유호柳灝를 억류하고 계본 작성자를 보내라고 통보하였다. 유호는 전직 광주 목사로서 이전의 행적이 별로 드러나지 않은 인물인데, 이 해 8월에 천추사로 들어갔다가 계본이 문제되어 이때 억류되었다는 통보를 받은 것이다. 사신 처단 소식을 접한 지 한 달도 안 된 시점으로, 이전과 다른 점은 이게 주원장의 판단이 아니라 예부 장관의 서장에 의한 것이었다. 어쨌든 사신이 다시 억류되었다는 것은 앞서 표전문 문제가 말끔하게 해소되지 않았다는 뜻이었다.

12월 28일, 곽해룡을 압송관으로 삼아 계본 작성자 조서曹庶를 압송하였다. 곽해룡은 우왕 때 말의 조공과 관련해서 자주 명을 왕래한 통역관 출신의 무장인데 새 왕조가 들어선 후에도 통역관으로 활동하고 있었다. 계본 작성자로 지목된 조서는 당연히 억류당했는데, 문제는 이것으로 끝나지 않고 통역관 곽해룡도 억류당했으며 이들은 명의 예부에서 문초까지 받았다.

그러던 중 1398년(태조 7) 2월 4일에는 하정사로 파견된 조반 등이 등주(산동성)에서 저지당하고 노자를 빼앗기는 일도 있었다. 이어서 명에서는 계본 작성에 관련된 다른 세 사람의 이름까지 정확히 거론하여 다시 이들의 압송을 요구한다. 압송을 요구하는 문서에는 변경을 혼란시키는 문제를 재차 거론하기도 했다. 이 해 5월에는 이들 세 사람의 압송 문제로 문무백관 회의에 부쳐졌는데 여기서 찬반 논란이 일어난다.

관심 가는 부분은 이때 압송에 반대하는 기류가 만만치 않았다는 점이다. 앞서의 표전 문제로 인한 압송 요구에서는 이를 반대하는 자가 없었는데 새로운 기류였다. 압송이 주원장의 요구가 아니라 예부의 요구라서 그랬을 수도 있지만 꼭 그런 것 같지만은 않다. 압송에 반대하는 가장 큰 이유는, 정기적인 사행이 처음도 아닌데 이를 문제삼는 것은 다른 목적으로 조선을 기만하려는 것이며, 그들의 요구를 언제까지나 계속 수용할 수 없다는 것이었다. 이성계는 논란이 일어나자 좌정승 조준과 따로 논의했지만 조준 역시 명확한 답변을 제시하지 못했다.

압송에 반대한다는 상소를 올린 자도 있었다. 변중량인데, 명에서 오해가 있거나 색다른 모략이 있다고 하여 관련자 압송보다는 우리의 사정을 정확히 알리는 장계를 먼저 보내자고 하였다. 그러면서 강한 모습을 보이는 것도 문제 해결의 실마리가 될 수 있다고 하였다.

변중량은 이방원이 정몽주 제거를 계획했을 때 이를 정몽주에게 알렸던 자이다. 그의 이력에서 특별한 점은 이보다 4년 전에 정도전의 병권 장악을 모함하다가 유배된 전력이 있었다는 사실이다. 이를 보면 그가 정도전과 사이가 좋지 않아 그의 압송 반대는 이와 관련 있을지 모르겠다. 하지만 변중량은 이방원의 쿠데타 당시에는 정도전의 지시를 받는 인물로 나오기도 하는데, 이를 보면 그의 압송 반대 주장은 정도전의 뜻을 따른 것으로 볼 수 있다. 요동 공격을 머릿속에 두고 있는 정도전의 처지에서는 압송 반대가 그에게 유리했을 것이라는 생각이 든다.

그런데 변중량의 상소에 의하면, 억류 중에 이미 처형된 정총 등 3인의 처형 사실을 아직도 모르고 있었다는 것을 보여주고 있다. 처형 소식을 접한 이성계가 당시 이를 알리지 못하게 엄금했다는 것으로 보아 비밀에 부쳐졌던 것 같다. 그렇다고 사신 처형과 같은 중대한 사건을 정말 몰랐을까 하는 의문도 들지만, 중요한 것은 이성계는 왜 처형 사건을 알리지 못하게 엄금했을까 하는 점이다.

우선, 명에서 이들을 처형했다고 공식적으로 알려오지 않았으며, 조선에서도 처형 사실을 비공식적으로 접했기 때문이다. 이런 마당에 처형 사실을 공표할 수 없었을 것이다. 또한 처형 사실을 공식적으로 알릴 경우 그 파장이 심각할 수 있었다. 심각한 파장으로 명에 대한 강경론의 등장을 생각해볼 수 있다. 정도전은 표전 문제로 주원장이 자신의 압송을 요구하자 남은 등과 함께 요동 출병을 거론한 적이 있었다. 이성계와 조준의 반대로 이게 무산되었지만 사신 처단 소식이 공식적으로 알려졌다면 그런 출병론이 걷잡을 수 없이 확산될 소지가 많았던 것이다. 이성계는 이런 강경론을 염려하여 사신 처형 소식을 엄금했다고 볼 수 있다.

흥미로운 점은, 계본 문제로 거론된 새로운 압송 대상자 3인 중에 윤규尹珪라는 인물이 이방원과 과거급제 동년이었다는 사실이다. 이런 인연으로 이방원과 가깝게 지냈고 이방원이 즉위한 후에는 후대를 받기도 했다. 그래서 압송 반대 여론에는 이방원이 혹시 간여하지 않았을까 하는 추측도 해볼 수 있지만 장담하기는 어렵다. 아무튼 여러 논란에도 불구하고 이 해 6월 3일, 이미 압송된 조서 외에 윤규를 비롯한 세 명의 관리가 계본 작성 관련자로 추가 압송되었다.

이때 명의 예부에 보내는 해명 서신에 의하면 이번 계본 문제는 한어 발음과 관련해서 일어난 문제로 보인다. 계본은 조서가 쓴 것이고 곽해룡이나 나중에 압송된 세 사람은 직접 관련이 없다고 하면서 이렇게 해명한다. 계본은 문자 모양에 의거하여 써서 올렸을 뿐이고, 근년에 마땅히 회피回避해야 할 문자가 있음을 알지 못하여 잘못된 것이라고 하였다. 이는 문자의 모양이 달라도 중국어 발음으로 같은 것이 있는데 회피해야 할 문자의 발음을 몰라서 생긴 일이라는 뜻이다. 통역관 곽해룡까지 억류된 이유가 여기에 있었던 것 같다.

이런 조선 측의 해명이 사실인지 아닌지는 별로 중요하지 않다. 중요한 것은, 왜 명에서는 사소한 이런 문제로 계속 사신을 억류하면서 새로 출범한 왕조를 괴롭혔을까 하는 점이다. 또한 이게 국내 정치 세력에 어떤 영향을 미칠지, 어느 쪽에 유리하게 작용할지 그 향방을 가늠해보는 일이 중요하다.

요동 공격을 주장한 정도전

대명외교가 난관에 봉착한 가운데 정도전이 주도하는 군사 훈련과 진법 강습은 계속되고 있었다. 아니, 갈수록 강화되고 있었다. 정도전은 이미 국경 출병을 주장한 적이 있었다. 이는 요동 지역에 대한 공격을 의미하는 것으로 진법 훈련은 거기에 목적이 있었다고 볼 수 있다. 또한 진법 훈련은 공신이나 종친 혹은 왕자들의 사병을 혁파하는 것에도 분명한 목표를 두고 진즉부터 실시하고 있었는데 이를 더욱 강화시켜 나간 것이다.

1398년(태조 7) 8월 4일, 사헌부에서 교지를 받들어 진법을 익히지 않는다는 이유로 삼군절도사와 상장군 대장군 등 고위 무관 292인을 탄핵하는 일이 있었다. 교지를 받든 것으로 보아 이성계의 명령이었다는 것을 알 수 있고, 진법 훈련은 이성계도 적극 지원하고 있었다는 뜻이다. 그럼 이성계가 요동 공격을 찬성하고 지원했다고 봐야 할까? 이성계에 대해서는 정확하게 판단하기 어렵지만, 정도전이 이성계보다 요동 공격에 적극적이었던 것은 분명해 보인다.

고위 무관을 탄핵한 며칠 후에는 진법을 훈련하는 교관들에게 곤장 1

백을 내리고 이 중 5명을 선발하여 각도에 파견하기도 하였다. 진법 훈련은 전국에 걸쳐 이루어지고 있었던 것이다. 고위 무관들이 탄핵을 받고 교관들이 곤장을 맞았다는 것은 이들이 진법 훈련에 적극적으로 참여하지 않았고, 또한 진법 훈련에 대한 불만과 반발이 심했다는 것을 말해준다.

진법 훈련에 대한 불만이나 반발은 정도전의 무리한 추진 탓이 컸다. 애초에 사병 혁파를 목표로 했을 때부터 강압적으로 추진된 일이었지만, 앞서 얘기했듯이 결정적 계기는 정도전에 대한 주원장의 압송 요구였다. 정도전은 이를 계기로 진법 훈련을 거세게 몰아붙이고 있었다. 정도전은 자신이 주장한 국경 출병이 무산된 후에도 진도陣圖를 저술하여 올리고, 이성계에게 강력히 건의하여 모든 군사들에게 병법을 익히도록 해야 한다면서 각도의 절제사와 군사들을 갑자기 소집하여 군사 훈련을 계속했다. 때로는 반발하면 자신이 직접 매질하는 경우도 있었다.

각도의 절제사는 공신이나 왕자들에게 군사권을 맡긴 직책이었다. 예를 들면 이방원은 전라도 절제사, 이방번은 동북면 절제사 등이었다. 이는 군사 지휘권을 분산시키기 위한 것이었지만 다른 한편 이들 휘하 사병을 어쩔 수 없이 인정하는 꼴이기도 했다. 진법 훈련은 이들 휘하 군사를 한데 모아 훈련하는 것으로 절제사의 군사 지휘권을 일원화하여 국가의 군대로 전환하려는 의도였다.

이성계는 정도전의 진법 훈련 의도가 이런 사병 혁파만이 아니라 요동 공격에 있다는 것을 모르지 않았을 것이다. 하지만 정총 등 억류된 사신이 처형되었다는 소식까지 접한 이성계로서는 이를 반대하기 어려웠을 것으로 보인다. 사신 처단 소식은 이성계에 의해 발설이 금지되어 비밀에 부쳐졌지만 권력의 핵심에 있던 정도전이 이를 모르지 않았을 것 같다. 정도전의 몰아치는 진법 훈련은 결정적으로 이에 영향받은 바가 컸다고 본다.

그런데 정도전의 처지에서는 요동 공격을 관철하려면 이성계보다도 조준을 설득하는 것이 우선이었다. 다른 공신이라면 몰라도 최소한 조준의 동의는 받아야 그다음에 이성계를 설득할 수 있었기 때문이다. 이에 정도전은 조준을 사저까지 찾아간다. 그의 분신이라 할 수 있는 남은과 함께였다. 정도전이 조준에게 이렇게 말했다. "요동을 공격하는 일은 지금 이미 결정되었으니 공은 다시 말하지 마십시오."

정도전은 요동 공격을 기정사실로 전하고 조준에게 반대하지 말라고 당부하였다. 조준을 만나기 전에 정도전과 남은은 여러 차례 이성계를 찾아 요동 공격을 주장한 바 있었다. 추측이지만, 아마 이럴 때마다 이성계는 조준의 허락을 받아오면 자신도 동의하겠다는 식으로 대답하지 않았을까 싶다. 정도전은 그래서 조준에게 동의하지 않아도 좋으니 반대만 하지 말라고 요청한 것이었다.

이에 조준은 완곡한 말로 이렇게 반대한다. "내가 개국공신의 반열에 있는데 어찌 전하를 배반하겠습니까? 전하께서 왕위에 오른 후에 국도(한양)를 옮겨 궁궐을 창건하는 과정에서 백성들이 토목 공사에 시달려 고역을 치르면서 원망이 극도에 이르고, 군량도 넉넉지 못하니 어찌 그 원망하는 백성을 거느리고 가서 능히 일을 성취시킬 수 있겠습니까?"

조준은 한양 천도로 인한 백성들의 원망을 근거로 요동 공격을 반대하고 있다. 한양 천도 문제는 뒤에 장을 달리하여 자세히 살펴보겠지만, 천도는 이보다 몇 년 전에 한양으로 확정되었다. 하지만 천도에 따른 새로운 왕도 공사는 그 후로도 계속되고 있었다. 이 과정에서 백성들의 원망이 컸던 것은 사실이었다.

조준은 자신의 반대가 너무 완곡하다고 생각했는지 다시 이렇게 덧붙였다. "만일에 제가 공과 더불어 여러 지방의 백성을 동원하여 요동을 공격한다면, 백성들이 우리를 원망한 지가 오래되었는데 어찌 즐거이 명령에 따르겠습니까? 저는 내 몸이 망하고 나라가 패망하는 일이 요동에 도착하기 전에 만들어지지 않을까 염려됩니다. 또한 전하의 병세가 심하여 지금은 그런 결정을 할 수도 없으니, 원컨대 여러분들은 내 말로써 전하께 복명하기를 바랍니다. 전하의 병환이 나으면 내가 직접 말씀드리겠습니다."

그러니까 조준은, 자신의 반대 의사를 그대로 이성계에게 전달하라는 뜻이었다. 자신의 뜻을 왜곡해서 전달하지 말라는 분명한 어조였다. 조준은 바로 이어서 이성계에게 요동 공격을 반대한다는 뜻을 직접 밝혔으며 이에 이성계는 조준의 뜻을 따랐다고 한다. 이성계가 조준의 말을 듣고 요동 공격을 접었다고 볼 수 있지만 처음부터 요동 공격에는 부정적이었다.

그런데 1398년(태조 7) 8월 9일, 대사헌 성석용成石瑢이 진법 훈련에 소홀한 각도의 절제사와 대소 무장들을 강등하고 5품 이하 관원은 태형을 집행하라고 주장하였다. 성석용은 성석린의 동생인데 아마 이성계가 진법 훈련을 계속 지원하리라고 믿고 그런 주장을 한 것 같다. 하지만 이성계는 절제사들이 대부분 공신들이고 또한 관련자들이 모두 왕자들로서 왕실의 근친이니 처벌할 수 없다고 하였다. 다만 그 휘하 사람들만 곤장을 내리라는 결정을 하였다.

이성계의 이런 판단은 진법 훈련에 대한 지원 의지가 예전같지 않다는 것을 보여준다. 이는 요동 공격을 주장하는 정도전·남은 등과 거리를 두겠다는 뜻으로 읽을 수 있고 요동 공격 문제에서 한 발을 빼는 모습으로 볼 수 있다. 이를테면 정도전의 요동 공격 주장은 탄력을 잃었던 것이다. 그래도 사병 혁파라는 명분은 남아 있었기 때문에 이후에도 진법 훈련은 계속되었다.

정도전의 요동 공격 주장을 보면서 흥미로운 사실은 10년 전 최영의 요동정벌이 떠오른다는 점이다. 그때 최영의 의도나 지금의 정도전의 의도가 크게 다르지 않다고 생각한다. 왜 이런 주장이 반복되었으며, 이게 뭘 의미하는 것일까? 10년 전의 대명관계의 구도가 여전히 변하지 않고 있다는 뜻이 아닐까? 그사이 새 왕조가 들어섰음에도 불구하고 말이다.

또 하나 중요한 사실은 정도전의 친명사대 외교노선이 절대 불변의 확고한 신념이 아니었다는 점이다. 이는 정도전뿐만 아니라 친명사대를 주장했던 대부분의 사대부들도 큰 차이가 없었다고 생각한다. 정도전이 당시 동아시아의 판세를 잘못 읽고 승산이 있다고 생각해서 요동 공격을 주장했을 리 없다. 그때 최영과 마찬가지로 정도전 역시 요동 공격만이 자신의 정치적 입지를 강화하여 권력을 확실하게 장악할 수 있는 길이라고 판단했기 때문이다.

이방원의 즉위와 14세기의 마감

1398년(태조 7) 8월 26일이었다. 이성계가 진법 훈련에 소극적인 공신과 왕자들에 대해 처벌할 수 없다고 한 지 보름 정도 지난 시점이다. 이 날 밤 이방원은 측근 무장을 동원하여 정도전·남은·심효생沈孝生(세자 방석의 장인) 그리고 세자 방석과 이제(세자 방석의 매부) 등을 일거에 제거해버린다. 실록에는 정도전 측에서 먼저 이방원을 제거하려고 했다는데, 어느 쪽에서 먼저 움직였는지 정확한 사정을 판별하기 힘들다.

이방원의 쿠데타에 대해서는 그 경위나 과정에 대한 자세한 설명을 생략한다. 당시 정국의 흐름이나 권력의 추이에 따르면 일어날 수밖에 없는 사건이었다. 새 왕조 초기에 일어난 중대한 사건이었지만 사건이 일어난 배경이나 원인을 설명하는 것도 어렵지 않은 선명하고 명쾌한 사건이다. 중요한 점은, 결국 이방원이 정도전 등을 제거하고 권력을 완전히 장악했다는 사실, 바로 그것이다.

그런데 생각할수록 공교로운 일이 아닐 수 없다. 새 왕조 개창에 가장 적극적으로 대항한 정몽주와 가장 적극적으로 가담한 정도전, 두 사람이 모두 이방원에 의해 죽임을 당했으니 말이다. 이방원이 처음부터 세자로 책봉되었을지라도 그가 왕위에 오르면 정도전은 어차피 살아남기 어려웠을 것이라는 생각이 든다. 정도전은 정몽주가 죽임을 당했을 때 그런 관계를 예감하고 이방원이 세자로 책봉되는 데 기피했는지도 모른다.

사건 다음 날 8월 27일, 이성계의 둘째 아들 이방과를 세자로 삼고 이어서 9월 5일 즉위하니 2대 정종定宗이다. 그리고 10월 3일에는 명

태조 주원장이 죽었다는 소식이 조선에 전달된다. 주원장이 죽은 것은 이 해 5월인데 왜 이리 늦게 알려졌는지 모르겠다. 주원장이 죽고 바로 이어서 그의 손자 주윤문朱允炆이 즉위하는데 2대 혜제 건문제惠帝 建文帝이다. 우연찮게 주원장과 함께 이성계의 시대가 동시에 끝난 것이다.

그리고 이방과는 2년 남짓한 재위에 그치고 이방원이 결국 1400년(정종 2) 11월 즉위한다. 그에 앞서 명에서는 1399년(정종 1) 7월 연왕 주체朱棣가 거병하여 조카 건문제와 재위 다툼을 벌인 끝에, 1402년(태종 2) 마침내 승리하여 황제로 즉위하니 대명제국의 3대 영락제이다. 이 역시 흥미로운 일로 명이나 조선에서 2대 통치자의 시대가 별 의미 없이 짧게 끝나버리고 3대의 태종 이방원과 영락제의 시대가 거의 동시에 함께 시작된 것이었다.

그렇게 대륙에서는 대명제국이 확고하게 자리 잡았고 그동안 조선왕조의 개창이 마무리된다. 14세기가 마감되고 15세기가 시작되면서 격동의 동아시아 1세대 주역들이 동시에 사라지고 새로운 시대로 접어든 것이다.

2. 우여곡절을 겪은 한양 천도

최초의 천도론

왕조 개창 후 천도 문제가 처음으로 거론된 것은 1392년(태조 1) 8월 13일로 이성계가 즉위한 지 한 달쯤 지난 시기였다. 이때 이성계는 한양으로 천도할 것을 도당에 지시하는데 좀 서두른 감이 없지 않았다. 여기서 두 가지 점을 확인할 수 있다. 하나는 천도에 가장 적극적으로 먼저 나선 사람이 바로 이성계 자신이라는 것, 또 하나는 천도할 곳으로 논의 없이 한양을 꼭 집어 지정했다는 사실이다.

이성계가 적극적으로 천도에 앞장섰다는 것은 이해할 만하다. 자신이 왕위에 올랐으니 하루속히 자신과 왕실의 궁궐만큼은 새로 마련하고 싶었을 것이다. 문무관리들이나 고려왕조 체제는 당분간 유지할 수밖에 없었지만 고려왕조의 아성인 개경에서 벗어나고 싶은 욕구는 당연한 것이었다.

천도 후보지로 한양을 바로 지목했던 것은 고려 말부터 한양이 줄곧 천도 후보지로 물망에 오른 결과로 보인다. 우왕이나 공양왕은 한때 한양으로 거처를 옮긴 적도 있어 한양에는 최소한의 임시 궁궐이 조성된 상태였다. 천도를 신속히 단행하기 위해서는 한양의 이런 기존 궁궐을 활용할 수밖에 없었다. 도당에 천도를 지시한 이틀 후 이성계는 한양으로 이염李恬을 보내 궁실을 수리하게 하였다. 이염은 공양왕 때 이성계 측에 가담하지는 않았지만 왕조 개창 이후의 활동으로 원종공신에 추가된다.

그런데 이 해 9월 3일, 배극렴과 조준이 이성계에게 이런 건의를 한다. 이 두 사람은 새 왕조 최초의 개각에서 좌우 시중으로 수상을 맡고 있었다. "한양의 궁궐이 이룩되지 못하고 성곽이 완공되지 못해서 따르는 관리들이 민가를 빼앗아 들어가게 됩니다. 기후는 점차 추워오고 백성들은 돌아갈 데가 없으니 청컨대 궁실과 성곽을 건축하고 각 관사를 배치하기를 기다려서 그 후에 도읍을 옮기도록 하소서."

배극렴과 조준은 준비 부족을 들어 한양 천도를 서두르지 않는 게 좋다고 주장한 것이다. 이성계가 이를 받아들였다는 것으로 보아 한양 천도는 당장 결행하지 않았던 것 같다. 하지만 궁궐이나 성곽 각 관사까지 배치하려면 이는 단시일 내에 끝내기가 어려운 일이었고, 이런 기반 시설을 마친 후에 천도하려면 시기를 기약할 수 없었다. 그래서 배극렴과 조준의 주장은 한양 천도를 완곡하게 반대한 것과 다름없었다. 이는 한양의 궁궐 조성이나 천도 문제가 이후 더이상 거론되지 않았던 것에서도 확인할 수 있다.

배극렴과 조준이 한양 천도를 완곡하게 반대한 것은 천도지 한양을 반대한 것인지, 아니면 천도 자체를 시기상조라고 판단해서 그랬는지는 분명치 않다. 두 가지가 겸해진 것으로 보이는데, 아마 후자 쪽에 무게가 실린 것 같다. 배극렴과 조준이 반대한 이유는 드러나 있지 않지만 왕조 개창 초기의 여러 번잡한 사업을 고려한 때문이 아닌가 한다.

계룡산으로 향하는 이성계

그 후 1393년(태조 2) 1월 2일, 정당문학 권중화가 계룡산의 도읍 지도를 이성계에게 바치는데 이게 천도 후보지로 계룡산(충남 공주)이 처음으로 등장한 일이다. 이에 앞서 권중화는 이성계의 지시로 이 전년 11월에 안태安胎할 땅을 잡기 위해 충청·경상·전라도를 돌아본 적이 있었다. 계룡산의 도읍 지도를 바친 것은 그에 대한 보고였다. 그러니까 이성계는 권중화에게 안태할 땅뿐만 아니라 천도 후보지까지 살펴보라는 지시를 했던 것이다.

여기서 권중화라는 인물을 주목할 필요가 있다. 권중화는 의약이나 지리에 정통한 유학자로서 우왕 때는 사부로서 왕명을 받들어 천도 후보지를 살핀 적이 있었다. 공양왕 때는 윤이·이초 사건에 연루되어 유배당했던 인물인데 새 왕조 개창 후 이성계의 즉위를 수용한 것으로 보인다. 지리에 정통했던 권중화가 계룡산의 도읍 지도를 바쳤다는 것은 이성계의 천도 의지를 실행하기 위한 것이었다.

이성계는 권중화의 계룡산 도읍 지도를 반색하며 계룡산을 직접 살펴보기 위해 즉시 대간의 관리와 의흥친군위의 군사들에게 따르도록 했다. 이 해 1월 19일 이성계는 개경을 출발하는데 여기에 안종원·김 사형·이지란·남은 등이 따라갔다. 시중 배극렴이 전년에 죽으면서 김 사형이 수상 자리를 이은 것인데, 조준이 여기에 따라가지 않은 이유가 좀 의외였다. 정도전은 이때 사은사로 명에 들어가 있었다.

이성계는 계룡산으로 가는 도중 양주 회암사에 들러 왕사 자초自超를 초청하여 동반하도록 했다. 자초는 이성계가 즉위한 10월에 왕사로 책봉된 인물로 바로 무학대사이다. 계룡산을 천도 후보지로 굳게 믿고 확정하려는 의지를 그대로 드러내고 있었다.

그런데 계룡산으로 향하는 도정에서 좀 이상한 일이 벌어진다. 도당에서 보고가 올라왔는데, 현비(후첩 강씨 부인)가 병환이 났고 황해도 평주와 봉주에서 초적의 반란이 일어났다는 것이었다. 이성계는 이 보고를 대단히 못마땅하게 여겼다. 이때 이성계는 주변에 이런 말을 했다.

"천도는 세가대족世家大族들이 모두 싫어하는 것이므로 이를(현비의 병환과 초적 반란) 구실로 삼아 중지시키려는 것이다. 재상은 송경(개경)에 오랫동안 살아서 다른 곳으로 옮기기를 즐겨하지 않을 것이니 천도를 어찌 그들이 좋아하겠는가?"

현비의 병환이나 초적의 반란을 보고한 것은 계룡산으로 천도 후보지를 결정하는 일을 방해하려는 수작으로 판단한 것이다. 이를 보고한 주체가 도당이니 이는 도당에서 천도를 싫어한다는 뜻과 같다. 그 도당을 차지하고 있는 자들이 세가대족이었고 이들이 오랫동안 살았던 개경의 터전을 떠나기 싫어한다고 본 것이다. 이성계가 이미 왕위에 올랐지만 도당에는 아직 고려왕조의 권문세가들이 포진하고 있다는 것도 알 수 있다.

그런데 천도를 좋아하지 않는다는 점에서는 개국공신들도 별반 다르지 않았다. 이어지는 이성계의 말 속에서 그대로 드러난다. "천도는 경들도 역시 실행하고 싶지 않을 것이다. 예로부터 왕조가 바뀌고 천명을 받은 군주는 반드시 천도하기 마련인데, 지금 내가 계룡산을 급히 보고자 하는 것은 내 자신 때에 친히 새 도읍을 정하기 위한 것이다. 내 후사로서 적자嫡子가 비록 선대의 뜻을 계승하여 도읍을 옮기려고 하더라도 대신이 옳지 않다고 저지한다면 그 적자가 어찌 이 일을 하겠는가?"

이성계의 이 말은 개국공신들에게 하는 말이 틀림없다. 이성계는 자신이 천도를 단행하지 않으면 자신의 후계자는 이를 할 수 없다고 판단하고 있었다. 이때는 이방석을 세자로 책봉하기 직전이었다. 개국공신들의 천도 반대가 만만치 않았다는 것을 보여주고 있다. 맨 처음 한양으로 천도를 생각하고 그 책임을 맡겼던 이염이나 계룡산을 후보지로 추천한 권중화는 모두 개국공신이 아니었다.

앞서 배극렴이나 조준은 이미 한양 천도 반대 의견을 넌지시 드러냈었지만 정도전을 비롯한 여타 공신들도 마찬가지였다. 이성계의 계룡산 행차에 조준이 종행하지 않는 이유도 이와 관련 있다고 볼 수 있다. 즉 고려왕조의 세가대족은 말할 필요도 없었지만 개국공신들도 천도를 반겨 하지 않았고 적극적으로 나서지 않았던 것이다. 개국공신들이 왜 그런 태도를 보였는지 매우 궁금한데 이 의문은 일단 머릿속에 남겨두자.

이때 이성계는 계룡산으로 향하던 길을 그만두고 어가를 돌리려고 하였다. 하지만 주변에서 현비의 병환이나 초적들을 염려할 것이 없다고 하자, 이성계는 도당의 그런 결정을 보고한 자를 처벌하라고 하였다. 남은이 만류하여 다시 계룡산으로 향했는데 이 해 2월 8일 계룡산에 들어섰다. 그다음 날 이성계는 새 도읍의 산수와 형세를 관찰하고 천도 관련 업무를 주문했다.

이성계는 성석린·김주·이염 등에게 조운의 편리하고 편리하지 않은 것과 노정의 험난하고 평탄한 것을 살피게 하고, 이화와 남은에게는 성곽을 축조할 지세를 살피게 하였다. 이어서 권중화는 새 도읍의 종묘와 사직, 궁궐과 시가지를 세울 지세의 그림을 바쳤다. 계룡산 천도를 위한 일종의 설계도라고 볼 수 있다. 계룡산으로 천도 후보지를 확정하겠다는 이성계의 의지를 현장에서 그대로 보여주고 있었다.

이때 이성계는 무학대사와 함께 높은 곳에 올라 전체 터를 조망해보기도 했다. 그러면서 이성계가 무학대사에게 의견을 물으니 대사는 잘 모르겠다고 대답하는데, 이는 적합하지 않다는 뜻을 우회적으로 표현한 것이 아닌가 싶다. 하지만 이성계는 계룡산을 떠나면서 김주 등에게 그곳에 남아 계속 도성 공사를 감독하라고 했다는 것을 보면 계룡산으로 천도를 결심한 것 같았다.

계룡산을 반대한 하윤, 무악으로

그런데 1393년(태조 2) 3월 계룡산 신도 공사에 동원된 백성들을 돌려보내는 일이 있었다. 하지만 백성들을 보내고 보름 만에 계룡산 신도 주변의 81개 주현과 향·소·부곡을 포함시키는 경계를 획정하기도 했다. 그러면서 4월에는 또 신도 공사에 동원된 장인들을 돌려보내기도 한다. 이 해 8월에는 다시 신도 공사를 시작하는 등 갈피를 잡지 못하고 있었다. 아마 계룡산 신도 공사가 반대 여론에 부딪히면서 진척 과정에서 뭔가 문제가 있었던 것으로 보인다.

그러던 중 이 해 12월 결국 계룡산 신도 공사를 갑자기 중단하고 만다. 여기에는 경기도 관찰사 하윤의 반대가 있었기 때문이다. 하윤이 계룡산 신도를 반대한 이유는 두 가지였다. 하나는 계룡산이 너무 남쪽에 치우쳐 있다는 것이고, 또 하나는 풍수이론을 근거로 산세와 물이 흐르는 방향이 좋지 않다는 것이었다. 후자는 전문 풍수이론이라서 잘 모르겠지만 전자는 타당한 이유로 보인다.

계룡산 신도를 반대하면서 하윤은 자신의 생각을 문서로 작성하여 올렸는데, 송나라 풍수가 호순신胡舜臣의 이론까지 거론하며 풍수 관련 지식을 은근히 자랑하기도 한다. 하윤은 공양왕 때 이색 부자와 함께 유배된 인물로 권중화와 마찬가지로 역시 이성계의 즉위에 반대했었다. 그런 그가 천도 문제에 적극적으로 나서는 모습을 눈여겨볼 필요가 있다. 이에 이성계는 하윤이 올린 글을 권중화·정도전 등에게 살펴보게 하고 고려왕조의 풍수이론과도 비교하여 검토하도록 하였다. 그 결과 계룡산 신도 공사를 중단시킨 것이었다.

계룡산 신도 공사 중단은 공사를 시작한 지 1년이 채 못 되었으니 큰 진척은 없었지만 하윤의 말이 큰 영향을 미친 것이다. 이때부터 호순신의 풍수이론이 유포되었다고 한다. 또한 서울과 지방에서는 공사가 중단되었다는 소식을 듣고 백성들이 크게 기뻐했다고 한다. 신도 공사에 동원된 요역으로 불만이 적지 않았음을 알 수 있다.

이에 이성계는 고려왕조 서운관에 보관된 여러 비록 문서를 하윤에게 주고 이를 참고하여 새로운 천도 후보지를 물색하여 보고하도록 하였다. 천도 후보지 문제를 하윤에게 주관토록 것이다. 천도를 서두르고 싶은 이성계는 하윤의 풍수이론에 근거한 설명을 듣고 크게 신뢰했던 것 같다. 이 무렵 풍수지리에 대한 관심도 높아져 이성계는 권중화를 중심으로 성석린·정도전·남은·정총·권근·하윤 등에게 역대 현인들의 비록을 참고하여 그 요점을 간추려 보고하도록 하였다. 그 결과 1394년(태조 3) 2월 이성계에게 올린 책이《비록촬요秘錄撮要》였다. 하윤은 이를 교본으로 이성계 앞에서 풍수지리에 대한 강론도 했다.

이 무렵 새로운 천도 후보지로 무악毌岳이 등장한다. 그러니까 새로운 후보지 무악은 역대 풍수지리이론을 참고하여 하윤의 주도로 선정한 것이었다. 정확히 말하면 무악의 남쪽인데 지금 서울의 연희동 신촌 일대라고 한다.

1394년(태조 3) 2월 18일, 이성계는 권중화·조준 등 10여 명의 재상들과 서운관의 관리들에게《비록촬요》를 가지고 가서 무악 남쪽의 지세를 살펴보게 하였다. 며칠 후 이들은 무악의 남쪽은 너무 좁아 천도의 땅이 될 수 없다고 이성계에게 보고하였다. 하지만 하윤은 개경이나 평양의 궁궐 터에 비해 좁지 않고 중국과 통행하는 데 지리적 이점이 있다고 강조하면서 이를 반박하였다. 무악에 대한 찬반이 엇갈리면서 이성계는 자신이 직접 살피고 결정하겠다고 일단 판단을 유보하였다.

하지만 이성계는 하윤을 믿고 무악을 마음에 깊이 두고 있었던 것 같다. 이 해 6월, 이성계의 마음을 돌리려고 그랬는지 이번에는 서운관의 관리들이 무악을 반대하고 나선다. 이것은 무악이 천도지로서 좋은가 그른가를 떠나서 하윤의 제시한 무악을 배척하려는 의도가 있었다고 보인다. 이성계는 무악을 둘러본 재상과 서운관의 관리들에게 무악에 대한 가부를 다시 논의하여 보고하라고 하였다. 결과는 변함없이 모두 반대하는 것이었다. 이성계는 다시 이들에게 다른 후보지를 물색해 보고하라고 하였다.

그러는 사이 그해 7월, 서운관의 관리가 도읍될 만한 곳으로, 불일사佛日寺가 제일이고 선점銑帖이 다음이라고 보고한다. 불일사는 개경의 동쪽인데 선점(선고개)은 어디인지 잘 모르겠다. 도당에서는 이 두 곳도 좋지 않다고 배척하는데, 이때 남은이 임금을 어지럽힌다고 서운관의 관리를 징계하겠다고 엄포를 놓기도 했다. 서운관의 관리가 추천한 이 두 곳은 좀 즉흥적이었다는 생각이 든다. 무슨 이유인지 무악에 대한 반대가 높아지면서 천도 문제가 복잡해지고 있었다.

천도 후보지 선정이 어려워지면서 도당의 요청에 따라 이 해 7월 12일 음양산정도감陰陽刪定都監을 설치하기에 이른다. 이는 풍수지리에 대한 일관된 이론을 정리하기 위한 임시 관청이었다. 사람마다 각자의 의견을 내세우면서 지리의 학설이 분명치 못하고, 남아 있는 비록은 이설이 많아 논란이 일어나자 이를 교정하려는 것이었다. 교정 작업에는 권중화·정도전·성석린·남은·정총·하윤 등의 재상과 서운관의 관리들이 참여하였다.

그러니까 이성계는 풍수지리에 대한 여러 학설 때문에 천도 후보지에 대한 판단도 사람마다 다르다고 생각한 것이다. 이런 문제는 다분히 권중화와 하윤에 의해 촉발된 일이었다. 개국공신들이나 대부분의 관리들은 천도에 소극적이었지만 이성계가 직접 주도하는 가운데 이 두 사람이 여기에 적극 호응하여 풍수지리설을 근거로 주장을 폈기 때문이다.

천도 후보지 논쟁

그런 속에서도 이성계는 무악에 대한 미련을 버리지 못하고 있었다. 음양산정도감을 설치한 바로 며칠 후 직접 무악의 땅을 살펴보기 위해 나선 것에서 알 수 있다. 하지만 한여름의 장마와 농민의 피해를 들어 대간에서 반대하자 일단 중단하는데 여기서 끝내지 않았다.

1394년(태조 3) 8월 8일, 이성계는 도당과 사헌부, 형조의 관리와 의흥친군위까지 거느리고 결국 무악으로 향했다. 법관이나 친위군까지 호종한 것으로 보아 무슨 비장한 결단을 내리려는 것 같았다. 사흘 후, 무악 현지에 도착한 이성계는 서운관의 관리와 흥미로운 논쟁을 주고받는다. 이성계가 무악을 둘러보고 후보지로 결정하려는데 서운관의 장관인 윤신달尹莘達과 그 하급 관리 유한우劉旱雨가 반대하고 나선 것이다.

> **윤신달**: 지리의 법으로 보면 여기는(무악) 도읍이 될 수 없습니다.
>
> **이성계**: 너희들이 함부로 옳거니 그르거니 하는데, 여기가 만일 좋지 못한 점이 있다면 문서에 있는 것을 가지고 말해보아라. (윤신달이 물러나 서운관의 관리들과 의논하는데 이성계가 유한우를 불러서) 이곳이 진정 좋은 곳이 아니냐?
>
> **유한우**: 신이 보는 바로는 실로 좋지 않습니다.
>
> **이성계**: 여기가 좋지 않다면 어디가 좋으냐?
>
> **유한우**: 신은 알지 못하겠습니다.
>
> **이성계**: (노기를 띠며) 네가 서운관이 되어서 모른다고 하니 누구를 속이

려는 것이냐? 송도의 지기가 쇠퇴하였다는 말을 너는 듣지 못하였느냐?

유한우: 그것은 도참圖讖으로 말한 것이며, 신은 단지 풍수지리만 배워서 도참은 모릅니다.

이성계: 옛사람의 도참도 역시 지리와 관련해서 말한 것이지 어찌 터무니없이 근거도 없는 말을 했겠느냐? 그러면 너의 마음에 드는 곳을 말해 보아라.

유한우: 고려 태조가 송악 명당에 터를 잡아 궁궐을 지었는데, 중엽 이후에 오랫동안 명당을 폐지하고 임금들이 여러 번 이궁離宮으로 옮겼습니다. 신의 생각으로는 명당의 지덕이 아직 쇠하지 않은 듯하니, 다시 궁궐을 지어서 그대로 송경松京(개경)에 도읍을 정하는 것이 좋을까 합니다.

대화 내용이 흥미진진하면서 긴장감이 돈다. 이성계는 천도 후보지를 하루속히 결정하고 싶어 안달이 났는데 서운관의 관리는 오히려 느긋한 모습이다. 결국 서운관의 관리가 마지못해 추천한 후보지는 개경으로 다시 궁궐을 지어 들어가자는 것이었다. 말인즉슨 천도를 하지 말자는 것이 아니겠는가.

그런데 재미있는 사실은, 이때 좌우 시중으로 이성계 곁에서 대화를 듣고 있던 조준과 김사형이 아무 의견도 내지 않았다는 점이다. 국왕과 하급 관리 사이에 이 정도의 대화가 진행되면 수상으로서 개입하여 그 관리를 제지하든지, 아니면 자신들이 나서서 알아보겠다고 하든지 해야 정상이 아닐까? 두 수상의 이런 태도는 서운관의 관리와 생각이 같앉기 때문이라고 본다. 알기 쉽게 말하면 그 서운관의 관리는 두 수상의 뜻에 따라 진술한 것뿐이라는 생각이다.

실망한 이성계는 조준과 김사형에게 직접 지시를 내렸다. 한양으로 천도하려 했으나 이루지 못했고, 계룡산에 신도 공사를 진행했으나 백성들이 괴롭게 여겨 그만두었으며, 이제 여기 무악도 반대하면서 오히려 송도를 명당이라고 하니, 다시 천도할 만한 곳을 찾아 하루속히 보고하라고 하였다. 천도를 꼭 실행하고 싶은 이성계에게 송도는 결코 고려 대상도 될 수 없었다.

이때 서운관의 관리들은 의논 끝에 다시 이런 보고를 올렸다. 우리나라에서 첫째 명당은 부소扶蘇이며 남경이 그다음이라고 하였다. 부소는 송악(개경)을 말하고 남경은 한양을 말하는 것인데 이는 무악을 부정하면서 개경을 그대로 도읍지로 삼자는 반복된 의견이었다. 이성계는 이날 밤 무악에서 유숙을 하는데 천도 문제가 자신의 의지대로 진행되지 않는다는 사실을 실감했을 것이다.

이성계는 무악에서 무학대사를 불러 천도 문제를 다시 자문하기도 했다. 무악을 천도지로 결정하기 위해 의견을 물은 것 같은데 무학대사가 어떤 반응을 보였는지는 기록에 없다. 무악을 후보지로 찬성했다면 답변 기록이 남았을 텐데 그러지 않은 것으로 보면 무악을 두고 반응이 신통치 않았던 모양이다.

지지부진한 천도, 왜?

무악에서 돌아온 이성계는 1394년(태조 3) 8월 12일 여러 재상들에게 천도에 대한 각자의 의견을 문서로 작성하여 올리게 하였다. 재상들이 천도를 어떻게 생각하는지 궁금했던 것이다. 이들의 생각을 들여다보면 천도 문제가 의견이 분분한 속에서 왜 그렇게 지지부진했는지를 엿볼 수 있다.

먼저, 판삼사사 정도전은 무악에 대해서 지리가 협소하다면서 분명하게 반대를 하였다. 그리고 천도는 음양 술수로써 결정할 일이 아니라고 하여 풍수도참에 근거하는 것에 은근히 불만도 드러냈다. 또한 중국 역대 왕조를 거론하면서 많은 나라가 옛 도읍지를 그대로 이어받는 경우가 많았고, 우리 역사에서는 계림(경주)이나 완산(전주), 평양과 송경(개경) 등이 왕도였지만 계림이나 완산은 너무 편벽하고 평양은 너무 북쪽이어서 천도보다는 개경을 그대로 활용하는 것이 좋다는 생각을 비치고 있다. 그러면서 백성을 돌보는 일이 우선 중요하니 천도는 서두를 일이 아니라는 뜻도 피력했다.

문하시랑찬성사 성석린 역시 무악을 반대하며 지금의 부소 명당(만월대)을 본궐로 하고 인근의 지리를 보아 순행하는 터를 잡으면 좋겠다고 하였다. 이는 정도전의 생각과 크게 다르지 않다. 성석린은 이성계가 왕위에 오른 뒤 이색 등과 함께 유배당했다가 풀려났는데 이제 조정에 참여하고 있었다.

정당문학 정총도 무악을 반대하면서, 왕건이 도읍지로 정한 개경은 운수가 다하여 왕씨의 5백년이 끝난 것이지 지리 때문이 아니라고 하여 역시 개경을 그대로 도읍지로 할 것을 넌지시 비치고 있다. 이런 생각 역시 정도전의 뜻에서 크게 벗어나지 않고 있다.

다음으로 첨서중추원사 하윤은 처음 주장대로 무악을 천도지로 강하게 주장하였다. 무악이 넓지는 못하지만 도참의 학설이나 조운 등으로 볼 때 이보다 좋은 곳이 없다고 하였다. 일관되게 무악을 천도지로 주장한 인물은 하윤 혼자뿐이라는 사실을 주목할 필요가 있다.

중추원학사 이직李稷은, 무악이 여러 밀기에 좋은 곳으로 거론된 곳이고 풍수지리에서도 좋은 곳이라고 강조해 언급하면서 은연중 무악을 후보지로 내세우고 있다. 하지만 천도는 중대한 일이니 천명과 인심을 따르는 것이 좋다고 하면서, 마지막에는 무악의 터가 좁은 것도 사실이라고 하였다. 이직의 이런 생각은 정도전의 신중론을 따른 것 같지만 속마음은 하윤의 뜻을 따른 것으로 보인다. 여기 이직은 우왕 때 이인임 정권이 타도되면서 유배당했던 적이 있었는데 뒤늦게 이성계 추대에 가담하면서 개국공신 3등에 들었던 인물이다.

천도 문제에 대한 이러한 의견에서 몇 가지를 유추해볼 수 있다. 의견이 여러 가지로 다양한 것 같지만 잘 살펴보면 간단했다. 이직의 태도가 분명치 않지만 하윤을 제외하고 무악을 모두 반대하고 있는 것이다. 이는 하윤에 대한 분명한 견제로 보인다. 특히 무악을 반대한 인물들이 정도전의 생각에서 크게 벗어나지 않는다는 점에서 하윤을 견제하는 데 정도전이 그 중심에 있었다고 볼 수 있다.

하윤은 처음에 이성계 측에 가담하지 않은 인물로 적극적인 저항을 하지는 않았지만 한때 이색과 함께 유배당한 적도 있었다. 그런 그가 이성계가 즉위한 후 조정에 참여하게 되었고 천도를 서두르는 이성계를 등에 업고 이제 천도 문제까지 주도하고 있었다. 계룡산의 신도 공사를 중단시키고 무악으로 후보지를 바꾼 것도 이성계의 신뢰를 받으며 그가 주도한 일이었다.

정도전 등 개국공신들은 이런 하윤을 달갑지 않게 생각했을 것이다. 하윤이 제시한 무악을 천도지로 부적합하다고 이구동성으로 주장한 것은 그를 견제하고 나아가 배척하려는 것이었다고 볼 수 있다. 앞에서 언급했듯이, 이 일이 있은 이후 대명관계에서 표전 문제가 터지면서 정도전은 호출당하고 하윤은 계품사로 이를 해명하기 위해 명으로 들어가는데, 이때 하윤은 이방원 측에 섰다는 느낌이 들었다. 하윤은 이방원이 즉위한 후 크게 중용되는데 정도전과의 이런 관계도 작용했을 것이다.

그런데 정도전은 무악을 반대하면서도 다른 대안을 제시하지 않고 있다. 이 점은 다른 반대자들도 마찬가지였다. 이게 의문이다. 개경을 그대로 활용하자는 의견이나, 천도를 서두를 일이 아니라는 주장은 결국 같은 말로 천도를 아예 하지 말자는 것이었다. 하윤이 천도지로 주장한 무악을 반대한 이유나, 천도가 지지부진한 이유도 근본적으로는 여기에 있었다.

요컨대 개국공신이나 재상들은 대부분 당장의 천도를 반대했던 것이다. 이를 주도한 것도 정도전이라고 생각한다. 공신들이라면 누구보다도 앞장서서 천도를 주장하는 것이 순리일 것 같은데, 왜 그랬을까?

정도전을 비롯한 개국공신들은 민심의 동향을 고려했던 것 같다. 천도는 궁궐 조영이나 축성을 위해 대대적인 토목 사업과 이에 따른 재정투입이나 인력 징발을 필수로 하는데, 왕조 개창 초기에 이를 감당하기가 어려웠다고 볼 수 있다. 특히 민심의 동향을 주시했는데, 앞서 계룡산의 신도 공사를 중단하자 서울과 지방의 백성들이 환호했다는 사실에서 천도에 대한 민심의 동향을 엿볼 수 있다. 즉 개국공신들은 무리하고 조급한 천도가 민심 이반을 가져올 수 있다고 판단했던 것이다.

특히 관료집단의 동향은 무시할 수 없었다. 고려왕조의 문무관료는 이성계가 즉위한 후에도 그대로 유지되고 있었는데 이들은 천도를 결코 반기지 않았다. 천도가 실행되면 이들은 당장 누대에 걸쳐 이룩한 삶의 터전을 옮겨야 하니 반겨 할 수 없었던 것이다. 이런 천도 반대 기류는 이성계의 즉위를 반대하는 집단에서는 말할 필요도 없지만 찬성하는 쪽에서도 별반 다르지 않았던 것 같다. 이는 결코 무시할 수 없는 문제로 지배층의 이반을 불러올 가능성이 농후했다고 할 수 있다.

관료사회를 비롯한 민심의 이반을 걱정하여 천도를 실행할 수 없었다면, 이는 바로 이성계의 즉위에 대한 민심이 썩 우호적이지 않았다는 추론도 가능하다. 이는 아주 중대한 정치적인 문제로서 정도전을 비롯한 개국공신들은 이를 예민하게 주시했을 것이다. 그 결과 당장의 천도는 어렵다고 판단하고 천도보다는 개경을 그대로 활용하자는 주장을 계속했던 것이다.

하지만 천도 후보지로 계룡산을 추천한 권중화나, 무악을 강력 추천한 하윤 같은 인물은 개국공신들과 처지가 달랐다. 이들은 이성계의 즉위에 적극 동참하지 않았기 때문에 민심의 동향에 크게 신경 쓸 필요가 없었던 것이다. 오히려 뒤늦게 이성계의 조정에 참여하면서 자신들의 처지를 만회하고 싶었을 것이다. 천도는 이들에게 늦게나마 창업 사업에 적극 뛰어들 수 있는 호재였기 때문이다.

이성계가 주도해서 결정한 한양

그런데 천도를 단행할 수 없다면 진정한 새 왕조의 출범은 기대할 수 없다. 천도는 형식적이지만 새 왕조 창업의 상징적 사업이라고 볼 수 있기 때문이다. 그래서 정도전을 비롯한 개국공신들은 마냥 이 문제를 회피할 수도 없는 노릇이었다. 게다가 이성계의 천도에 대한 의지를 계속 누를 수도 없었다.

정도전을 중심으로 한 재상들이 천도를 서두르지 말자는 의견을 내자 이성계는 언짢은 기색을 역력히 드러냈다. 이에 이성계는 한양으로 바로 행차해버린다. 한양을 후보지로 다시 고려할 생각인 듯했다. 앞서 서운관에서 우리나라의 첫째 명당은 송악이고 다음이 한양이라는 보고를 떠올렸을 것이다. 게다가 한양에는 최소한의 궁실이 잔존하고 있어 신속한 천도를 위해서는 다른 어느 곳보다 이곳이 최적이라고 생각했을 법하다.

1394년(태조 3) 8월, 이성계는 한양 현지에서 옛 궁궐 터에서 지세를 살피며 동반한 서운관의 장관인 윤신달에게 이곳이 어떠냐고 다시 물었다. 윤신달은 첫째가 송악이지만 그다음이 이곳이라고 대답한다. 이성계가 다시 무학대사에게 물으니, "여기는 사면이 높아 수려하고 중앙이 평평하니 성을 쌓아 도읍으로 정할 만합니다. 그러나 여러 사람의 의견을 듣고 결정하소서"라고 하였다. 무학대사의 입에서 처음으로 긍정적인 반응이 나온 것이다. 이성계는 그동안 빈번하게 무학대사와 접촉해왔으니까 이미 입을 맞추었는지도 모를 일이다.

이성계는 따라온 여러 재상들에게도 한양을 놓고 의논하게 하였다.

재상들은 반드시 천도하겠다면 이곳 한양이 좋다고 했다. 하지만 여기서도 하윤은 한양을 반대하는데, 산세는 볼 만하지만 풍수지리의 이론으로는 맞지 않다는 것이었다. 장단(경기)을 새로운 후보지로 추천한 관리도 있었다. 그렇게 반대도 있었지만 여러 사람의 의견을 듣고 결국 천도지를 한양으로 결정하게 된다. 이성계가 직접 나서서 땅을 살피고, 주도하고, 의견을 모아서 한양 그 현장에서 이끌어낸 결론이었다.

이성계는 한양에서 내친 김에 종묘의 터까지 살펴보고 그날 밤 노원역(서울 노원구)에서 유숙했다. 개경으로 돌아오면서는 장단이나 도라산 등의 터를 다시 살펴보기도 하는데 마지막까지 여러 지역을 고려했던 것 같다. 천도 문제에 직접 앞장서는 이성계의 이런 태도는 누구보다도 적극적으로 나서야 할 개국공신들이 소극적이고 미온적인 탓이었다.

이 해 8월 24일, 도당에서 한양 천도를 논의한 결과, 좌정승 조준과 우정승 김사형이 공식적으로 한양 천도를 이성계에게 상신하면서 비로소 확정하였다. 이성계의 천도 의지가 늦게나마 관철된 것이었다. 이성계 자신이 주도하여 결정한 것이었지만 도당회의를 거쳐 다시 확정한 것은 더이상 논란을 허용하지 않겠다는 공식 선언이었다.

바로 이어서 9월 1일, 신도궁궐조성도감新都宮闕造成都監을 설치하고, 심덕부·김주·이염·이직 등 4인을 그 장관으로 임명했다. 그런데 이 대목이 좀 이상했다. 이들은 핵심적인 개국공신들이 아니기 때문이다. 이직은 개국공신 3등에 들었지만, 심덕부는 개국공신에는 들지 못하고 나중에야 회군공신에 들었고, 이염 역시 개국공신이 아닌 원종공신에 들었던 인물이다. 왜 정도전이나 조준 등 개국공신의 핵심들이 신도 공사의 책임을 맡지 않고 이들이 맡았는지 궁금한 것이다.

한양으로 천도를 확정한 이때도 개국공신들은 천도에 소극적이었다고 생각할 수밖에 없다. 그게 아니라면 창업과 직결되는 그 중요한 천도 사업에 이들이 뛰어들지 않는다는 것을 이해할 수 없기 때문이다. 하지만 이성계의 처지에서는 개국공신들을 제외시키고 천도 사업을 진행시킬 수도 없었다. 개국공신들 처지에서도 마냥 천도 사업을 불구경하듯 할 수도 없는 노릇이었다.

그런 사정 때문이었을 것이다. 이 해 9월 9일, 신도궁궐조성도감의 장관에 임명된 네 사람 외에 정도전·권중화·남은 등이 다시 참여한다. 이성계는 이들을 바로 한양으로 파견하여 종묘·사직·궁궐·시장·도로의 터를 정하게 하였다. 이때 권중화가 산맥과 지세의 방향을 살펴서 우선 종묘의 터를 정하고 이에 따른 도면을 그려 바쳤다. 계룡산의 신도 조성 사업에서도 권중화가 설계도를 작성했는데 그는 이 분야 전문가였던 모양이다.

재미있는 사실은 이후부터 한양 천도 사업을 정도전이 주도한다는 사실이다. 피할 수 없는 사업이라면 개국공신이 아닌 다른 사람보다 정도전 자신이 나서서 주도하는 것이 유리했을 것이다. 어떤 전문가라도 개국공신의 핵심인 정도전의 권위를 넘어서지 못했을 테니까 이후의 한양 천도 사업은 그가 중심에 서게 된다. 그러니까 정도전은 이성계에 의해 한양으로 천도지가 확정된 이후에야 천도 사업에 나섰던 것이다.

왕도 공사, 이모저모

한양으로 확정된 후 이성계는 바로 도당에 지시하여 천도할 시기를 논의하도록 하였다. 당장이라도 천도를 결행하겠다는 의지를 드러낸 것이었다. 한양으로 내려갔던 정도전은 올라와 전체 천도 사업 계획을 보고하였고 심덕부와 김주는 계속 한양에 남아 현장을 관리하도록 하였다. 도당에서는 이 해에 바로 천도할 것을 결정하였다.

그리하여 1394년(태조 3) 10월 25일 마침내 한양으로 천도한다. 각 관청의 관원 2명씩 계속 개경에 머물러 있게 하였고, 한양의 객사를 이궁離宮으로 활용했다는 것으로 보아 부족한 시설이 태반이었던 것 같다. 갑자기 한양으로 천도를 결정했기 때문에 당연했지만, 고려 말 여러 차례 한양 이어를 단행하면서 최소한의 기본 시설은 마련되어 그 정도나마 천도가 가능했다. 그러니까 한양이 왕도로서 완성된 상태에서 천도가 아니라 천도를 먼저 단행한 후 제반 시설에 대한 조성 사업을 그다음에 진행하려는 것이었다.

왕도에서 가장 중요한 시설이 첫째가 종묘, 둘째 궁궐, 셋째 성곽이었다. 다른 무엇보다도 이 세 가지는 우선 마련해야 했다. 도당에서 이에 대한 공사를 독촉했다는 것으로 보아 한양의 기존 시설은 이용할 가치가 별로 없었고 천도 사업은 기반 시설부터 다시 시작해야 했던 것 같다.

그런데 이 해 11월에 좀 이상한 일이 일어난다. 문무백관을 무악에 집결시켜 놓고 무악 천도를 다시 논의하도록 했다는 것이다. 여러 사람들이 모두 협소하다고 하여 그만두었지만, 한양으로 천도를 확정하고 왜 다시 무악을 천도지로 고려했는지 모르겠다. 무악을 애초에 후보지로 거론한 인물이 하윤이라는 사실을 감안하면, 이는 하윤이 주장한 풍수지리이론에 따라 무악을 다시 고려하지 않았나 싶다.

왕도 공사의 정식 착공식은 이 해 12월 3일에 있었다. 이날 정도전은 하늘과 땅의 신에게 왕도 공사의 시작을 알리기 위해 자신이 작성한 고유문告由文을 올렸다. 그 첫부분은 이렇게 시작하고 있다. '조선 국왕 신 이단李旦(이성계의 이름)은 좌정승 조준과 우정승 김사형 및 판삼사사 정도전 등을 거느리고 한마음으로 목욕재계하고 감히 하늘과 땅의 신께 고하나이다.' 주 내용은 고려가 망하고 새로운 조선이 시작하여 한양으로 천도하게 된 내력과 공사의 안전을 기원하는 것이었다. 아울러 산천의 신에게도 따로 고유문을 올렸다. 여기서 산은 백악白岳(북한산)과 목멱산木覓山(남산)이고 천은 한강漢江과 양진楊津이었는데, 양진은 한강의 어느 지점을 가리키는 것 같은데 혹시 노량진이 아닌가 싶다.

다음 날 12월 4일에는 가장 중요한 종묘가 들어설 터와 궁궐 자리에 제사를 올렸다. 그 첫 삽질을 종묘 터에서 시작하는데 여기에는 백성들을 동원하지 않고 관청에서 중들을 모집하여 진행하였다. 이성계는 종묘 자리의 첫 삽질을 몸소 지켜보았다. 우여곡절 끝의 착공으로 감회가 남달랐을 것이다.

공사 진행 과정은 간단치 않았다. 종묘와 궁궐 자리를 정한 후 각 관청의 터를 분배하였고 이어서 문무관리의 집터도 분양했다. 집터 분양은 개성부에서 주관했는데 관품의 고하에 따라 면적을 달리했고 일반 서민들의 택지도 아울러 분양했다. 택지의 경우 예를 들면 정1품에게 60부負(토지면적 단위)를 최고로 하여 이하 관품에 따라 차등 있게 분양

했다. 이 과정에서 남의 집터를 빼앗은 개성부 판사(개성 시장) 이거인李
居仁이 탄핵을 받기도 했으며, 60부가 너무 많다고 하여 최고를 35부로
다시 조정하기도 했고 서민들에게는 2부씩 분양했다.

궁궐을 비롯한 각 관청의 건축에 필요한 목재는 주로 교주도(강원도)
에서 벌채해서 왔다. 이를 담당할 직책으로 각 도별로 작목별감斫木別監
이 만들어졌는데 그 많은 수요의 재목을 어떻게 벌채하고 운반했는지
궁금하다. 1395년(태조 4) 2월, 교주도 작목별감 노상盧湘이 1만 본의 재
목을 운송하려면 그 폐단이 너무 크니 비가 온 뒤를 기다려 뗏목을 이
용하자고 건의하여 이성계가 이를 수용하였다. 북한강의 수로를 이용
할 생각이었는데 궁하면 통했던 모양이다.

이 해 6월에는 한양을 한성부漢城府로 개칭하고 그 장관인 한성부 판
사에는 성석린이 발탁되었다. 지금의 서울특별시장 격인데 성석린이
그 초대 시장이 된 것이다. 아마 왕도 공사의 실무적인 책임은 그가 맡
았을 것으로 보인다.

공사에 참여하는 역도役徒는 주로 경기도에서 징발했지만 때로는 승
도들을 참여시키기도 했고, 충청도의 백성들도 가끔 동원되었다. 이 해
8월 기록에 의하면 경기 좌도에서 4천 5백 명, 우도에서 5천 명, 충청도
에서 5천 명을 부역시켰다고 한다. 모두 1만 5천 명 정도인데 연인원으
로 계산하면 수십 만 명에 이르렀을 것이다. 이 많은 역도들의 숙식 문
제나 노임은 어떻게 했는지 기록에는 없다. 이들에게 술이나 음식을 가
끔 대접했다는 기록은 있지만 노동의 대가를 지불했다는 기록은 없는
것으로 보아 순수한 부역의 의무였을 것으로 보인다. 추수하는 가을철
에는 이들을 잠시 돌려보내기도 했다.

그리하여 1395(태조 4) 9월 29일 종묘와 궁궐이 일단 먼저 준공되었다. 실록에는 건물의 규모나 구조, 각 실의 배치 등이 자세히 설명되어 있다. 착공한 지 10개월 만으로 엄청나게 서둘렀다는 것을 알 수 있다. 기타 관청이나 부속 건물, 시가지, 상가 등은 공사를 계속하며 차츰 완성되었을 것으로 보인다. 요즘으로 치면 신도시 하나가 새로 만들어지는 일이었으니 북한산의 남쪽은 수년 동안 공사로 인해 난장판이었을 것이다.

다만 도성都城 공사는 다음 해 1월 9일에야 시작했다. 도성 공사는 건물 공사와는 비교할 수 없는 인력 동원이 필수이니 궁궐 공사와 동시에 진행하지 못했던 것 같다. 이때 전국에서 11만 8천여 명의 장정이 징발되었다. 도성 공사는 북한산 동쪽에서부터 6백 척 간격으로 구획을 나누어 다시 북한산 서쪽에까지 총 97개 구역으로 나누어 진행했다. 두 구역마다 감역監役이라는 감독관을 우두머리로 수십 명의 행정요원이 배치되었다. 아마 군대식으로 조직하여 축성 공사를 관리했던 모양이다.

각 구역은 장정이 동원된 출신 지방별로 할당했다. 공사가 어려운 구역에 할당된 장정들은 진척이 늦어지면서 귀향도 미뤄져 불만도 일어났다. 축성 과정에서 사고로 인해 장정들이 사망한 경우도 있었다. 이들에게는 수륙재水陸齋를 베풀어 혼령을 위로하고 3년 동안 조세를 면제해주기도 했는데 불만을 누그러뜨리기 위해서도 이런 행사는 반드시 필요했을 것이다.

경복궁 완공

1395(태조 4) 10월 7일, 이성계는 정도전에게 새 궁궐과 여러 전각의 이름을 짓게 하였다. 이때쯤 궁궐을 비롯한 대강의 전각이 마련되었던 것 같다. 새 궁궐을 경복궁景福宮이라 했는데, 정도전은 이름을 지으면서 아울러 그렇게 이름 지은 의의를 써서 올렸다. '경복'이라는 이름은《시경詩經》주아周雅 편에 있는〈술에 취하고 덕에 배부르니 군자는 영원토록 그대의 크나큰 복을 모시리라旣醉以酒, 旣飽以德, 君子萬年, 介爾景福〉라는 시에서 따왔다.

정도전이 궁궐과 전각의 이름을 지으면서 그 의미를 밝혔다는 것은 왕조 개창에 대한 그의 이상이 한양 천도로 구현되었다고 볼 수 있다. 이에 앞서 1394년(태조 3) 5월, 정도전은《조선경국전朝鮮經國典》을 완성하기도 했다.《조선경국전》은 조선왕조의 기본 통치강령을 논한 규범으로서 이것이 기초가 되어《경국대전經國大典》이 완성된다. 어느 틈에《조선경국전》을 완성했는지 모르겠지만 천도한 한양의 궁궐에 대한 명명과 함께 정도전이 조선왕조 창업에 미친 영향을 그대로 보여주는 것이었다.

경복궁이 완성된 이 해 10월 30일, 이성계는 정도전을 비롯한 공신들을 불러 경복궁에서 주연을 베푼다. 이 주연 자리에서 이성계는 공신들에게 이렇게 말했다. "내가 왕위에 오르게 된 것은 경들의 힘이니 서로 공경하고 삼가서 자손만대에까지 기약함이 옳을 것이다."

이성계는 풍악을 연주케 했는데 그 음악은 바로 정도전 자신이 작곡해 올린 문덕곡文德曲이었다. 이성계는 정도전에게 일어나 춤을 추게 하니 정도전은 바로 일어나 춤을 추었고, 이성계가 상의를 벗으라 하니 망설이지 않고 상의를 벗었다. 이날 밤늦도록 마음껏 취하고 즐겼다. 단연 정도전의 날이었다. 정도전은 상의를 벗고 날아가고 싶었으리라. 그 성취감, 하늘을 찌르고도 남았으리라. 누구보다도 이성계가 이를 인정하고 있었다. 이성계를 왕으로 세우고, 이어서 한양으로 천도하고 경복궁을 완성했으니 더이상 바랄 게 없었을 것이다.

경복궁을 완공하고 이 해 11월 바로 이어서 조선 국왕에 대한 고명과 인장을 요청하기 위해 정총을 명에 사신으로 파견했다. 하지만 앞에서 살펴보았듯이 이들 사신이 환국하기도 전에 명에서는 표전이 불손하다는 이유로 정도전을 압송하라고 요구했다. 뜻밖의 문제가 새 왕조 출범의 발목을 잡은 것이다.

개경으로 환도하다

그런데 한양 천도는 이것으로 끝난 것이 아니었다. 1399년(정종 1) 2월 26일, 종친과 공신들이 모여 다시 도읍을 옮길 것을 결정한 것이다. 이는 이미 천도한 한양에서 벗어나겠다는 것이었다. 이때 '천도'라고 표현하지 않고 '이도移都'라고 한 것으로 보아 임시적인 조치가 아니었을까 하는 생각도 들지만, 이후 이루어지는 진행 과정을 보면 그리 단순한 문제가 아니었다.

이 해 들어 천변과 재이 등 이상 현상이 자주 일어나고 있었다. 까마귀들이 궁궐에서 한밤중에 울기도 하고, 며칠 후에는 수많은 까마귀들이 경복궁 위로 날아올라 빙빙 돌기를 며칠 동안이나 계속했다. 서운관에서는 이를 근거로 수성修省하여 이변을 없애고 피방避方해야 한다고 주장했다. 이에 따라 종친과 공신들이 모여 도읍을 옮기자고 결정한 것이다.

피방해야 할 곳은 이론의 여지없이 개경이었다. 수상 조준을 비롯한 재상들은 이렇게 주장했다. "경기 안의 주현에는 대소 신료와 숙위하는 군사가 의탁할 곳이 없고, 송도는 궁궐과 여러 신하의 집들이 모두 완전합니다." 피방이라고 말한 것으로 보아 처음에는 임시적인 조치로 생각했던 것 같다.

그런데 개경 환도가 결정되자 한양 도성으로 이주했던 백성들이 거리로 나와 손에 손을 잡고 기뻐했다고 한다. 이들이 이삿짐을 싸서 이고지고 성문 밖으로 한꺼번에 몰리니 이를 제지하기도 했다. 이런 백성들의 모습은 한양 천도가 민심에서 크게 벗어났다는 것을 보여주며 고려왕조의 유산을 쉽사리 탈피할 수 없었다는 사정을 말해준다. 천도는 생활의 터전을 바꾸는 일상적 삶의 변화를 초래하는 일로서 이성계를 왕위에 앉히는 일 못지않게 충격이며 큰일이었던 것이다. 조준을 비롯한 재상들이 개경 환도를 논란 없이 그렇게 간단하게 결정했던 것도 이런 민심을 감안한 결과였다.

그리하여 이 해 3월 7일 개경으로 환도하는데 각 관청의 인원은 반은 한양에 남고 반만 따라갔다. 이때 태상왕(이성계)도 환도를 따르면서 이런 말을 했다. "처음에 한양으로 옮긴 것은 오로지 내 뜻만이 아니었고, 여러 사람과 의논한 것이었다." 한양 천도를 주도한 장본인은 바로 이성계 자신이었으니까 이에 대한 불만이나 비판을 의식한 말로 보인다.

개경으로 환도한 중요한 계기는 이방원에 의한 정변, 제1차 왕자의 난이었다. 이방원이 정도전·남은 등을 살해하고 세자였던 이방석까지 제거한 혈육 간의 참혹한 사건은 민심을 흉흉하게 만들었다. 여기에 이변들이 속출하면서 피방해야 한다는 주장이 나오고 이는 결국 한양으로 천도를 잘못한 때문이라고 귀결되었던 것이다. 이에 대한 반론이 거의 없었던 것으로 보아 개경 환도는 거스를 수 없는 대세였고 이성계도 이를 수용할 수밖에 없었던 것이다.

개경으로 환도한 이성계는 주변에 이런 말을 했다. "내가 한양에 천도하여 아내와 아들을 잃고 오늘날 다시 환도하였으니 실로 도성 사람에게 부끄럽다. 앞으로 출입은 반드시 어두운 때를 골라 사람들로 하여금 보지 못하게 해야 할 것이다." 이 말은 한양 천도를 잘못해서 세자 이방석이 죽게 되었다는 점을 이성계 스스로 인정한 것으로 보인다. 그러니까 개경 환도는 이성계가 주도한 한양 천도를 무효화시키면서, 또한 세자 이방석의 죽음까지 한양 천도 탓으로 돌리고 있었다.

이 해 6월 국왕 이방과는 개경에 다시 종묘를 세우자는 얘기를 꺼냈지만 이는 받아들여지지 않았다. 개경 환도를 일단 임시적인 조치로 여겼다는 뜻이다. 7월에는 이성계에게 천도할 새로운 장소를 물었다는 것으로 보아 천도 문제를 원점에서 다시 검토하려는 모습도 보이고 있다. 그동안에도 천변과 이상한 현상은 계속되어 대사면령을 내리기도 하는데 정치 사회적 불안도 가시지 않고 있었다.

12월에는 좌정승 조준이 여러 천변과 재이로 사퇴를 요청하니 이를 받아들이고 새롭게 개각을 단행했다. 이에 심덕부를 좌정승, 성석린을 우정승으로 하여 좌우 수상으로 삼고, 이거이李居易로 문하시랑찬성사,

민제를 판삼사사, 하윤을 참찬문하부사, 이직을 지문하부사, 권근을 정당문학으로 발탁했다. 조준은 왕조 개창 후 줄곧 수상을 맡아오다가 이때 물러나고 이방원의 사람들이 재상으로 들어온 것이다. 이는 개국공신들의 일선 후퇴를 의미하는 것이기도 했다.

여기에 1400년(정종 2) 1월 제2차 왕자의 난이 일어난다. 이 사건은 이성계의 넷째 아들 이방간이 바로 밑 동생 이방원을 제거하려다 실패한 정변인데, 이때는 이방간이 먼저 공격하려다 오히려 제압당한 것이었다. 결국 이방간은 토산(경기)으로 추방당했고, 다음 날 바로 하윤의 요청을 받아들여 이방원을 세자로 책봉하였다. 이제 이방원의 세상이 되었으며 그가 왕위에 오르는 것은 시간문제였다.

마침내 이 해 11월 이방원은 한양의 경복궁이 아닌 개경의 수창궁에서 즉위했다. 그러면서 개경 환도는 임시적인 조치가 아니라 그대로 굳어지고 있었다.

다시 지난한 한양 천도

다시 천도 문제가 거론된 것은 이방원이 즉위한 직후였다. 1400년(태종 즉위년) 12월 이방원은 조준·성석린 등에게 일러 다시 천도 문제를 논의하게 하였다. 바로 이날 수창궁에서 큰 화재가 일어나 전소된 것이 계기였다. 중요한 점은 이때 천도 논의를 다시 원점에서 시작했다는 사실이다. 그러니까 다시 한양으로 돌아가자는 논의가 아니었다.

천도 논의에서 하윤은 다시 무악으로 천도할 것을 주장했다. 하윤이 주장한 무악은 풍수도참에 근거한 것이었다. 이방원은 이를 의식했는지 풍수도참에 대한 여러 이설을 들어 이 문제도 함께 논의하도록 하였다. 여러 재상들이 이를 근거로 천도할 수 없다고 하면서 무악은 다시 의미를 잃게 된다.

무악이 후보지로 힘을 잃고 이방원은 새로운 천도지를 찾기보다는 한양으로 다시 돌아가는 것이 좋겠다는 뜻을 비친다. 하지만 누구도 나서서 한양 천도를 주도하지 못하고 천도 문제는 뒷전으로 밀려나는 것 같았다. 천도를 달갑지 않게 여기는 관료사회의 움직임이 반영된 것으로, 처음 이성계가 천도를 주도할 때와 상황이 비슷하게 반복되는 느낌이었다. 어쩌면 개경을 그대로 왕도로 삼아도 나쁠 게 없다는 여론이 대세였다고 보인다. 분명한 것은 그래도 천도에 조금이라도 적극적인 쪽은 이방원이었다는 사실이다.

문제는 종묘였다. 개경을 왕도로 삼고 있었지만 종묘는 한양 신도에 있었기 때문이다. 이를 불편하게 여긴 이방원은 개경에 종묘를 다시 세우자는 주문을 했지만 이마저 재상들은 따르지 않는다. 개경에 종묘를 다시 세우자는 것은 개경을 왕도로 확정하겠다는 뜻인데, 한양 신도로 다시 돌아가는 것도 마다하고 개경에 종묘를 세우는 것도 반대한다는 것은 이도저도 아닌 어정쩡한 태도였다.

1402년(태종 2) 7월, 이방원은 하윤 등 재상들에게 한양 신도로 돌아가는 문제를 논의하도록 주문하였다. 이때의 하윤은 이방원의 최측근으로 자리하고 있었다. 각 관청의 문무관리들의 의견은 분분하여 하나로 모아지지 못했다. 구도인 개경에 머무르자는 사람, 신도 한양으로 돌아가자는 사람, 혹은 무악으로 도읍을 옮기자는 사람까지 각양각색이었다.

이방원은 한양 신도로 돌아가는 것을 원하고 있었지만 이 문제를 자신의 의지대로 주도하지 못하고 망설이고 있었다. 구도 개경은 민심을 따르는 것이고 신도 한양은 이성계가 세운 것이라 말하며, 하윤 등 측근 몇몇에게 다시 논의하도록 했지만 해가 반나절이나 지나도록 결론을 내리지 못했다. 이는 결국 개경에서 떠나는 것을 대부분 반기지 않았다는 것으로 아직도 관료사회의 동향이나 민심이 이성계 시대와 크게 달라지지 않은 탓이었다. 그렇게 천도 문제는 다시 수면 아래로 내려가버린다.

그런 중에도 종묘를 개경으로 옮기자는 주장이 간간이 계속된다. 개경에 종묘를 세우자는 주장은 처음 이방원이 거론했는데 이를 수용하지 않던 문무관료들이 이젠 자신들이 주장하고 나선 것이다. 이는 시간이 흐를수록 천도는 멀어지고 구도 개경을 왕도로 삼겠다는 쪽으로 여론이 기울어가는 현상으로 볼 수 있다.

그러다가 1403년(태종 3) 2월, 구도 개경을 도읍으로 삼고 새 궁궐을 세우자는 요청이 올라와 이를 확정하게 된다. 신도 한양으로 돌아가는 것이 어렵다고 판단하고 구도 개경을 왕도로 확정하겠다는 뜻이었다. 이제 천도는 물 건너간 것이었다. 그런 중에 이 해 4월에는 명의 사신이 들어와 조선 국왕에 대한 고명과 인장을 내린다. 여기에는 하윤이 사신으로 나섰는데 조선왕조가 개창된 지 10년 만의 일로 오랜 숙원 하나가 해결된 것이었다.

그런 가운데 구도 개경을 그대로 왕도로 유지한다는 것은 새 왕조 개창에 어울리지 않는 일이었다. 1404년(태종 4) 7월, 이방원은 의정부와 종친 그리고 원로대신을 모아 놓고 신도 한양으로 돌아가는 것을 다시 검토하게 하였다. 이때는 논의 주제를 좁혀 신도 한양으로 돌아갈 것인가, 아니면 구도 개경으로 종묘를 옮겨올 것인가를 가지고 가부를 물었다. 결론은 종묘를 옮겨오는 것이 좋다고 나왔다. 구도 개경을 떠날 수 없다는 뜻으로 이방원의 생각과는 거리가 멀었다.

이에 조준이 수정안으로 양경兩京제도를 제안한다. 구도 개경과 신도 한양, 양쪽을 모두 유지하자는 것이었다. 이방원은 양쪽 중에서 하나로 결정하여 다시 알리라고 했지만 결론은 마찬가지였다. 논란이 많고 복잡한 것 같지만 사실 그 맥락은 간단했다. 문무관료들이 모두 구도 개경을 떠나는 것을 싫어하기 때문에 나타난 현상이었다. 이방원은 이를 그대로 따르고 이후 다시 거론하는 일이 없을 것이라고 못을 박아버린다.

이런 과정에서 한 가지 눈여겨볼 부분은 이방원이 한양으로 돌아가는 것을 강제적으로 이끌어내지 못한다는 점이다. 자신의 속마음은 한양으로 돌아가는 것에 두고 있으면서도 말이다. 민심이나 관료사회의 저항이 그만큼 컸다는 뜻이다. 이를 누르고 실행하지 못한 것은 1, 2차에 걸친 두 차례의 정변이 크게 작용했다고 보인다. 정변으로 왕위에 오르기는 했지만 민심을 거스르는 천도까지 감행하기에는 정치적 부담이 너무 컸던 것이다.

그런데 정작 신도 한양으로 돌아가고 싶은 장본인은 이성계였다. 이방원도 이성계의 이런 의지를 알고서 한양을 끝내 놓지 못했다고 볼 수 있다. 마침내 이성계가 직접 나서서 이방원에게 전했다. "개경은 왕씨의 구도이니 도저히 그대로 있을 수 없고 선조의 뜻을 따르는 것도 아니다." 천도에 반대가 있고 번거로운 일도 많지만 개경에 그대로 머무를 수 없다는 강경한 뜻이었다.

1404년(태종 4) 9월, 이방원은 더이상의 논의를 거치지 않고 바로 한양의 부족한 궁실을 수습하게 하였다. 논의를 계속해봐야 논란만 반복되는 것을 이미 수차례 경험한 결과였다. 바로 이어서 한양의 궁궐을 보수하기 위한 임시 관청이 만들어지고 공사에 들어간다. 참 재미있는 일은 이것으로 천도 문제가 마무리되지 않았다는 점이다. 하윤이 또 다시 무악을 천도지로 거론한 것이다.

다시, 한양과 무악

하윤은 옛날의 하윤이 아니라 이방원 정권의 핵심 인물이었다. 그는 이성계의 최측근에 있던 정도전의 위상과 비슷했다. 하윤의 말은 이방원도 쉽게 무시할 수 없었던 것이다. 이방원과 대신들은 세 차례나 무악으로 행차하여 직접 땅을 살펴보았다.

1404년(태종 4) 10월 4일, 세 번째 무악 행차에서 다시 이방원은 지리에 익숙한 관리들과 현장에서 흥미로운 논쟁을 벌인다. 이방원은 무악의 중봉에 올라 백기를 한강 변에 세우게 하고 이렇게 말을 뺐다.

이방원: 여기가 도읍하기에 합당한 땅이다. 진산 부원군(하윤)이 말한 곳이 백기의 북쪽이라면 도읍이 들어앉을 만하다. (여러 사람을 둘러보며) 거리낄 것 없이 각자 자신의 생각을 말해보라. 이곳과 한양 중에서

어느 것이 좋은가?

윤신달: 지리로 논한다면 한양은 앞뒤에 석산이 험하고 명당明堂에 물이 끊어지니 도읍할 수 없습니다. 이(무악) 땅은 도참서로 보면 왕씨의 5백년 뒤에 이씨가 나온다는 곳입니다. 이는 허망하지 않고 도참서는 믿을 만합니다. 태상왕(이성계) 때는 이 땅을 얻지 못하여 한양에 도읍을 세웠던 것입니다.

유한우: 한양은 앞뒤에 석산이 험하고 명당에 물이 없으니 도읍할 수가 없습니다. 지리서에 물의 흐름이 길지 않으면 사람이 반드시 끊긴다고 하였으니 대개 불가한 것을 말한 것입니다. 하지만 이(무악) 땅도 또한 길지로 확정하기에는 바로 합치하지 아니합니다.

이방원의 말에 답변한 여기 윤신달과 유한우는 10년 전 여기 같은 장소인 무악에서 이성계와도 논쟁을 했던 서운관의 관리였다. 그때 이들은 모두 무악을 반대했고 이성계가 계속 추궁하자 송악을 첫째, 한양을 그다음이라고 내세웠었다. 하지만 여기서 윤신달은 무악을 좋다고 하고, 유한우는 무악이 길지가 아니라고 하면서도 모두 한양을 반대하고 있다. 이는 무악을 내세운 하윤을 의식한 것이 분명해 보인다.

이방원은 여러 사람의 답변을 요구하면서 천도지에 대한 논쟁을 계속하는데 무악을 적극 지지하는 사람, 오히려 한양이 그래도 괜찮다는 사람, 다른 데서 다시 찾자는 사람 등 모두 말이 달라 갈피를 잡을 수 없었다. 마침내 이방원은 이런 말까지 하며 대화가 강한 추궁으로 이어진다.

이방원: 내가 어찌 신도(한양)에 이미 이루어진 궁실을 싫어하고 풀이 우거진 이 땅을 좋아하여 다시 토목의 역사를 일으키겠는가? 다만 (한양은) 석산이 험하고 명당에 물이 끊어져 도읍하기에 좋지 않은 것 같다. 너희들은 모두 지리를 알면서 처음에 태상왕(이성계)을 따라 도읍을 세울 때 어찌 이러한 사정을 말하지 아니하였는가?

윤신달: 신은 그때 마침 상을 당하여 능히 호종하지 못하였습니다.

유한우: 신 등이 말하지 아니한 것은 아닙니다. 다만 마음대로 할 수 없었을 뿐입니다.

이방원: 너희들은 어찌하여 한양에 도읍을 세우고 크게 토목의 역사를 일으켜서 부왕을 속였는가? 부왕이 신도에 계실 때 편찮아서 거의 위태하였으나 회복되었다. 살고 죽는 것은 대명에 관계되는 것이다. 그후 변고가 여러 번 일어나고 하나도 좋은 일이 없었으므로 이에 송도로 환도한 것이다. 지금 나라 사람들은 내가 부왕의 도읍한 곳을 버렸다고 허물한다.

이양달: (한양은) 명당에 비록 물이 없다고 말하나 전면에 물의 흐름이 시작됩니다. 또한 그때에 말을 다하고 숨기지 않았습니다. 다만 신이 주장한 바가 실행되지 않았을 뿐입니다.

이방원: 너희가 내 앞에서 억지로 말하는 것이 이와 같으니 어찌 다른 곳에서 자복하겠는가? (조준을 향하여) 도읍을 세울 때 경은 재상이었소. 어찌하여 한양에 도읍을 세웠소?

조준: 신은 지리를 알지 못합니다.

이방원: 그래요? 좀 더 내려가서 명당을 찾아보도록 합시다.

하윤: 최고 명당은 송도의 강안전康安殿 같은 곳이고, 다음 명당은 송도

의 수창궁壽昌宮 같은 곳입니다.

결국, 아무것도 결론 난 것이 없지만 천도가 지금까지 난맥상을 드러낸 이유는 알 것 같다. 이방원은 한양으로 돌아가고 싶은데 재상을 비롯한 문무관리들이 반대하자, 대안으로 무악을 거론했지만 여기서도 반응이 시원찮은 것이었다. 그 이유는 천도하지 말고 개경에 그대로 머무르자는 여론이 대세였기 때문인데 이성계 때와 마찬가지로 똑같은 반복의 연속이었다.

마지막의 하윤 말은 생각할 부분이 많다. 자신이 무악을 거론했음에도 이를 다시 주장하지 않고 좋은 명당은 송도의 강안전이라고 달리 말한 점이다. 이는 10여 전 정도전과 재상들이 천도를 서두르지 말고 개경을 활용하자고 주장했던 바와 하나도 다르지 않다. 하윤의 생각이 그렇게 바뀐 것은 두 차례의 정변으로 즉위한 이방원 정권의 핵심으로 민심의 동향이나 대세를 거스르기에는 부담이 컸기 때문이다.

동전을 던져 결정한 한양 천도

무악에서 논쟁 이틀 후인 1404년(태종 4) 10월 6일, 이방원은 마침내 이렇게 일방적으로 선포해버린다. "종묘에 들어가 송도(개경)와 신도(한양)와 무악 세 곳을 알리고 그 길흉을 점쳐 길한 곳을 따라서 도읍을 정하겠다. 도읍을 정한 뒤에는 비록 천재재변이 있더라도 이의가 있을 수 없다." 매우 강경한 어조로 최후통첩을 한 것인데, 점을 쳐서 결정하겠다는 것이었다. 그 수밖에 없었던 모양이다.

그런데 어떤 식으로 점을 치느냐가 중요했다. 왜냐하면 결과가 명쾌하게 나오지 않으면 또 그 결과를 가지고 논란이 일기 때문이다. 동전을 던지는 척전擲錢과 제비뽑기 같은 시초著草가 거론되는데 동전을 던지는 쪽으로 정해졌다. 그리하여 종묘에서 동전을 던져 점을 치는 우스꽝스런 일이 벌어진다. 후보지인 개경·한양·무악 세 곳에 대해 동전 양면에 길과 흉을 표시하고 세 번씩 던졌던 것 같다.

결과는 한양이 2길 1흉, 개경과 무악은 1길 2흉으로 나왔다. 그렇게 한양으로 결정되었다. 바로 즉시 향교동에 이궁을 조성하도록 하고 다시 한양 천도 사업이 시작된다. 한양으로 결정된 것에 대해 이후 아무 논란이 없었던 것을 보면 동전 던지기는 논쟁을 끝내는 데 분명 효과가 있었던 것 같다. 사람이 아닌 복술에 의해 결정했으니 누구도 한양 천도에 시비를 걸 이유가 없었을 것이다.

하지만 풍수지리나 도참설보다 복술이 더 유력했다는 점을 생각하면 재미있는 일이 아닐 수 없다. 고려 시대 유행한 풍수지리나 도참설은 정치 사회적인 중요한 고비마다 막강한 힘을 발휘했었다. 지난한 한양 천도를 복술로 결정했다는 것은 그런 학설의 영향력이 이제 떨어져가는 역사의 한 단면도 확인할 수 있어 흥미로운 일이 아닐 수 없다.

한양으로 결정된 후 이방원은 주변에 이런 말을 했다. "나는 무악에 천도하지 않지만 후세에 반드시 도읍하는 자가 있을 것이다." 이게 무슨 말일까? 무악이 좋은 땅이라는 뜻이겠지만, 그것보다는 애초에 무악을 거론했던 하윤을 달래려는 말이 아니었나 싶다. 이방원은 그런 정치적 언술도 잘 활용했던 것 같다.

이후 한양 이궁 조성 사업은 별 어려움 없이 순조롭게 진행되었다. 이궁은 국왕과 왕비 등 근친의 침전이나 거주 공간인 것 같다. 경복궁은 완공되었고 이미 한 번 천도한 곳이라 대대적인 공사를 벌일 필요도 없었을 것이다. 한 가지 특별한 점은 역도로 징발된 선군船軍들에게 3개월 분의 임금을 지급했다는 사실이다. 이전의 한양 천도 공사에서는 없던 일로 아마 징발된 장정들의 불만을 해소시키는 차원에서 일시적으로 시행했던 것 같다.

그런데 한양 천도를 반대하는 자가 또 나온다. 1405년(태종 5) 8월 권근이 상소를 올려 흉년으로 천도할 수 없다고 주장한 것이다. 권근 역시 이방원 정권의 중요 인물인데, 이성계 때와 마찬가지로 한양의 땅이 싫어서가 아니라 흉년으로 민심 이반을 염려했던 것 같다. 이방원이 이미 결정된 정책을 고칠 수 없다고 거절해버리자 다시 반론은 없었다.

마침내 1405년(태종 5) 10월 8일 국왕 이방원은 개경을 떠나 사흘 후 한양에 당도한다. 돌고 돌아 다시 한양이었다. 새 왕조가 개창된 지 10년도 훨씬 지난 때로 우여곡절을 심하게 겪은 지난한 천도였다. 이후에는 더이상 천도 논의는 일어나지 않는다. 한양 천도는 새로운 국호의 제정과 함께 외형적으로 새 왕조 개창의 완성이었다고 할 수 있다.

10월 22일에는 한양의 이궁에서 축하 연회가 벌어졌다. 의정부의 대신과 종친 공신들과 정부 6조의 장관이 모두 참석하였다. 이 자리에서 의정부 찬성사 권근이 이방원에게 〈화악시華嶽詩〉를 지어 바친다. 내용은 한양 천도를 축하하면서 왕조의 무궁한 발전을 비는 것이었다. '화악'은 높고 높은 산을 말한 것인데 은근히 이방원에 대한 찬양을 겸하고 있었다.

술이 취하자 이방원도 대련구를 지어 창화唱和하는데 이런 구절이 있었다. '임금이 재위 중인데 어찌 얇은 얼음을 밟는 마음을 잊으랴.' 이건 주변 사람들에게 조심하라는 경고가 분명했다. 이보다 정확히 10년 전 경복궁이 준공되면서 그때도 연회가 펼쳐졌는데, 정도전은 그때 자신이 작곡한 문덕곡을 들으며 이성계 앞에서 웃옷을 벗고 춤을 추었었다. 하지만 지금 이방원은 이런 파격을 허용하지 않았다. 두 부자의 성향 차이로 볼 수도 있지만 왕권을 강화한 이방원의 모습이 아닐까 싶다.

그런데 한양 천도가 이렇게 힘들었던 이유를 다른 측면에서 살펴볼 필요가 있다. 우리 역사에서 한양 천도는 그 이전 시대와는 좀 다른 성격을 보였다고 생각하기 때문이다. 우리 역사상 여러 왕조들은 나라를 세우고 나서 천도를 하거나 왕도를 세운 것이 아니고, 나라를 세운 중심 세력들이 그들의 근거지를 바로 왕도로 삼았다. 다시 말해서 세력 근거지에서 나라를 세웠고 그곳을 왕도로 삼았던 것이다.

고구려·백제·신라, 고대 삼국의 성립과 도읍은 모두 그렇게 정해졌다. 삼국의 건국 세력은 그들의 근거지를 자연스럽게 도읍으로 삼았던 것이다. 이후의 후삼국도 마찬가지였다. 고려의 왕건이 철원에서 왕위에 오르고 나중에 송악(개경)으로 천도했지만 이 역시 송악이 자신들의 세력 근거지였기 때문이다. 즉 우리 역사에서 조선 이전의 모든 국가들은 세력 근거지에서 건국하고 이를 왕도로 삼았던 것이다.

하지만 조선왕조의 건국과 천도는 그게 아니었다. 조선의 건국 세력은 그 근거지를 어느 한 곳으로 한정할 수 없다. 왕위에 오른 이성계를 중심으로 보면 세력 근거지를 함흥 지방으로 볼 수 있지만, 건국 세력을 주변 개국공신 중심으로 보면 어느 한 곳으로 한정할 수가 없다. 그들의 출신지는 모두 다르기 때문이다. 이는 어느 곳에도 근거지가 없는 것이나 마찬가지이다.

조선 개국공신들의 세력 근거지는 굳이 말하자면 개경이라고 볼 수밖에 없다. 그들은 누대에 걸쳐 관직생활을 개경에서 했기 때문이다. 그래서 새 왕조가 들어섰지만 그 개경을 떠나 다른 곳에 천도하는 것이 얼마나 힘들었을지 짐작할 수 있다. 저항은 당연했다. 한양이라는 새로운 왕도가 싫어서 천도가 어려웠던 것이 아니고 개경을 떠나는 것 자체가 어려웠던 것이다. 이렇게 보면 조선왕조의 개창과 한양 천도는 우리 역사상 매우 특별한 일이었다.

개경에서 한양까지

그래서 한양 천도는 조선왕조 개창의 완성이라는 의미를 떠나서 정도定都 자체로서 그 역사적 의미도 적지 않다. 고려 말부터 끈질기게 한양이 천도 후보지로 오른 귀결로 보이기 때문이다. 아니, 그 이전 3경의 하나인 남경으로 승격된 때로부터 보면 한양 천도의 역사는 참으로 길다.

한양은 고려 전기에는 양주楊州, 문종 때에 남경南京, 충렬왕 때는 한양漢陽 등으로 불리어졌다. 11대 문종 때에 양주를 남경으로 승격하여 평양의 서경西京, 경주의 동경東京 등과 함께 준왕도로 삼아 3경제도를 정착시켰다. 이어서 15대 숙종 때에 최초로 남경 천도론이 제기되었지만, 한양이 역사적으로 주목받은 계기는 양주에서 남경으로 승격한 일이었다.

왜 하필 양주를 남경으로 승격했을까? 이는 물론 고려 시대에 정치 사회적인 힘을 발휘하던 풍수도참설의 '길지설吉地說' 때문이었지만 서경이나 동경과 비교해보면 꼭 그런 것만은 아니라는 생각이 든다. 고려 시대 서경이 길지라는 주장은 줄곧 있어왔지만 동경이 길지라는 얘기는 없었기 때문이다. 서경이나 동경은 길지여서가 아니라 모두 옛 고구려와 신라의 왕도였다는 정치 사회적 위상 때문에 3경에 든 것이었다. 그럼 왕도와 인연이 없었던 양주는 왜 3경에 들었는지 궁금한데 풍수도참설 외에는 달리 해명할 수 없어 의문이다.

고려 후기에는 3경제도가 의미를 상실하는데, 언제 어떤 이유로 3경이 해소되었는지도 의문이다. 서경은 묘청의 서경천도운동의 실패로, 동경은 무인집권기 경주의 민란을 계기로 그 의미를 상실한 것 같지만 남경에 대해서는 정확히 잘 모르겠다. 충렬왕 때 남경을 한양으로 불렀다는 것으로 보아 아마 원간섭기 무렵에 남경은 그 의미를 상실하지 않았나 싶다. 부마국체제라는 원과의 긴밀한 관계 속에서 남경을 해소하고 한양으로 부르지 않았을까 추측된다.

3경제도 이후 한양이 다시 정치 사회적인 주목을 받기 시작한 것은 한양 천도론이 처음 제기된 공민왕 때였다. 숙종 때도 남경 천도론이 제기되었지만 이는 일회적인 일로 큰 정치적 의미는 없었다고 보인다. 하지만 공민왕 때의 한양 천도론은 우왕과 공양왕 때까지 이어지고 결국 조선왕조 개창과 함께 정도로 확정되었기 때문에 그 의미가 남다른 것이다. 공민왕 때, 왜 하필 한양이 천도 후보지로 등장했을까?

공민왕 때 한양 천도론이 최초로 제기된 것은 1357년(공민왕 6) 무렵이었다. 이때도 물론 풍수도참설이 그 근거로 작용하였다. 공민왕 때 한양 천도론은 반대 속에서 무산되었다가 다시 등장하기를 반복하며 끈질기게 계속된다. 그때마다 처음 천도 후보지였던 한양에서 백악(경기 장단), 강화도, 충주, 신돈이 집권하면서는 서경까지 거론되었다. 이후 우왕과 공양왕 때에도 천도론이 계속 등장하면서 그 후보지가 점차 한양으로 수렴되어갔다는 얘기는 앞 장에서 언급했다.

고려 시대에 등장하는 천도론의 배경에는 어느 왕대를 막론하고 항상 풍수도참설이 그 근거로 힘을 발휘하고 있었다. 하지만 이러한 끈질긴 천도론의 등장을 풍수도참설로만 설명하기에는 너무 피상적이다. 문제는 그런 풍수도참설이 왜 힘을 발휘하여 천도론을 견인했는지 당시의 시대적 배경에서 근원을 찾는 일이다. 그래서 한양 천도론이 맨 처음 등장한 공민왕의 시대를 주목할 필요가 있는 것이다.

공민왕 때 천도론의 등장은 그 시대적 상황이나 배경이 무엇이든 간에 왕도 개경에 대한 불안이나 불만 때문이라는 것은 분명하다. 개경의 정치 사회적 위상이 흔들리고 있었다는 뜻인데, 한양 천도론의 등장은 바로 공민왕이 반원 정책을 시작하던 무렵이었다. 따라서 반원 정책이 한양 천도론의 시대적 배경이라고 볼 수 있다.

공민왕 때 천도론이 제기되면서 그 후보지를 개경 이북에서 찾는 경우는 별로 없었고 대부분 개경 이남에서 찾고 있다는 점을 눈여겨볼 필요가 있다. 이는 몽골 제국의 격심한 정치적 간섭을 받은 결과 강력한 제국을 가능한 멀리하여 남쪽에 주목한 결과가 아니었을까? 그러면서 한양의 지정학적 의미가 새롭게 부각된 것이다. 조선왕조가 개창된 이후의 천도론에서는 그 후보지가 개경 이북으로 결코 올라가지 않고 항상 개경 이남이었으며 결국 공민왕 때 처음 후보지로 등장한 한양으로 확정되었던 것이다.

그래서 한양 정도는 동아시아 국제정세의 변화에 대응한 결과였다고 할 수도 있다. 개경에서 한양으로의 천도가 확정되었다는 것은 조선왕조 개창의 완성으로서 의미뿐만 아니라 국제관계의 변화에 대한 대응이 완료되었다는 의미도 있는 것이다. 그렇다면 공민왕 때 한양 천도론이 대두된 이후, 한양으로 정도하기까지 소요된 반세기의 기간은 당시 국내·국외 정세의 변화를 반영하면서 새로운 사회로 전환되어가는 시기가 아니었을까 하는 생각이 든다. 한양은 이후 조선왕조 5백년 동안 왕도로서의 위상이 굳건했다. 21세기인 지금까지도.

그런데 조선왕조에 들어오면 의미 있는 천도론이 단 한 번도 등장하지 않는다. 이는 고려왕조와 비교하면 매우 특이한 현상이다. 어쩌면 천도론이 자주 등장했던 고려왕조가 특별했는지도 모르겠지만. 아무튼 두 왕조의 또 다른 차이로 볼 수 있는데, 이런 차이는 무엇 때문인지 그리고 이게 무엇을 의미하는지 다시 호기심이 일어나지만 더이상의 상상은 삼가겠다. 조선왕조 개창의 이야기를 마무리하면서 이 문제는 독자 여러분께 남겨드리겠다.

책을 마치며

조선왕조의 개창 과정을 너무 장황하게 서술했다. 마지막 장 〈보론〉은 왕조 개창 이후의 일이 궁금하여 대명관계와 한양천도 문제로만 주제를 한정해서 추가로 보충한 것이다. 그렇게 함으로써 그 직전의 왕조 개창 과정을 좀 더 깊게 이해할 수 있지 않을까 생각했기 때문이다.

〈보론〉을 추가로 쓰면서 마지막에 이런 생각이 들었다. 이성계는 고려왕조에서 조선왕조로 전환되는 시기에 두 왕조에 걸친 왕이었다는 생각이다. 고려왕조의 마지막 왕이면서 조선왕조의 첫 번째 왕이었다는 뜻이다. 그리고 조선왕조의 진정한 창업 군주는 이방원이었다는 생각이 들었다. 그가 왕위에 오르면서 시대가 변하고 있다는 것을 막연하지만 느꼈기 때문이다. 하지만 이런 내용은 이 책의 중심 주제가 아니었다.

이 책의 주제는 이성계가 어떻게 왕위에 오르게 되었는지 그 과정을 면밀하게 살펴보는 것이었다. 이렇게 장황하게 이야기를 전개한 것은 이성계의 즉위 과정뿐만 아니라 왕조 막바지에 여러 인물들이 각자의 위치에서 어떤 생각과 행동을 했는지 다양하게 보여주고 싶었기 때문이다. 이 시기 정치사를 이해하는 데 조금이나마 보탬이 되었으면 하는 바람이다.

이성계의 즉위가 무력을 동원한 폭력적인 찬탈은 아니었지만 그렇다고 요순 시대에 있었던 선양이거나 일반적인 양위를 통해 이루어진 것도 결코 아니었다. 찬탈과 선양 그 중간 어디쯤에 해당한다고 보는데, 굳이 표현하자면 선양이나 양위 쪽보다는 찬탈에 훨씬 더 가깝다고 본다. 새로운 왕조의 시작을 찬탈로 본다면 왕조 개창을 비난하거나 부정한다고 생각할지 모르겠지만 그건 필자가 의도하는 바가 전혀 아니다.

이성계의 즉위가 찬탈에 가깝다고 해서 이성계와 그 측근들을 폄훼하거나 비난할 필요도 없다. 그들을 도덕적으로 재단하는 것은 역사학이 추구하는 본령이 아니기 때문이다. 또한 이성계의 즉위가 찬탈에 가깝다고 해서 조선왕조 개창에 대한 역사적 의미를 축소할 필요도 없다. 조선왕조 개창에 대한 역사적 평가는 개창 이후의 진행 과정을 좀 더 길게 살펴야 판단할 수 있다고 생각한다.

이 책에서는 이성계가 왕위에 오르는 과정을 권력투쟁을 통해 추적했을 뿐이다. 권력투쟁의 과정을 살피면서 이성계와 그 공신들에게만 중심을 두지 않았다. 권력투쟁의 속성상 그 반대편 상대가 있어야 가능한 것이기에 이는 당연한 결과이다. 그러면서 그 반대편 상대 쪽에서도 이성계가 권력을 장악하고 마침내 왕위에 오르는 데 의도하지는 않았겠지만 결과적으로 큰 도움을 준 사건이나 인물들이 많았다는 생각을 했다. 책을 마치면서 여담으로 이 문제를 거론해보고자 한다.

가장 먼저 공민왕이 떠올랐다. 이 책에서는 공민왕 이후 일들을 살폈지만, 공민왕이 전격적으로 선택한 친명사대 외교노선은 그의 사후에도 대단한 힘을 발휘했다는 생각을 했다. 친명사대는 공민왕 사후 당장 위협을 받거나 부정당하면서도 이성계가 왕위에 오를 때까지 결코 폐기되거나 포기되지 않았다. 정치적 열세에 있거나 혹은 그 열세를 극복하려는 세력은 끊임없이 친명사대를 들고 나왔다. 친명사대는 동아시아 국제질서의 거스를 수 없는 대세이기도 했지만 반대편을 공격하는데 가장 효과적인 담론이었기 때문이다. 그래서 친명사대의 외교노선을 처음 확정한 공민왕은 이성계나 그 공신들에게 그 대세의 길을 열어주고 권력투쟁의 장을 마련해준 것이다.

공민왕의 선택이 이성계의 즉위에 직접 기여하지는 않았지만 공민왕 사후 등장한 이인임 정권은 이성계의 권력 장악이나 즉위에 직접 영향을 미쳤다. 이인임 정권은 주로 무인들을 권력기반으로 하면서 친명사대관계를 부정하거나 이에 대해 소극적이었다. 이는 신진사대부의 저항을 불러일으켰고 이를 통해 친명사대를 주장하던 신진사대부가 정치적으로 결집하는 효과를 가져왔다. 이인임 정권과 인연이 없었고 변방출신으로서 소외되었던 이성계가 신진사대부와 제휴했던 것은 그래서 가능했다. 이성계와 신진사대부의 결합은 이성계가 정치적으로 성장할 수 있는 첫 번째 기반으로서 이인임 정권의 덕을 크게 본 것이다.

또한 이인임 정권은 당대 최대의 사회 현안 문제였던 토지 문제의 폐단을 외면함으로써 기득권 세력에 안주했는데, 이게 필연적으로 개혁세력의 등장을 가져왔다. 이성계와 그 세력들이 전제개혁을 들고나왔던 것은 자신들을 개혁의 주체로 선전하고 역사적 정당성을 확보하는

데 안성맞춤이었다. 여기에 전제개혁은 찬반 논쟁을 불러일으키면서 새 왕조의 개창을 놓고 권력투쟁의 전선을 더욱 선명하게 만들어주었다. 아울러 이에 저항하는 자들을 탄압할 수 있는 정당한 구실을 제공하기도 했다.

이성계 즉위에 세 번째 공로자는 이인임 정권의 충실한 후계자였던 최영이었다. 이인임 정권을 무너뜨리기 위해 이성계를 끌어들인 우왕도 보탬을 주었지만 최영의 요동정벌은 이성계에게 결정적인 도약의 기회를 제공했다. 요동정벌은 동아시아 국제정세를 정면으로 거스르는 것이었고 국내 상황과도 어긋난 일이었다. 따라서 위화도 회군은 잘못된 요동정벌을 바로잡는 명분으로 피할 수 없었고 이성계는 이를 통해 정권 장악에 성공했던 것이다. 역설적이지만 최영이야말로 이성계의 즉위에 가장 큰 기여자였다고 할 수 있다.

이성계 즉위에 마지막 공로자로서 공양왕도 일조를 하지 않았을까 생각한다. 이성계 측에서는 공양왕 앞의 우왕과 창왕을 왕씨가 아니라는 이유로 폐위시켜 국왕도 폐위시킬 수 있다는 전례를 만들었다. 이후 즉위한 공양왕은 이성계와 그 세력들의 압박을 받으면서도 4년을 버티었다. 공양왕의 재위 4년은 이성계의 야망을 구체화시키고 공식화하면서 이에 저항하는 세력을 정확히 표적으로 삼아 탄압하는 기간이었다.

이 기간 동안 이성계 측에 저항했던 자들은 새롭게 포섭되기도 하고 혹은 길들여지기도 하면서 순화되어갔다. 그래서 공양왕 재위 4년은 이성계가 왕위에 오르는 데 연착륙할 수 있는 시간을 적당하게 기다려준 기간이었다. 만약 이런 기간이 없이 우왕이나 혹은 창왕을 폐위하고 바로 이성계가 왕위에 올랐다면 훨씬 강한 저항에 직면하여 많은 피를 흘렸을 것이 분명하다. 공양왕 재위 4년의 기간은 과도기로서 그 피를 막아준 것이었다.

조선왕조 개창의 최고 공신을 딱 한 사람만 들라하면 전제개혁을 주장했던 조준을 내세우겠다. 전제개혁은 그 역사적 당위성에 있어서나, 현실적인 실리에 있어서나, 권력투쟁에 대한 기여에 있어서나 이성계와 그 공신들이 저항 세력보다 확실하게 우위를 차지하면서 새로운 왕조 개창의 명분까지 확보한 것이었다. 조준이라는 그런 능력자가 이성계와 그 공신들의 일원이었다는 것은 큰 행운이었다는 생각이다. 다만 전제개혁이 경자유전耕者有田의 원칙에 충실하지 못해 백성들의 삶에 크게 기여하지 못했다는 점이 아쉽지만 그건 그 시대의 한계가 아니었나 싶다.

왕조가 개창된 이후 조준에게 더이상 큰 기여가 없었던 것처럼 보이는 것은, 후대에 너무 정도전을 앞세우다보니 그 그늘에 가려진 탓이 아니었을까 싶다. 어쩌면 새 왕조 개창 이후 조준 스스로 정도전에게 주도권을 양보하면서 자신의 역할을 거기까지만 한정했는지도 모르겠다. 조준은 이성계 재위 동안 줄곧 수상으로 재임하면서 관직 서열상 정도전보다 분명히 우위에 있었지만 조심스런 기색이 역력했다. 조부 세대에 정치적 사건에 휘말려 가문의 상처를 안고 있던 조준은 더이상 나서는 것을 조심스러워 했을까. 조준이 정도전과 달리 이방원으로부터 화를 피한 것은 그런 절제 덕분이었는지도 모른다.

세간에는 조선왕조 개창에서 정도전 한 사람의 영향을 너무 높이 평가하는 경향이 있다. 하지만 이성계가 왕위에 오르기까지의 과정을 살펴보면 그의 공로는 그리 두드러지지 않았다. 조준이나 이성계의 다른 핵심 인물들과 비교해서도 정도전의 활약은 이들보다 크게 돈보이지 않는다. 이는 그가 이방원에게 제거당한 결과로 나타난 격하인지는 모르겠지만 아무튼 관찬사서를 그대로 따르자면 그렇다.

그런데 이성계가 왕위에 오른 직후부터 정도전의 활동은 분명히 두드러진다. 어쩌면 정도전은 이성계를 왕으로 만들기 위한 활동보다는 이성계가 왕위에 오른 이후의 체제 정비 사업에 생각의 중심을 두고 있었는지 모르겠다. 그렇더라도 조선왕조 개창 과정에서 정도전 한 사람에게만 너무 공로를 집중시키는 것은 썩 매력적이지 않고 동의하기도 힘들다.

고려 말에서 조선 초에 이르는 14세기는 유교 경전에 대한 이해와 해석이 폭넓게 이루어지면서 새로운 유학의 세례를 받았던 시기였다. 이런 속에서 사대부들은 인간과 사회에 대한 이해의 폭을 넓히고 새로운 사회에 대한 비전을 모색할 수 있었다고 보인다. 여기에는 조준·정도전과 같이 왕조 개창에 참여한 학자뿐만 아니라 이를 반대한 학자들도 마찬가지였다.

이성계가 즉위한 후에는 개창에 반대한 많은 학자들이 새 왕조의 체제 정비 사업에 뛰어들었다. 조선왕조 개창은 이런 문화적 역량이 축적되어 이들의 학문과 사상이 현실 세계로 적용되는 역사적 계기가 되었다고 본다. 이것이 집약되어 조선왕조 창업의 바탕이 되었을 것이다.

2020. 11. 이승한

참고문헌

1. 사료

《고려사》
《고려사절요》
《태조실록 총서》
《태조실록》
《정종실록》
《태종실록》
《명태조실록》
《고려명현집》(성균관대 대동문화연구원)
《신증동국여지승람》
《동문선》

2. 연구서

변태섭, 《고려정치제도사연구》일조각, 1971.

이병도, 《고려시대의 연구》 아세아문화사, 1980.

박용운, 《고려시대 대간제도 연구》 일지사, 1980.

허흥식, 《고려과거제도사연구》 일조각, 1981.

변태섭, 《《고려사》의 연구》 삼영사, 1982.

정두희, 《조선초기정치지배세력연구》 일조각, 1983.

고병익회갑논총, 《역사와 인간의 대응》 지식산업사, 1984.

허흥식, 《고려불교사 연구》 일조각, 1986.

14세기 고려사회 성격 연구반, 《14세기 고려의 정치와 사회》 민음사, 1994.

조동걸, 한영우, 박찬승, 《한국의 역사가와 역사학》 창작과 비평사, 1994.

도현철, 《고려말 사대부의 정치사상연구》 일조각, 1999.

박용운, 《고려사회와 문벌귀족가문》 경인문화사, 2003.

장동익, 《고려시대 대외관계사 종합연표》 동북아역사재단, 2009.

김당택, 《조선왕조 개창》 전남대 출판부, 2012.

정요근 외, 《고려에서 조선으로》 역사비평사, 2019.

찾아보기

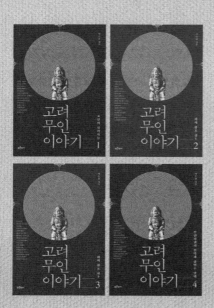

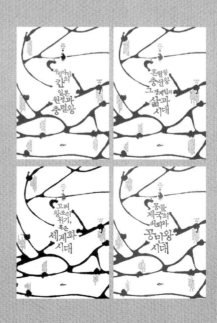

개경에서 한양까지 2

2020년 11월 29일 초판 1쇄 인쇄
2020년 11월 30일 초판 1쇄 발행

글쓴이   이승한
펴낸이   박혜숙
디자인   김정연
펴낸곳   도서출판 푸른역사
　우) 03044 서울시 종로구 자하문로8길 13
　전화: 02)720-8921(편집부) 02)720-8920(영업부)
　팩스: 02)720-9887
　전자우편: 2013history@naver.com
　등록: 1997년 2월 14일 제13-483호

ⓒ 이승한, 2020

ISBN 979-11-5612-179-4 04900
ISBN 979-11-5612-177-0 04900(SET)